경찰의
민낯

경찰의
민낯

ⓒ 장신중, 2021

초판 11쇄 발행 2021년 10월 10일

지은이   장신중
펴낸이   이기봉
편집   좋은땅 편집팀
펴낸곳   도서출판 좋은땅
주소   서울 마포구 성지길 25 보광빌딩 2층
전화   02)374-8616~7
팩스   02)374-8614
이메일   gworldbook@naver.com
홈페이지   www.g-world.co.kr

ISBN   979-11-5766-869-4 (03330)

이 도서의 국립중앙도서관 출판예정도서목록(CIP)은 서지정보유통지원시스템 홈페이지(http://seoji.nl.go.kr)와 국가자료공동목록시스템(http://www.nl.go.kr/kolisnet)에서 이용하실 수 있습니다. (CIP제어번호 : CIP2015034252)

민주적 경찰 조직으로의 변화를 위한 바람

경찰의 민낯

장신중 지음

좋은땅

필자의 고향은 주문진이다. 강릉시 옥천동에서 태어나 주문진에서 자랐다. 주문진읍은 조선조 말경까지 새말(新里)이라 불렸다. 새로 만들어진 마을이라는 뜻이다. 1940년 11월 1일 주문진읍으로 승격된 이후 1995년 1월 1일 강릉시로 통합되기 전까지 명주군 수부도시 역할을 담당했다. 백두대간을 병풍처럼 두르고 있는 주문진은 아름다운 파도가 눈부신 동해안의 대표적 항구도시이다. 예로부터 주문진 하면 오징어, 오징어 하면 주문진을 떠올릴 정도로 오징어는 주문진의 대표적인 특산물이다. 주문진 사람들은 동해에서 솟구치는 태양과 함께 하루를 시작하고, 땅거미가 짙어 갈 무렵 수평선에서 반짝이는 오징어잡이 배를 바라보며 하루를 정리한다.

이곳에서 필자는 주문초등학교, 주문진중학교, 주문진수산고등학교를 졸업했다. 학창시절 여느 친구들과 마찬가지로 주문진 사람들의 마음의 고향인 '신리천'에서 여름철에는 멱을 감고, 겨울철에는 썰매를 지치며 뛰어 놀았다. 큰 축항, 작은 축항을 오가며 해수욕을 즐겼다. 향호 호수에서

잡은 '꾹저구'로 매운탕을 끓여 먹던 기억과 신리천 제방을 걸으며 남의 눈에 띌까 두근두근하는 마음으로 데이트를 즐기던 그 시절의 추억이 아스라하다. 대학은 가지 못했다. 초등 시절부터 공부는 거의 하지 않았다. 고등학교 3학년까지 소변을 가리지 못했던 탓에 혼자서 객지 생활을 할 수 없었기 때문이다.

필자는 29살, 비교적 늦은 나이에 경찰관이 됐다. 경찰을 택하게 된 특별한 소신이나 포부는 없었다. 군대를 다녀온 후 형제들이 하던 사업의 부도로 가세가 급격히 기울어 서둘러 직업을 구해야 했기 때문이다. 이때 마침 길에서 우연히 경찰관 채용 공고를 보게 된 것이 계기라면 계기였다. 필자가 경찰관이 된 것에 대해 주변 사람들은 놀라워했다. 그도 그럴 것이 필자는 공무원 체질이 아니었다. 장발 단속에 걸려 경찰관에게 강제로 머리카락을 잘리는가 하면 야간 통행금지 위반 따위로 숱하게 단속을 당했고, 그때마다 경찰관에게 욕을 해 댔다. 즉결심판에 회부돼 즉결법정에 출석할 때는 벌금 낼 돈을 미리 1원짜리 동전으로 준비해 가기도 했다. 경찰관 앞에 1원짜리 동전 2,500개를 쏟아부으면서 통쾌감을 느꼈다. 이런 반항적인 기질은 경찰관이 돼서도 달라지지 않았다.

필자는 입직 당시부터 경찰의 환경을 이해할 수 없었다. 필자의 눈에 비친 경찰 조직은 열악한 근무 환경에서부터 자학적 관행에 이르기까지 모든 것이 비정상이었다. 지금도 경찰관들은 경찰을 모래알 조직, 따로국밥, 살모사 조직이라고 부른다. 퇴직하면 경찰서 쪽으로 소변도

보지 않겠다는 말까지 공공연히 한다. 자신이 평생 몸담은 직장을 이 토록 혐오하는 것은 조직에게나 개인에게나 불행한 일이 아닐 수 없다. 필자도 그랬다. 불평불만을 입에 달고 살았다. 오죽했으면 순경 시절부터 동료들은 필자를 경찰노조 위원장감이라고 불렀다.

80-90년대 경찰관들의 꿈은 빨리 경사가 되는 것이었다. 경사가 되면 지서장이나 계장이 될 수 있고 방망이를 차고 순찰을 돌아야 하는 신세에서 벗어나기 때문이다. 동료가 경사로 승진하면 방망이 팔자를 면했다고 모두 부러워했다. 필자도 빨리 승진을 해서 방망이 팔자를 면하기 위해 손에서 책을 놓지 않았다. 시위 진압을 나갈 때 행정법을 메모해 가지고 나갔고, 순찰을 돌면서 형사법을 외웠다. 학교 다닐 때 하지 않았던 공부를 정말 실컷 했다. 이런 노력 덕분인지 매번 시험에 합격을 했고 승진을 거듭했다.

필자는 경위로 승진하여 주문진파출소장을 하면서부터 경찰이 처한 비참한 대내외적 현실에 눈을 뜨게 됐다. 특히 세 번에 걸친 검찰과의 충돌을 겪으면서 검찰과의 불합리한 관계를 반드시 개선하겠다는 의지를 다졌다. 관내 유흥주점에서 술을 마시고 행패를 부린 강릉검찰지청 5호실 장 모 계장을 형사 입건한 문제, 주문진에서 교통사고를 낸 모 검사의 아버지가 탑승한 관광버스 처리 문제, 파출소 근무일지와 근무수첩을 제출하라는 여 검사의 요구를 거부하면서 벌어진 검찰과 경찰 내부에서의 충돌 등이 그것이다. 이 세 번의 사건을 통해 필자는 경찰이 처한 처참한 현실을 정확하게 깨달았다. 경찰의 가장 큰 적은 경찰이었다.

이 무렵 새롭게 등장한 PC 통신은 절망적인 현실의 돌파구가 되었다. 그곳에는 필자와 비슷한 고민을 하는 사람들이 있었다. 그들과 PC 통신으로 의견을 교환하면서 자연스럽게 일종의 연대가 이루어졌다. 이러한 연대는 필자가 1998년 경감으로 승진할 때쯤 보편화된 인터넷 공간을 통해 더욱 발전하게 된다. 인터넷이 필자에게 끼친 영향은 대단히 크다. 인터넷이 없었더라면 필자의 경찰 생활은 완전히 달랐을 것이다. 인터넷은 불평분자에 불과했던 필자를 투사로 변신시켰다.

이 책은 필자의 투쟁의 기록이다. 필자는 경찰관으로 사는 동안 필자가 몸담은 경찰 조직의 불합리와 구태를 드러내고 이를 바로잡기 위해 애썼다. 그것은 제복을 입은 시민으로서 경찰 조직에 대한 사랑을 실천하는 필자 나름의 방식이었다. 2013년 10월 31일, 필자는 31년 동안의 경찰 생활을 마치고 퇴직하였다. 그러나 필자의 투쟁은 끝나지 않았다. 필자는 필자가 사랑하는 경찰의 건강성을 좀먹는 암세포와도 같은 불합리와 구태를 드러내어 바로잡는 일에 기꺼이 남은 생을 바칠 것이다. 이것은 제복을 벗은 시민으로서 경찰 조직에 대한 사랑을 실천하는 필자 나름의 방식이다. 그래서 이 책은 필자의 향후의 투쟁을 예고하는 선전포고문이기도 하다.

차례

계급의,
계급에 의한,
계급을 위한

간부와 비간부, 인격 모독적 분리주의

경찰청에는 '간부용'의 식당과 목욕탕, 숙직실이 따로 있다. 전국의 지방경찰청과 경찰서 거의 대부분이 이렇게 돼 있다. 계급이란 인격의 정도나 지식의 차이에 대한 구분이 아니다. 조직 내에서 개인에게 부여된 임무와 역할을 구분하기 위한 것이다. 어느 나라든 경찰 조직에는 일정한 지휘 계통과 상하 간의 계급적 질서가 존재한다. 그러나 식사나 목욕, 수면과 같은 업무와 무관한 영역에까지 간부들만을 위한 별도의 시설을 제공하는 것은 '계급적 질서'라는 명분으로 정당화될 수 없다.

우리나라 경찰 조직에는 '계급적 질서'가 거의 '신분적 질서'의 수준으로 비뚤어져 있다. 경찰관서에 설치된 '간부용'의 시설들은 '계급의 신분화'를 상징한다. 먹고, 자고, 씻는 공간마저 계급에 따라 차별해야 한다는 발상은 계급을 신분과 동일시하는 데서 나온다. 경무관 이상은 사무실 입구에 계급장을 부착한다. 다른 나라에서는 유래를 찾아볼 수 없는 권위주의의 상징이다.

경찰청 목욕탕   경찰관서 숙직실   경찰청장실 입구

과거 경찰 조직에서는 경위 이상을 간부로, 경사 이하를 비간부로 구분했다. '간부'라는 말은 지도적인 위치에서 중요한 책임을 맡고 있는 사람이라는 뜻의 보통명사다. 이 말은 각종 기관과 단체에서 널리 쓰인다. 그렇지만 '간부'의 상대개념으로 '비간부'라는 말을 사용하는 조직이나 기관은 경찰 외에는 없다. 아무리 좋은 말이라도 그 앞에 '아닐 비(非)' 자가 붙게 되면 부정적 의미가 된다. 도덕적이라는 말 앞에 붙으면 비도덕적이 되고, 인간적이라는 말 앞에 붙으면 비인간적이 된다.

'비간부'라는 말은 '간부가 아닌 자', 혹은 '아직 간부가 되지 못한 자'라는 의미다. 세상에 이렇게 모욕적인 호칭이 또 어디 있는가. 필자는 우리나라 경찰 특유의 '비간부'라는 모욕적인 호칭이 일제강점기의 식민지 정책에서 비롯됐다고 생각한다.

일제는 식민지 조선의 경찰 수뇌부를 장악했다. 이들은 조선인들로 구성된 하위직 경찰관들을 법과 양심에 따라 주체적으로 행동하는 법

집행관이 아니라 시키는 대로 무조건 복종하는 충직한 노예로 만들고자 했을 것이다. 사람을 노예로 만드는 손쉬운 방법은 그들로부터 자존감을 뺏는 것이다. 누구든 끊임없는 비하와 모욕에 시달리다가 이를 체념적으로 수용하면서 자존감을 잃게 된다.

요즘은 오랜 문제 제기의 결과로 '비간부'라는 호칭이 잘 사용되지 않는다. 하지만 계급을 신분과 동일시하고 하위직들을 노예처럼 대하는 폐습은 달라진 것이 없다. 2015년 1월 8일, 부산경찰청 회의실에서 A 총경이 J 청장에게 대놓고 사과를 요구하는 일이 생겼다. J 청장이 보고서 제출이 늦어진다는 이유로 A 총경에게 '개새끼' 운운하며 막말을 한 것이 문제였다. 이 일이 알려지고 언론에까지 보도되어 J 청장은 곤욕을 치렀다. 사실 J 청장은 습관적으로 부하 직원들에게 욕설과 막말을 일삼았지만 누구도 이를 지적하지 못하고 있었다. 정년을 얼마 남겨두지 않은 A 총경이 용기를 내지 않았다면 J 청장의 막돼먹은 언행은 외부에 알려지지 않았을 것이다.

경찰 조직 내부에서 J 청장 같은 막말이 유난한 것은 아니다. 막말이 일상화되어 있다. 자기보다 계급이 낮은 직원을 '어이, 야, 이놈, 저놈, 이 새끼, 저 새끼'라고 부른다. 생면부지인 사람이라도 어깨의 계급장이 자기보다 낮으면 대뜸 "어이! 너…"라고 반말을 한다. 경찰청에 근무하는 총경쯤 되면 일선 경찰서에 전화해서 상대가 누구든 거리낌 없이 반말을 한다. 해당 경찰서 서장 이외에는 모두 자기보다 계급이 낮다는 생각이 깔려 있어서 그렇다. 다른 중앙행정기관에서는 상상하기 어려운 일이다. 이러한 나쁜 관행은 경찰의 문화로 자리 잡았다고 해도 지나치지 않다. 하급자에 대한 비하와 모욕이 언어폭력의 수준을 넘는 경우도 왕왕 있다.

2008년 9월 26일 오후 3시쯤, K 강릉경찰서장은 112타격대의 출동 준비가 미흡하다는 이유로 직원 10명에게 경찰서 현관 시멘트 바닥에 머리를 박는 '원산폭격'을 시켰다. 상황부실장인 타격 대장은 나이가 55세였다. 부부 경찰관도 있었다. 처가 지켜보는 가운데 남편은 원산폭격을 하고 낮은 포복으로 경찰서 마당을 기는 치욕을 당해야 했다. 계급으로 구성원의 신분이 나뉘고, 상급자는 하급자를 노예처럼 함부로 대하는 조직문화 속에서 신뢰와 화합이 생길 리 없다. 경찰관들 스스로 "경찰은 모래알 조직"이라고 말하는 이유다.

국가에 대한 충성보다 중요한 상관에 대한 충성

신임경찰관 졸업식에서의 상관에 대한 충성 맹세

경찰청장에게 충성을 맹세하고 있는 경찰수뇌부

〈경찰의식규칙〉 제4조는 의식절차의 처음에 '국기에 대한 경례'를 하도록 규정하고 있다. 그런데도 실제 경찰의 각종 행사에서는 제일 먼저 '임석 상관에 대한 경례'를 한다. '국기에 대한 경례'가 나중이다. 이것은 단순히 규정 위반의 문제가 아니다. 국가와 국민에 대한 충성보다 상관에 대한 충성을 우선하는 태도다.

개인에 대한 충성 맹세와 다를 바 없는 '임석 상관에 대한 경례'는 행사의 성격을 가리지 않고 등장했다. 각종 회의는 말할 것도 없고, 바둑 대회, 영화 관람 같은 문화 행사에서도 경찰관들은 상관에 대한 충성 맹세와 복종의 다짐을 강요받았다. 심지어 행사에 참석한 시민들까지 일으켜 세워 경례를 하도록 했다. 파쇼국가에서나 있을 법한 짓을 공공연히 저질렀던 것이다.

90년대 이후 민주화와 더불어 시민들이 경찰기관장에게 경례하는 것은 잘못이라는 여론이 일자 경찰관들만 일어서서 경례하도록 바꾸었다. 이것도 오십보백보다. 국가의 주인인 시민들을 옆에 앉혀 두고 경례를 받는 것 자체가 결례다. 이걸 인식조차 못 할 정도로 경찰 조직은 '계급적 권위주의'에 찌들어 있었다. 전 세계적으로 경찰관이 상급자에게 집단으로 경례를 바치는 민주주의 국가는 존재하지 않는다. 우리나라가 유일하다.

경찰서장이 파출소를 방문하면 전 직원이 도열하여 군대에서 점호를 받는 것과 같이 계급과 성명을 대고 근무 인원을 보고했다. 경찰서장은 경찰서를 방문하는 지방청장을 관할구역 경계까지 마중 나갔고, 과장들은 현관 앞에 도열한 채 기다리다가 지방청장이 도착하면 관등성명을 외쳤다. 군대에서도 볼 수 없는 진풍경이 경찰에서는 일상이었다.

지금도 지방청장과 경찰서장 인사 발령이 나면 해당 경찰관서는 홍역을 치른다. 신임 수령의 근무지까지 찾아가 모셔 오고 공용 차량으로 이삿짐을 옮긴다. 경무계와 경리계 직원들은 휴일까지 반납하고 신임 수령의 관사에서 도배나 장판, 청소를 한다. 지방청장의 첫 방문이 예정되면 소속 경찰서마다 대청소를 하고 비번자까지 동원하여 예행연습을 하느라 부산을 떤다.

경무관 이상의 고위직에게는 대개 개인 비서 역할을 하는 직원이 딸린다. 그 고위직이 다른 곳으로 발령이 나도 그 직원을 데려가서 부속실에서 근무를 시킨다. 그 직원은 자기가 '모시는' 상사의 가정사를 비롯한 사적인 일까지 처리하고, 퇴근 후의 술자리와 귀가하여 잠들기까지의 모든 뒷바라지를 도맡는다. 심지어 출장이나 교육을 받으러 갈 때도 상사를 따라가서 시중을 든다. 현대판 '몸종'과 다를 바 없는 이 직원을 경찰관들은 '따까리'라고 부른다.

2004년 2월 혁신기획단 주관 경무관 이상 워크숍이 용인 〈현대인력개발원〉에서 있었다. 그때 그곳에는 금융통화위원회를 비롯한 다른 기관과 단체의 세미나도 여럿 진행되고 있었다. 이들 기관과 단체에서는 고위직이라도 모두 혼자서 참석을 했다. 부속실 직원들을 데려와서 수발을 들도록 한 건 오직 경찰 고위직들뿐이었다. 식사 시간에는 경찰의 고위직들을 안내할 직원들이 배치돼, 식당 입구에서부터 배식을 받고 식탁으로 이동하기까지 단계마다 90도로 인사를 하며 안내를 했다.

이들은 식탁 주변에서 대기하다가 고위직들이 식사를 마치면 이쑤시개를 건넸고, 칫솔에 치약을 묻혀 화장실까지 따라가서 바쳤다. 아침에 조깅이나 등산을 하는 경찰 고위직들 뒤에는 어김없이 이들을 챙길 직원들이 수건과 물병을 들고 따라붙었다. 금융통화위원을 비롯한 다른 기관과 단체의 참석자들은 이런 진풍경을 보고 놀라움을 감추지 못했다. 어떤 기관에서 오신 분들이냐며 수군거렸다. 그들은 동료 직원을 마치 몸종처럼 부리는 경찰 고위직들을 부러워했을까? 아니면 한심하게 여기고 조롱했을까?

이러한 낯 뜨거운 행태는 계급을 신분으로 착각하기 때문에 생긴다. 그렇기에 업무상 주어진 지위와 권한을 사적인 영역에까지 유용할 수 있는 것이다. 전 강원지방경찰청장 G도 그런 사람이었다. G는 지방청장으로 부임한 지 얼마 지나지 않은 2001년 12월 초순, 강릉경찰서를 초도 방문하고 서장, 과장 등과 저녁 식사를 했다. 당시 강릉경찰서 방범순찰대장이던 필자도 그 말석에 앉아 있었다.

G는 그 자리에서 자신이 지은 수필집 '○○풍경'을 읽었는지를 참석자들에게 일일이 확인했다. 참석자 모두 읽었다고 대답했다. 내용까지 줄줄 외우는 과장도 있었다. 읽지 않았다고 대답한 사람은 필자와 307 전경대장을 하던 L 경감, 둘뿐이었다. G는 그 후 고성경찰서를 방문했을 때도 똑같은 짓을 했다. 당시 고성경찰서 경무과장으로서 필자는 그 광경도 직접 목격했다. 이번에도 필자를 제외한 모든 과장들이 '○○풍경'을 읽었다고 대답했다.

이들이 '○○풍경'을 자발적으로 읽었다고 생각하면 오해다. G는 강원청장으로 부임한 직후부터 '○○풍경'에 자신의 지휘 지침이 모두 들어 있다고 공공연히 말했다. 나아가 기회 있을 때마다 직원들이 '○○풍경'을 읽었는지를 확인했다. 경찰서에서는 예산으로 구입해 협력단체 위원 등에게 배부했고, 직원들은 울며 겨자 먹기로 그 놈의 '○○풍경'인지 뭔지를 사서 읽어야 했다.

하위직 파편화 전략

'계급이 깡패'라는 말은 경찰 내부의 계급지상주의를 적나라하게 표현한다. 본래 계급제도는 업무의 전문화를 위한 수직적 분업 체계다. 계급이나 직급이 개개인의 인격이나 지식의 수준에 대한 등급은 아니다. 각자에게 부여된 임무와 역할을 구분하는 표지다. 직급이나 계급이 상승한다는 것은 업무의 난이도가 높아지고 책임이 커진다는 뜻이다. 상위직이 더 높은 보수를 받는 것은 더 어려운 업무를 수행하고 더 큰 책임을 짊어지는 데 대한 보상이다.

경찰은 이와 정반대다. 계급이 올라갈수록 업무는 편해지고 대우는 높아지며 책임에서 자유로워진다. 같은 잘못을 저질러도 계급의 높이에 따라 징계의 수준이 달라질 뿐 아니라 책임 자체를 묻지 않는 이중 잣대의 관행이 있다. 가령 음주운전으로 경감 이상 경찰관이 해임이나 파면을 당한 사례는 별로 없다. 반면에 경사 이하 경찰관은 음주운전으로 해임이나 파면을 당한 사례가 부지기수다.

전문성에 있어서도 고위직들이 실무자들에 못 미친다. 경위 또는 경정 계급으로 경찰에 입직한 고시 특채, 경찰대학, 간부 후보생 출신 중에는 업무에 대한 기초적인 이해조차 부족한 사람이 적지 않다. 과거에는 경위로 경찰에 입직하면 바로 결재자 노릇을 했다. 업무를 모르면서 결재자로 군림하는 간부들을 현장 경찰관들은 "사인펜 한 자루가지고 퇴직할 때까지 먹고 산다"고 조소한다.

조현오 전 경찰청장은 외무부에서 경찰로 전직하고 나서 깜짝 놀랐다고 한다. 외무부 사무관 시절에는 복사용지를 들고 뛰어다녔는데 경찰로 전직하자 하루아침에 결재권자가 됐다. 별도의 사무실이 제공되고 운전기사까지 부릴 수 있는 등 타 부처에 비해 과분한 대우까지 받았다. 계급이 높아질수록 업무 부담이 줄고, 책임이 가벼워지며, 높은 보수와 사회적 인정까지 보장되는 상황에서 계급은 모든 경찰관들에게 절대적인 가치일 수밖에 없다. 경찰의 계급제도는 군사 독재 정권을 거치면서 계급을 지상 최고의 가치로 여기는 일종의 신분제도로 변질됐다. 그 결과 모든 경찰관은 상위 계급을 선망하게 되고 승진이 경찰생활의 유일한 목표가 됐다.

계급의 신분화가 초래하는 폐해는 전문화를 저해하는 것에 그치지 않는다. 경찰관은 공무원(public officer)이다. 따라서 사고와 행동의 준거는 마땅히 공공의 이익(public interest)이어야 한다. 계급이 신분으로 변질되면 계급은 모든 경찰관들에게 절대적 가치가 되고, 관심사는 개인적 분야에 머문다. 직무 수행과 관련한 모든 것이 국민이 아닌 인사권자의 뜻을 살펴 정해진다. 인사권자의 뜻이 공익에 반하는 경우에는 경찰관들도 공익에 반하는 업무 처리를 하게 된다.

계급이 신분으로 인식되는 한 경찰관들은 단합할 수 없다. 이는 경찰관들의 관심사가 개인적인 영역이라서가 아니라, '신분'이기 때문이다. 상인들의 관심사는 지극히 개인적인 영역인 '이윤의 극대화'이지만, 공동의 이익에 해당하는 영역에서는 놀라울 정도로 단결한다. 개인적인 관심사가 신분인 경우는 사정이 다르다. 신분은 모든 것을 뛰어넘는 절대적 가치다. 상급자가 되면 하급자를 포괄적으로 지배할 수 있다.

'계급'이라는 절대반지를 놓고 만인 대 만인의 서바이벌 경쟁이 벌어질 수밖에 없다. 승리하는 극소수는 종전의 동료를 지배하고, 종전의 상급자와는 대등한 관계가 된다. 대다수의 패배자에게 돌아오는 것은 굴욕뿐이다. 이러한 구조에서 상호 간에 연대의 가능성은 없다. 모두가 자기 위치에 불만족한 상태에서 파편화된 개개인으로 고립되어 나약한 존재로 연명한다.

맹수를 채찍 하나로 부려야 하는 조련사나 소수의 병력으로 다수의 식민지 원주민을 굴복시켜야 하는 점령군은 대개 이런 분열책을 사용한다. 다수의 단합을 원천적으로 차단함으로써 소수의 기득권을 영속화하려 한다. 이를 '파편화 전략'이라고 불러도 좋을 것이다. '파편화 전략'이야말로 경찰이 '모래알 조직', '따로국밥'의 신세를 벗어나지 못하는 원인이다.

비합리
비효율
비전문의 難局

예산 없어도 일 잘하는 경찰

필자는 1982년 첫 경찰 생활을 시작한 경포파출소를 평생 잊을 수 없다. 단순히 첫 근무지라거나, 청년 경찰관으로서 청운의 꿈을 키운 곳이라서가 아니다. 그곳은 부정부패가 구정물처럼 흐르던 당시 경찰의 실상을 적나라하게 보여준 곳이다. 교통사고가 나면 정비 업체에 연락해주고 돈을 받았다. 시체를 특정 장의 업체에 인계하고 사례금을 받았다. 교통 단속을 하면서도 받고, 불법 영업을 눈감아준 대가로도 받았다.

이렇게 모인 부정한 돈의 일부는 부족한 파출소 살림살이에 충당됐다. 그도 그럴 것이 파출소를 정상적으로 꾸려 나갈 수 있는 예산이 아예 없는 것이나 마찬가지였다. 낡은 방범 초소를 수리하면서 지역의 유지라는 사람들에게 페인트 비용을 얻어 썼다. 순찰 오토바이에 넣을 기름값이 없어서 주유소 사장에게 손을 벌렸다. 사무용품까지도 동네 문방구에서 삥을 뜯어야 했다. 그야말로 부정부패가 없으면 어느 것 하나 제대로 돌아갈 수 없던 시절이었다.

특히, 유흥업소와 경찰은 악어와 악어새의 관계였다. 방범자문위원회, 선진질서협력위원회 등 각종 '위원회'라는 이름의 관변단체 '위원님'들의 상당수가 음식점, 유흥주점, 노래방과 같이 경찰의 단속 대상인 업소를 운영하는 이들로 채워졌었다. 동료 경찰관들은 이들을 '애국자'라고 불렀다. 제 돈 내서 국가공무원에게 밥을 사 먹이니 애국 아니냐는 비아냥이 담긴 말이다. 애국자들은 경찰관에 대한 개인적인 접대뿐 아니라, 방범 초소 운영과 같은 경찰이 예산을 가지고 해야 하는 공적인 일까지 기꺼이 '협조'했다.

물론, 경찰 예산이 말도 안 되게 열악하던 시절의 일이다. 부끄럽지만 '어쩔 수 없었다'고 변명할 여지라도 있다. 정작 문제는, 지금도 본질적인 문제가 여전하다는 것이다. 경찰관 개인 차원의 부정부패는 거의 사라진 반면에, 당연히 경찰 예산으로 해결해야 할 일을 지역 유지들에게 '협조'라는 명목으로 구걸하는 문화는 달라지지 않았다.

오히려 '협력치안', '커뮤니티 폴리싱(community policing)' 등의 가당치 않은 이름을 붙여 장려되기까지 한다. 가령, 주민들이 피부로 실감할 수 있도록 새로운 시책을 추진하라고 한다. 그러면서도 예산 지원은 없다. 홍보의 질을 높이라고 지시하지만 홍보 예산을 더 주지 않는다. 뻔히 돈이 들어가야 할 일인데, 돈 없이 어떻게 하라는 것인가? 그런데, 경찰은 해낸다. 이곳에 손 벌리고 저곳에서 얻어 쓰는 데 이골이 나 있다. 경찰관들은 이를 거지 근성이라 부른다.

경찰서 환경 개선을 위해 구청에 손을 벌린다. 탈북자, 범죄 피해자를 지원해야 한다면 지역 유지들에게 기부를 종용한다. 4대악 홍보에 필요하면 거리낌 없이 주변 지인과 친척들을 동원해서라도 UCC를 제작한다. 이런 것을 경찰은 '비 예산사업'이라고 부른다. 불합리한 행정이고, 주먹구구 행정이고, 민폐 행정이다. 뿐만 아니라 이것은 부정부패가 서식할 수 있는 환경을 제공한다.

'협력치안'이나 '커뮤니티 폴리싱(community policing)'이라고 포장된 대표적인 비 예산사업이 각종 관변단체들이다. 한 달에도 몇 번씩 있는 각종 위원회의 식사 자리에 참석하는 일이 경찰서 서장과 과장들의 주요 업무에 속한다고 하면 믿겠는가? 전국의 모든 경찰서에는 경찰행정발전위원회, 보안협력위원회, 청소년육성회, 집회시위자문위원회 등 각종 위원회가 있다.

표면적으로는 지역 주민들의 의견을 경찰 행정에 반영하는 풀뿌리 치안을 내세우지만, 실상은 한 달에 한 번 또는 분기에 한 번씩 지역 유지들이 서장과 과장들에게 식사를 대접하는 것, 그럼으로써 끈끈한 유대 관계를 유지하는 것, 그 이상도 이하도 아니다. 형식적으로나마 '회의'를 하기는 한다. 그렇다면 회의에 소요되는 비용과 식사비는 경찰이 지불해야 하고 위원들에게는 교통비 내지 자문료를 지급해야 마땅하다. 그러나 필자가 경찰에 첫발을 들여놓은 30여 년 전이나 지금이나 오히려 지역 주민인 위원들이 밥을 사고, 이벤트와 쇼를 위한 예산 없는 비 예산사업의 돈을 대주고 있다.

경찰이 주민의 주머니만 터는 것은 아니다. 경찰관들의 주머니도 턴다. 올해 경찰청은 '범죄 피해자 보호 원년'을 선포했다. 이와 관련하여 지방의 한 경찰서에서 소속 경찰관들에게 1인당 3천 원에서 5천 원씩 돈을 모금하는 일이 있었다. 범죄의 피해자를 보호하는 데 필요한 자금을 마련한다는 명목이었다. 정부의 범죄 피해자 지원에 관련된 기금 예산이 900억 원이나 된다.

범죄 피해자에게 필요한 초동 조치, 관련 시설 인계 등 각종 보호조치는 대부분 경찰 단계에서 경찰관의 손에 의해 이루어진다. 그런데도 정작 경찰은 범죄 피해자 보호 기금을 거의 사용할 수 없다. 범죄 피해자 보호 기금이 불합리하게 운용되고 있는 것이다. 그렇다고 해서, 경찰관들의 호주머니를 털어 범죄 피해자 보호에 사용하는 것이 정당화될 수는 없다. 필요한 예산을 배정받기 위해 노력해야 하겠지만, 어디까지나 주어진 예산의 범위 내에서 일을 해야 한다. 아무리 훌륭한 일이라도 국가기관이 주민에게 손을 벌리거나 소속 직원의 주머니를 털려고 해서는 안 되는 것이다.

2013년 4월 5일, 경찰관 직무집행법 제11조의 2에 손실보상 규정이 신설되었다. 종전에는 경찰의 정당한 직무집행 과정에서 제3자의 재산에 손실을 입혔어도 그 직무를 수행한 경찰관이 변상해야 했다. 예를 들어서, 마트에서 강도가 인질을 잡고 위협하는 상황에서 경찰이 마트 유리를 깨고 들어가 인질을 구했다면, 그 경찰관이 마트 업주에게 유리 값을 물어주어야 했던 것이다. 늦게나마 손실보상 규정이 마련되어 다행이지만, 지난 수십 년 동안 사비를 털어 변상해야 했던 경찰관들의 처지를 생각하면 처참하기 짝이 없다. 이러한 불합리의 밑바탕에는 경찰청의 예산에 대한 무지와 무능, 그리고 '시키면 무조건 하는' 그릇된 경찰 문화가 깔려 있었다.

예산은 재난·재해와 같은 긴급한 상황이 아니면 통상 전년도에 설계된다. 다음 해의 정책 방향을 설정하고, 정책 목표와 수혜 대상 등을 정하고 이에 소요되는 예산을 예측하는 과정을 거친다. 재정학에서 예산 편성을 합리적 의사결정 과정이라고도 부르는 이유다. 하지만 이런 상식을 무색하게 하는 예산 결정 과정이 있었다. 바로 화성서부경찰서 신설이다.

화성 지역은 '부녀자 연쇄살인 사건' 등 치안 불안으로 오명이 높았다. 그래서 진작부터 경찰관 증원과 경찰서 신설 계획이 논의되었으나, 예산과 실질적 치안 수요 등의 문제로 지연되고 있었다. 그러던 2008년 3월, 이명박 대통령이 행정안전부 업무 보고에서 화성 서부 지역의 경찰서 신설 필요성을 언급한다. 당시 안양 초등생 유괴 사건 등 잇단 강력 사건으로 흉흉한 민심을 달래보려는 심산이었을 것이다.

대통령이 경찰서 신설을 언급했지만 갑자기 인력과 예산이 있을 리 없었다. 그런데도, 당시 경찰청장이던 어청수는 단 한 푼의 예산도 없이 화성서부경찰서를 개서했다. 한국판 '오병이어(五餠二魚)'라고 할 만한 이 기적의 비밀은 '컨테이너 박스'였다. 대통령의 언급 후 한 달도 안 돼서 컨테이너 박스 22개를 쌓아 놓고 경찰서 개서식을 열었다. 훗날 '명박산성'으로 유명해진 것을 보면 어청수는 컨네이너 활용 능력이 뛰어났던 것 같다. 경찰관들은 컨테이너를 바라보며 대통령이 입만 벙긋하면 못 할 짓이 없다고 비참한 심경을 토로했다.

경찰서 신설은 건물 신축뿐 아니라 이와 함께 늘어날 인력과 장비, 그리고 예산이 수반되는 작업이다. 따라서 치안 수요 분석과 인력 확보, 관할구역 획정, 사무 분장 등 고려해야 할 요소가 많고 복합적이다. 면밀한 검토가 선행되어야 함은 물론이다. 그러나 화성서부서 신설에 앞서 고려된 것은 아무 것도 없었다. 오직 대통령의 신설 필요성 언급뿐이었다. 이에 맞추기 위해 기존의 경찰서와 인접 경찰서에서 사람과 장비를 빼고 덜어내서 신설 경찰서로 옮겼다. 실질적으로는 아무 것도 변한 것이 없었다. 인력과 장비, 예산이 그대로이니 경찰서 신설로 범죄 대응 역량이 나아졌을 리도 만무하다. 한마디로 눈속임이었다.

경찰의 자긍심을 짓밟고 국민을 기만한 컨테이너 경찰서

　어청수는 대통령에게 잘 보이기 위해 경찰관들을 컨테이너에 몰아넣었다. 컨테이너에서 근무하게 된 경찰관들에게 무슨 자긍심을 기대하겠는가. 무슨 염치로 그들에게 사명감과 친절 봉사를 요구할 수 있다는 말인가. 어청수의 이런 짓은 화성서부서가 처음이 아니었다. 2005년 11월, 부산에서 APEC 정상회담이 열렸다. 당시 부산청장이던 어청수는 부산에서 열리는 정상회담의 경호에 깊은 관심과 열정을 쏟았다. 그러나 그 현장에 동원된 경찰관들의 근무 여건에 대해서는 아무런 관심도 열정도 없었다.

　국격을 높일 기회라던 APEC. 이 행사에 동원된 경찰관들의 근무 여건은 열악하다 못해 처참했다. 24시간 맞교대의 격일제 근무였는데, 근무 날에는 3시간 근무 후 3시간을 쉬는 식으로 12시간을 근무했다. 이러한 근무 체제에서는 휴식 및 대기 장소가 필요한데, 이들에게 제공된 것은 천막뿐이었다. 서커스 공연에 쓰는 것과 같은 커다란 천막 안에 군대식 침상을 깔았다.

동원된 경찰관 300명이 사용해야 할 간이 세면장에 설치된 세면기는 단 두 개에 불과했다. 11월임에도 불구하고 더운 물도 나오지 않았다. 컨테이너로 급조한 화장실은 사용하기조차 곤란할 정도였다. 3시간 근무 후 옷도 갈아입지 못하고 모포 위에 쓰러져 자다가 3시간 후에는 씻지도 못한 후줄근한 차림으로 다시 근무하러 나가야 했다. 이러한 악조건에서 하루 24시간 노동의 대가로 이들에게 지급되는 것은 하루 1만 원의 수당과 한 끼당 5,000원씩 15,000원의 식대가 전부였다.

교통비나, 초과근무, 휴일 근무, 야간 근무 등에 따른 수당은 언급조차 없었다. 이것은 APEC 때만의 문제가 아니었다. 각종 경호 행사에 동원된 경찰관들이 컨테이너나 폐교, 지방자치단체나 경찰서 강당 바닥에 종이 박스를 깔고 자는 것을 당연하게 생각했다. 도대체 왜 경찰청은 정당한 근무를 정당하지 못한 방법으로 시키는 것인가?

선거나 대입 시험이 있으면 경찰은 으레 비상 체제에 돌입하고 인원을 무제한 동원한다. 선거 관리나 시험 관리는 경찰 본연의 임무가 아니다. 본연의 임무가 아닌 일에 동원했으면 주무기관으로부터 마땅히 소요 비용을 받아야 한다. 그런데도 경찰청은 수많은 경찰관을 타 기관의 업무에 동원시키면서도 단 한 푼의 수당도 지급하지 않았다. 이러한 관행을 바꾸려고 노력한 것은 경찰청이 아니라 현장 경찰관들이었다.

포로수용소나 다를 바 없는 APEC 경비근무자 숙소

피로에 지쳐 길바닥에서 잠든 집회시위 동원 경찰관

　　부산영도경찰서의 최윤석 경위는 APEC에 동원된 경찰관의 열악한 숙소와 수당에 대해 문제를 제기하고 개선을 요구했다. 부산해운대경찰서 경비교통과장 이동환 경정은 선거관리위원회에 수당을 요구하여 그 돈으로 신청자를 받아 근무에 동원했다. 국제 행사 동원 경찰관 근무 환경과 선거 경비 동원 경찰관 수당 정상화 논의의 시발점이 된 사건이다. 대통령 말 한 마디에 한 달 만에 예산 한 푼 없이 경찰서를 개서할 정도로 놀라운 열성과 창의를 발휘했던 경찰청이 현장 경찰관의 근무 여건에는 그 백분의 일만큼의 신경도 쓰지 않았다.

현장엔 답이 없다

최근 '우문현답'이라는 사자성어가, 그 본래의 뜻이 아닌 "우리의 문제는 현장에 답이 있다"의 줄임말로 자주 사용되고 있다. 현장을 알아야 한다며 고위 관료들과 정치인, 기업의 CEO들이 유행처럼 방방곡곡 구석구석을 누빈다. 그러나 필자의 경찰 생활에 비추어 보면 적어도 경찰에서는 현장에 답이 없었다. 아니, 누구도 현장에서 답을 구하려 하지 않았다. 어떤 문제가 발생했을 때 경찰청이 대책이라는 것을 만들어서 일선에까지 시달하는 데 불과 한나절도 걸리지 않는다. 현장은 거들떠보지도 않고, 책상에서, 언론 보도에서, 또는 대통령의 어록에서 답을 찾으니 그 모양이다.

경찰청에 앉아 있는 사람들은 자기들이 만든 공문서가 현장에서 어떻게 구현될지 관심도 없고 고민하지도 않는다. 기안하고 결재 받아 하달하면 자기 임무는 끝이라고 여긴다. 인구 80만이 넘는 도시에서 의류 매장 두 곳이 털렸다는 뉴스 기사가 나기라도 하면 브랜드 의류 매장 현황을 파악하고 방범 진단을 실시하라고 지시한다. 현금지급기가 털리건, 빨래방 기계 속 동전이 털리건, 게임장에 강도가 들건 경찰청의 지시는 한결같다. 즉시 방범 진단을 실시하고 순찰을 강화하란다.

공원에서 범죄가 발생하면 공원을, PC방에서 범죄가 발생하면 PC방을, 폐가에서 범죄가 발생하면 폐가를 방범 진단하고 순찰을 강화하란다. 이런 식이면 일선에서는 대한민국의 모든 장소에 대해 매일 방범 진단을 실시하고 순찰을 해야 할 판이다. 경찰청의 지시라는 것이 이렇게 뭔가 하는 척 흉내만 내는 수준이다 보니, 이런 지시를 받는 일선에서도 시키는 대로 한 것처럼 흉내만 낸다. 솔직히 말해서, 시키는 대로 할 재간도 없고, 할 이유도 없다.

경찰의 '특별단속'과 '일제검문'은 또 어떤가? 한 번이라도 '특별단속'과 '일제검문'에 동원돼본 경찰관이라면 그 실상을 알 것이다. 경찰청은 '특별단속'이나 '일제검문'을 마치면 몇 명의 범인을 검거해서 몇 명을 구속하는 실적을 거양했노라고 보도 자료를 낸다. 장담하건대, 이 실적은 100% 엉터리다. 일제검문이 예고되면 일선 경찰서는 며칠 전부터 취급한 사건을 처리하지 않고 보류했다가 일제검문의 실적으로 보고한다. 경찰청도 이런 사실을 알고 있다. 사실, 두어 시간 동안 경찰관들을 풀어 검문을 한들 범인들이 그렇게 많이 잡힐 리 만무하다. 경찰청은 그냥 뭔가 한 것처럼 흉내만 낼 뿐이고, 일선 경찰서도 거기에 맞장구를 칠 뿐이다.

경찰청은 2007년 1월 30일부터 31일까지, 충북 충주에 있는 중앙경찰학교에서 '전국 경찰 지휘관 워크숍'을 개최했다. '현장 속으로, 시민

곁으로'를 모토로 내건 이 행사에 이택순 청장을 비롯하여 경무관 이상 경찰 수뇌부 46명이 참석했다. 행사의 취지는 고위직들이 현장 근무 체험을 통해 현장의 고충을 이해하고 불합리한 근무를 개선하는 계기로 삼겠다는 거였다. 현장 근무 체험 대상은 '1시간 동안의 목 검문'으로 정해졌다. 그 결과 30분 이상 제대로 근무한 사람은 박종환 전 충북청장이 유일했다. 박종환 청장은 4조 2교대 근무 체제 개선에 찬성한 유일한 지방청장이다.

다른 사람들은 모두 10분을 넘기지 못한 채 자리를 떠났다. 몇몇은 눈치가 보이는지 승용차 안에 들어가 있었다. 당연한 일이다. 영하 10도를 오르내리는 혹한기에 한 자리에 10분 이상 서 있는 것이 말처럼 쉬운 것이 아니다. 길목을 지킨다는 의미의 목 검문은 농경시대 근무 방식이다. 단순한 답습일 뿐 과거와 달리 도시화된 현재의 환경에서는 실효성도 없다.

그들은 지휘관에 오르기까지 수많은 일제검문 계획서에 결재를 했을 것이다. 그러나 검문 현장의 현실을 본 것은 현장 체험 1시간이 전부일지 모른다. 그날 현장을 체험한 지휘관들이 답을 찾았는지 모르겠지만, 지금도 왜 하는지 아무도 모르는 일제검문과 목 검문이 수시로 실시되고 있다. 현장을 무시한, 현장을 모르는 업무 지시도 여전하다.

2015년 8월 3일, 권기선 부산경찰청장은 순찰차를 세워두고 걸어서 순찰하라고 지시했다. 그런데 그 무렵은 평균 35도를 넘나들어 폭염주의보가 내려진 때였다. 국민안전처가 바깥나들이가 위험하니 외출을 자제하라고 연일 대국민 문자메시지를 보내고 있었다. 권 청장에게 묻고 싶다. 당신은 폭염주의보 속에서 단 30분이라도 도보 순찰을 할 수 있는가? 현실을 모르는, 현실에 관심도 없는 지시의 전형이다.

지난 8월 25일 구파발 검문소에서 발생한 총기 오발 사고에 대한 대책 역시 마찬가지다. 경찰관이 권총으로 의경을 겨냥하여 사망에 이르게 한 사건이다. 경찰청은 향후 파출소 무기고 앞에 안전 구역을 설치하고 경찰관을 도열시킨 후 무기교대식을 하라고 지시했다. 총기 사고는 입출고 과정에서 발생하는 일이 없다. 총기를 소지하고 있는 경찰관의 고의나 부주의에 의해서 발생한다. 현장에 답이 있다고? 경찰청의 머릿속에는 현장에 대한 관심이 없다. 아마 답에도 관심이 없을 것이다.

병적인 오지랖

경찰청의 고질적 문제 중 하나는, 할 필요도 없고 할 수도 없는 일을 하려고 한다는 것이다. 1994년 성수대교가 붕괴되고, 연이어 1995년 삼풍백화점이 무너졌을 때였다. 경찰청이 '국민 안전을 위한 업무 지시'라는 것을 하달한다. 그 주요 내용은 "관내의 모든 교량과 고층 건물에 대한 안전 진단을 실시하고 안전 유무를 보고할 것", "교량과 건물별로 담당자를 지정하고 카드를 작성하여 관리할 것"이었다. 건물이나 교량의 붕괴를 사전에 보고하지 못한 담당 경찰관과 지휘관을 문책하겠다는 경고도 덧붙였다.

경찰관이 눈으로 건물의 붕괴 여부를 어떻게 알 수 있단 말인가? 당시 성수대교 붕괴를 계기로 전국 교량에 대한 정밀 안전 진단이 진행되고 있었다. 한 개의 교량에 십여 명의 전문 인력과 장비를 동원해도 일주일 넘게 소요되는 작업이었다. 건축물 안전에 대한 최소한의 지식도, 경험도, 전문 인력도, 장비도 없는 현장 경찰관들이 어떻게 안전 진단을 할 것인지를 경찰청은 전혀 고려하지 않았다. 이보다, 애당초 그것이 경찰의 업무인지 아닌지도 고려하지 않았다. 단지 대통령이 관심을 가지는 사안에 대해 어떤 식으로든 역할을 하고 싶어 하는 지휘부의 그릇된 욕심이 투영되었을 뿐이다. 이런 일은 지금도 반복되고 있다.

2009년도의 일이다. 어떤 유명인이 자기 차에서 번개탄을 피워 놓고 자살했다. 이를 모방한 번개탄 자살 사건이 잇따르면서 사회적 관심사가 되었다. 언론 보도가 있은 지 얼마 지나지 않아 경찰청으로부터 자살 예방 활동을 전개하라는 공문이 시달되었다. 자살 예방 상담 활동과 번개탄 판매 업소에 대한 순찰을 강화하라는 내용이었다. 웃어야 하나 울어야 하나. 자살예방 상담을 전개하라니? 도대체 누굴 붙잡고 상담을 하라는 것인가? 아파트와 사무실을 돌아다니며 자살을 하려는 사람이 있느냐고 물어보라는 건가, 길을 가는 사람에게 자살할 생각을 한 적이 있느냐고 물어 상담을 하라는 것인가? 개그맨이 이런 말을 했다면 웃고 말겠지만, 경찰청 공문에 명시된 것이니 웃을 수가 없다.

더 웃기는 것은 번개탄을 피워 놓고 자살을 하는 사례가 있다는 이유로 번개탄 판매 업소에 대해 순찰을 강화하라는 내용이었다. 대개의 경우 자살하는 사람이 사전에 자살을 예고하는 경우는 없다. 자살은 사회적 병리 현상이다. 자살하는 사람은 사회의 내재적 모순이 만들어 낸 희생자이다. 삶의 무게 때문에 혼자 힘들어하다 그 무게를 견디지 못하여 스스로 목숨을 끊는 극단적 선택을 하는 것이다. 모든 생명은 소중하다. 자살을 방지하기 위한 근본적 대책이 반드시 마련되어야 함은 분명하다. 그러나 경찰이 만들어낸 자살 예방 대책은 번개탄 가게 순찰이었다. 경찰의 어설픈 대책은 사회적 위험을 초래할 수 있다. 자살을 예방할 책임이 있는 정부 부처의 무관심을 초래해 본질적인 대책 마련을 저해할 가능성이 크기 때문이다.

2015년 6월 5일, 강신명 경찰청장은 메르스(중동호흡기증후군) 대처와 관련한 지시를 한다. "보건 당국이나 경찰의 격리 조치에 대하여 불응할 경우 경찰 강제력을 행사하는 등 적극 대응하라"는 것이었다. 경찰은 감염병 예방과 확산 방지에 관한 아무런 지식도, 인력도, 장비도 없다. 또, 경찰이 감염병 환자를 격리하고 강제력을 행사할 수 있는 법적 근거도 없다. 감염병 대처는 의료 및 보건 전문 기관에 의해 수행되어야 한다.

경찰과 같은 비전문 기관이 앞장설 일이 아니다. 이런 사태에서 경찰청이 할 일은 따로 있었다. 직무상 외부에 노출되는 현장 경찰관들이 메르스에 감염되어 건강을 해치거나 병을 확산시키지 않도록 조치하는 것이다. 최소한 아무런 기초 지식도, 보호 장구도, 없는 경찰관들이 메르스 의심 환자와 접촉하도록 하는 지시를 하면 안 되는 거였다. 강신명 청장의 잘못된 지시가 빌미가 되어 경찰에 엄청난 부담을 초래하는 법률 조항이 감염병예방법에 신설된다. 경찰이 앞장서서 설쳐 대니 보건복지부로서는 쾌재를 불렀을 것이다.

2015년 7월 6일 개정된 감염병예방법 60조에는 다음의 사항이 추가되었다. "④ 감염병 발생지역을 관할하는 「경찰법」 제2조에 따른 경찰관서 및 「소방기본법」 제3조에 따른 소방관서의 장, 「지역보건법」 제10조에 따른 보건소의 장 등 관계 공무원 및 그 지역 내의 법인·단체·개인은 정당한 사유가 없으면 제3항에 따른 방역관의 조치에 협조하여야 한다." 경찰관과 소방관을 아무런 대책 없이 감염병 위험에 내몬 것이다. 필자는 이 조항을 '강신명 조항'으로 명명하고 두고두고 기억할 것이다.

성과주의라는
이름의 실적 몰이

실적에 눈먼 통계 조작

2005년 강릉서 생활안전과장으로 부임한 직후의 일이다. 112신고 5분 이내 출동 비율이 평균 98%로 집계되어 있었다. 당시의 교통신호 체계나 도시 구조를 감안할 때 불가능한 수치였다. 내용을 분석해보니 차로 50분 이상 걸리는 지역마저 5분 이내에 도착한 것으로 되어 있었다. 신고 출동 상황을 사실 그대로 파악해 보고하라고 지시했다. 반대가 심했다. 모든 경찰서가 다 이렇게 하는데 사실대로 하면 꼴찌를 하게 된다는 것이었다.

필자로서는 명백한 허위를 묵인할 수 없었다. 사실에 가깝도록 개선한 후 출동 시간을 분석해보았다. 5분 이내 도착 비율이 평균 70% 정도로 나왔다. 이를 그대로 보고했다. 전국 모든 경찰서의 평균이 98-

99%인데, 강릉경찰서만 70%였다. 평가 결과 강릉경찰서는 당연히 전국 꼴찌였다.

112신고 출동 하나만이라도 바로잡아야겠다고 생각했다. 사이버경찰청에 112신고 허위 통계에 관한 글을 올리고 공개적으로 문제를 제기했다. 이것이 계기가 되어 경찰청에서 112신고 출동 체계 개편 작업을 시작한다. 먼저 5분 이내 도착을 10분 이내로 바꾸고, 5분 이내 도착 비율은 분석하지 않도록 했다. 경찰이 출동해야 할 신고와 경찰 업무와 관련이 없어 출동하지 않아야 할 신고를 분류했다. 식당의 음식 맛이 없다는 신고, 물건 대금 시비에 관한 신고 등 경찰 업무와 관련이 없는 신고에 대해 출동하지 않거나 주무기관에 통보하는 것으로 마무리할 수 있는 근거도 마련했다. 현재 112신고 출동의 기준인 CODE 1, CODE 2, CODE 3가 바로 그것이다. 당시 생활안전국장 윤재옥의 아이디어였다.

경찰 통계의 허구성은 여기서 그치지 않는다. 다행히 최근에는 경찰 업무가 전산화되고 KICS(형사사법포털시스템)가 도입되면서 범죄 통계의 정확성과 신뢰성이 놀랄 만큼 향상됐다. 과거에는 경찰의 범죄 통계가 너무 엉터리여서 학자들이 활용할 방법조차 찾지 못할 정도였다. 대부분의 사건이 묵살되고 통계에 잡히지 않았다. 사실대로 보고하면 상부로부터 질책을 받고, 평가에 불이익이 따르던 시절이었다.

강도 사건이 발생했을 경우 범인이 잡히면 강도, 못 잡으면 폭력 사건으로 조작했다. 절도범 검거 비율이 100%를 넘는 경찰서가 수두룩

했다. 2009년 김도식 경기경찰청장은 약 석 달 간 강·절도범 검거 비율이 233%라고 홍보했다. 기네스북에 오를 만한 기록이다. 발생은 숨기고 검거는 과장했기 때문이었다. 검거 비율이 낮다고 지방청장이 호통이라도 치면 다음 달 검거율이 30-40% 수직 상승하는 기적 같은 일도 벌어졌다. 교통사고 통계도 마찬가지였다.

경찰청은 해마다 명절 전후 교통사고 통계를 발표했는데, 신기하게도 매년 전년보다 사고가 줄기만 했지 늘어난 적은 한 번도 없었다. 사정이 이런데도 누구도 문제를 제기하지 않았다. 언론도 경찰이 발표하는 대로 기사를 썼다. 일선에서는 좋은 평가를 받기 위해 통계를 조작하고, 경찰청장은 자기 업적을 과시하기 위해 이를 언론에 홍보하고, 언론은 대중의 흥미를 위해 그대로 보도하는 완벽한 3중 팀워크였다.

경찰청장이 관심을 갖는 사항에 대해서는 통계가 왜곡될 가능성이 매우 높다. 2007년 이택순 경찰청장은 절도특별수사팀 TSI(Thief·Special·Investigation)를 창설했다. 광역수사대와 1급지 경찰서 139개 팀 806명으로 특별수사팀을 꾸려 강도와 절도범을 전문적으로 단속하도록 했다. 약 두 달 간의 특별단속에서 절도특별수사팀의 성과는 놀라웠다. 전년도 동기간보다 검거 건수는 49%, 검거 인원은 30%가 증가했다.

이 성과는 이택순 경찰청장의 치적으로 홍보됐다. 이 무렵에 지방의 한 경찰서에서 있었던 실제 사례. A경찰서는 특별단속 기간 중 250건의 절도 사건을 해결했다. 대단히 큰 성과인 것 같지만 실제로는 그렇지 않다. 250건의 절도 사건을 해결했다는 의미는 250명의 절도범을 잡았다는 것이 아니다. A서가 해결했다는 250건 중 240건은 형사미성년자 4명을 추궁해서 자백을 받아 낸 소위 '여죄'였다.

그 내용도 대부분 차에서 동전 몇 푼씩을 훔친 경미한 사건들이었다. 경찰청장의 관심 사항이다 보니 이런 말도 안 되는 현상이 일선에서 벌어진 것이다. 심지어 어느 서에서는 휴지를 주워 연명하는 할머니가 아파트 앞에 떨어져 있는 '지로 통지서'를 주워간 것을 절도 사건으로 입건하는 짓까지 했다.

현 정부는 성폭력·가정폭력·학교폭력·불량식품을 근절되어야 할 4대악으로 정했다. 경찰도 4대악 근절에 앞장서고 있다. 최근 경찰의 노력으로 성폭력과 가정폭력의 재범률이 낮아졌다는 기사가 자주 보인다. 현장에서 4대악 근절을 위해 고생하는 경찰관들을 생각하면 안타깝지만 재범률이 낮아졌다는 기사는 믿기 어렵다. 일선에서는 재범률을 0으로 만들기 위해 온갖 편법이 동원되고 있기 때문이다. 가령, 가정폭력 재발 우려가 큰 사람인 경우에는 가정폭력으로 입건하지 않는다. 경찰이 가정폭력을 묵인하고 비호하는 것과 다를 바 없다. 통계 때문에 경찰 활동이 왜곡되는 대표적인 사례다. 통계 자체가 문제라기보다는 통계로 실적을 평가하는 것이 문제다.

전국의 모든 도시는 환경과 여건이 모두 다르다. 같은 도시라고 하더라도 지역 정서와 문화, 사회적 환경이 똑같을 수 없다. 서로 다른 환경과 조건을 가지고 있는 경찰관서를 동일한 기준으로 평가하는 것은 난

센스(nonsense)다. 그러나 경찰청은 이런 모든 조건을 무시하고 일률적 기준으로 평가한다. 경찰청이 평가 기준으로 삼는 일률적 기준은 '건수'다. 모든 기능의 평가 기준이 다 그렇다. 평가를 할 수 없는 대상을 놓고 평가를 하려니 모든 것을 무시하고 단순하게 건수를 비교하는 방법밖에 없는 것이다.

전국을 획일적 기준으로 평가하는 건수 경쟁은 수많은 문제를 파생시켰다. 공공장소 흡연 단속 지시가 하달되자 시골 지역 파출소 직원들이 도시에 있는 버스 터미널에 모여들어 승객보다 경찰관이 더 많이 진을 치고 있는 진풍경이 벌어졌다. 고로쇠 수액 채취 단속도 마찬가지였다. 고로쇠나무가 있는 지역이 있고, 없는 지역이 있지만 경찰청은 단일한 기준을 적용했다. 순수한 공공재에 가까워야 할 치안을 수치에 의해 측정하는 것은 불가능에 가깝다. 공공재는 모든 국민이 자유롭게 누릴 수 있어야 한다. 그리고 그 만족도 역시 국민만이 평가할 수 있다.

쏴! 쏴! 쏴!

수치와 통계 위주의 성과 평가에 대한 비난이 계속되자 경찰청이 새로운 평가 기준을 내놓게 된다. 바로 '정성평가'이다. 지역 사정에 맞는 특수한 치안 정책을 수립하라는 것이다. 성과 평가는 1년에 한 번씩 이루어진다. 그러니 관서들은 1년에 한 번씩 특수한 치안 정책, 소위 특수시책이라는 것을 만들어내야 한다.

지금도 마찬가지지만 청장과 서장이 바뀔 때마다 현장은 요동친다. 기관장이 바뀌는 1년 단위로 그때까지 해 온 모든 것을 포맷(format)하고 뭔가 새로운 것을 찾아내야 한다. 현장 경찰관들은 이를 빗대어 경찰은 70년 동안 생체실험만 계속한다고 자조한다. 지금까지 전국적으로 수천 건에 달하는 특수시책이 만들어지고 시행되었다. 그러나 단 한 건도 유지되거나 발전된 것이 없다. 모두 일회성 시책이다.

경찰청은 일선 관서의 특수시책을 보고받아 성과 평가에 반영한다. 어느 해인가 경찰청은 최우수 특수시책으로 '개 다리 스프레이'를 선정했다. 개 절도사건에 대한 대책이랍시고 동네별로 개 다리에 각각 다른 색깔의 스프레이를 뿌려 어느 동네 개인지 구별할 수 있도록 한다는 내용이다.

'개 다리 스프레이' 정책이 현실에서 어떤 효과를 가져오는지는 중요치 않다. 기발한 특수시책을 만들어 시행했다는 사실 자체가 중요하다. 현실성이나 효과, 부작용 등에 대한 아무런 검토도 없다. 우수한 시책으로 뽑히면 하루아침에 전국으로 전파된다. 전국의 경찰관들이 형형색색의 스프레이를 들고 개를 쫓아다니게 된다.

성과주의가 강조되면서 '보여주기'식 행정이 판을 치게 되었다. 좋은 평가를 받기 위해서는 뭔가 '보여주는 것'이 중요하다. 그러다보니 실제 범죄 예방이나 검거, 주민이 느끼는 안전도를 높이는 것보다는, 평가자들에게 뭐든 열심히 하는 모습을 보여주는 것에만 관심을 쏟는다. 국민을 위한 치안이 아니라 내부의 성과 평가를 위한 치안이 돼 버린다.

'어떤 성과(목표달성도)를 냈는지'보다 '어떤 활동을 했는지'가 더 중시되는 이런 성과 평가 체계는 '활동의 함정(Activity Trap)'에 빠진 결과다. 활동의 함정이란 열심히 하는 것이 곧 좋은 결과를 낳는다고 생각하는 오류를 말한다. 그 극단적인 예가 '이벤트 행정'이다.

현 정부에서 4대악 근절이 지상 과제가 되면서 '이벤트' 경쟁에 불이 붙었다. 길거리에서 각종 구호가 적힌 어깨띠를 두르고 춤을 추는 경찰관을 보는 것이 낯설지 않다. 실상은 보고용 혹은 홍보용 사진을 만들기 위한 쇼(show)에 불과하다. 밤새 야간 근무를 한 경찰관들이 어깨띠를 두르고 학교 앞으로 가서 등교하는 학생들에게 연필과 지우개를 나눠주며 학교폭력 예방 캠페인을 해야 한다. 현장 경찰관들은 자괴감을 넘어 허탈감을 느낀다.

SNS에는 각급 경찰관서들이 올린 유치하기 그지없는 동영상과 홍보물이 피서지의 쓰레기처럼 굴러다닌다. 일선 직원들은 기관별 페이스북과 밴드에 의무적으로 가입해야 하고, 소속 관서의 홍보물에 의무적으로 추천을 해야 한다. 추천을 하지 않으면 압박이 가해진다. 제작과 동시에 쓰레기장으로 직행하는 브로슈어와 스티커도 넘쳐난다. 국민들이 어떻게 느끼는지는 중요하지 않다. 오로지 내부의 평가자를 상대로 '이렇게 열심히 하고 있어요'를 보여주면 된다.

특수시책은 경찰청장에게도 달콤한 유혹이다. 경찰청사는 청장이 바뀔 때마다 현관 간판을 바꾼다. 새 청장들마다 자신만의 새 지휘 지침을 세우고 그에 맞는 특수시책을 만들어낸다. 이택순의 절도특별수사팀, 어청수의 다목적 순찰, 이성한의 4대악 근절, 김기용의 교육개혁 등이 그것이다. 일단 청장의 특수시책이 발표되면 전국의 관서장들이 발 빠르게 움직인다. 모든 경찰 행정의 초점이 청장의 특수시책에 맞춰진다. 하지만 청장이 바뀌고 나면 요란했던 특수시책은 흔적도 없어지고 새 청장의 새 특수시책이 그 자리를 차지한다.

일회성 이벤트인 특수시책을 강요하고 압박하는 수단으로는 일보라 불리는 경찰청 일일업무보고가 이용된다. 아무리 허접한 내용일지라도 우수시책, 특수시책이라는 이름으로 일보에 게재되는 순간 벤치마킹이라는 이름으로 하루아침에 전국으로 전파된다. 지방청장들은 소속 기관의 사례를 경찰청 일보에 올리기 위해 목숨을 건다. 지방청 과장과 계장들이 하는 일이란 하루 종일 일보 거리를 만들어내라고 담당자를 닦달하는 것이다. 담당자들은 일보 거리를 찾아 헤매고, 담당 부서에 일보를 올려달라고 로비를 벌이는 일로 하루를 보낸다. 지역 실정에 맞고 안 맞고는 고려의 대상이 아니다. 현실성이 없기 때문에 실제 시행되는 것도 아니다. 단지 하는 것처럼 흉내를 내기 위해 문서만 만들어놓는다. 경찰행정 이벤트화의 주범, 그것은 바로 일보라고 불린다.

경찰 행정을 이벤트로 변질시킨 대표적인 인물로 이금형 전 부산청장을 꼽는 사람이 많다. 이금형은 치안정감으로 내정된 후 언론과의 인터뷰에서 '성적 차별을 업무 능력으로 이겨냈다'고 말했다. 이 말을 들은 경찰관들은 실소했다. 본인은 업무 능력으로 승진을 거듭했다고 생각하는지 몰라도, 현장 경찰관들의 평가는 딴판이다. 이벤트로 경찰

행정을 왜곡시키고, 이벤트로 승부하여 승진을 했다는 평가다.

박근혜 정부 출범 직후인 2013년 4월, 경기도 용인에 있는 경찰대학 소속의 경찰악대가 서울 광화문 광장에 등장해서 뜬금없는 '4대악 근절 홍보 공연'을 시작했다. 이금형이 경찰대학장으로 부임하자마자 지시한 이금형 표 이벤트였다. 학업에 열중해야 할 대학생까지 모두 교육과 이벤트에 동원했다. 4대악 근절에 대한 서울시민의 공감대 형성을 내세웠지만 속셈은 뻔했다. 대통령에게 "나 이렇게 열심히 하고 있어요"라고 보여주기 위한 것이었다.

길거리 쇼에 내몰려 엉덩이춤을 추고 있는 경찰대학 경찰관

공연 장소를 하필이면 광화문 광장으로 정한 것만 봐도 그렇다. 많은 경찰관들은 '창피하다'며 눈살을 찌푸렸지만, 그러거나 말거나 그해 12월 3일 이금형은 부산경찰청장으로 영전한다. 이금형의 성공 신화를 목격한 많은 청장, 서장들이 제2의 이금형을 꿈꾸며 지금도 열심히 저마다의 기발한 이벤트를 궁리하고 있다.

시민이 곧 실적, 단속이 곧 성과

경찰에게 실적을 요구하면 필연적으로 국민의 인권이 침해된다. 이건 경험적으로 충분히 증명된 명제다. 범죄 입건 건수를 늘리기 위해 얼마든지 훈방 가능한 사소한 행위까지 마구잡이로 입건한다. 구속자 숫자가 중요한 평가 기준이었던 때에는 구속영장을 위조하는 일까지 생겼었다. 교통 단속 실적을 요구하면, 실적을 올리기 위해 도로 구조상 중앙선을 넘을 수밖에 없는 곳에서 숨어 있다가 단속하는 '함정단속'이라든지, 신호 위반을 적발해서 안전띠 미착용으로 단속하는 편법적 행태가 벌어졌다. 여기에 대한 시민들의 항의와 불만은 '법을 지키면 되는 것'이라고 일축해 버린다.

불심검문도 마찬가지다. 경찰관직무집행법상 경찰관이 불심검문을 할 수 있는 대상자는 '어떠한 죄를 범하였거나 범하려 하고 있다고 의심할 만한 상당한 이유가 있는 사람' 등으로 한정되어 있다. 그러나 실제로는 검문 장소를 우연히 통과하는 모든 사람과 차량을 세워 마구잡이식으로 검문을 한다. 검문 건수를 채워야 하기 때문이다. 심지어 검문 건수를 조작하기까지 한다. 실제 백 건을 검문했다면 이를 중복 기재하는 방법으로 천 건을 한 것처럼 만드는 식이다.

계량화된 수치가 아닌 질적 평가 개념의 '정성평가'에도 부작용은 있다. 정성평가에서 흔한 평가 기준이 '사회의 이목을 집중시킨 사건'이다. 이에 따라 똑같은 사건이라도 언론에 크게 보도되면 '사회의 이목을 집중시킨 사건'이 되어 좋은 평가를 받는다. 언론 보도가 특진과 포상을 결정하는 구조가 돼 버렸다. 이 때문에 일선에서는 경쟁적으로 언론에 자극적인 보도 자료를 제공한다.

범행 수법이라든지 잔혹한 현장 사진, 관련자들의 사생활에 관한 사항, 수사 기법에 이르기까지 공개되지 말아야 할 내용이 보도 자료에 함부로 담긴다. 카메라 기자의 요구에 응해 경찰관들이 배우처럼 검거 당시 상황을 재연해주기까지 한다. 2015년 10월, 충북의 한 경찰서에서는 지극히 평범한 검거 사례를 언론에 띄우기 위해 검거 팀에서 주변 경계를 담당한 여경이 결정적인 공을 세운 것처럼 허위의 보도 자료를 작성한 일이 발각되어 물의를 빚었다.

정량평가도 정성평가도 문제가 있다. 그러니 국민에게 직접 평가해 달라고 하자. 그럴듯해 보인다. 학교폭력 예방의 성과 평가를 위해 직접 학생들과 학부모들을 상대로 설문조사를 하는 식이다. 학생들과 학부모들이 평가자가 되니, 이제는 이들을 상대로 '뭔가 보여주는 쇼'를 벌인다. 아침마다 학교 앞에서 경찰관들이 탈바가지를 뒤집어쓰고 엉덩이춤을 추는 이유다. 경찰서를 방문했던 민원인들을 상대로 서비스 만족도를 조사하자, 경찰관들은 죄를 짓고 조사받으러 온 피의자들에게까지 지나친 친절을 강요당하게 되었다.

2007년 6월 어느 날, 강릉경찰서 경무과에는 웃음꽃이 피었다. 경찰청에서 용역 업체에 맡겨 실시한 전화 친절도 평가에서 1위를 한 것이다. 담당자에 대한 표창 이야기가 나오고, 직원들이 친절해졌다는 등 훈훈한 칭찬과 덕담이 오갔다. 서장과 과장도 칭찬을 아끼지 않았다.

같은 날 오후 퇴근 무렵 드라마틱한 반전이 일어났다. 경찰청 자체에서 실시한 친절도 평가에서 전국 꼴찌를 했다는 통보를 받은 것이다. 잔칫집 분위기에서 졸지에 초상집 분위기로 바뀌었다. 서장은 직원들의 불친절을 개선하기 위해 친절 교육을 실시해야 한다며 당장 대책 회의를 소집하라고 호통을 친다.

경찰의 성과주의는 필연적으로 시민에 대한 무차별 단속과 인권침해를 수반한다

치안과 국방은 대표적인 공공재다. 아무리 신자유주의(Neoliberalism)의 파도가 거세도 절대 민간화할 수 없는 분야다. 따라서 민간의 성과주의를 함부로 치안에 적용하는 것은 위험하다. 치안 행정을 경쟁으로 내몰아서는 안 된다. 미국 경찰은 중요 범인을 검거했다고 하여 특진을 시키는 일이 없다. "당연히 해야 할 일"을 한 것으로 여긴다. 미국 경찰관들을 지탱하는 힘은 사명감과 보람이다. 돈이나 진급이 아니다. 무한경쟁에 내몰린 대한민국 경찰관들에게도 진정한 치안 서비스를 제공하는 데서 오는 사명감과 보람을 돌려주어야 한다.

4절

정부에겐 머슴
국민에겐 상전

검찰의 먹잇감, 파출소 경찰관 벌금 미납자 소재 수사

1987년 강릉경찰서 노암파출소에 근무하던 김명기 순경은 벌금 미납자 소재 수사 보고서를 작성하고 있었다. 지금까지 다섯 차례나 집에 다녀왔던 홍길동(가명)에 대한 보고서이다. 소재 수사 지시를 받을 때마다 집으로 가서 확인했지만 이번에는 가지 않았다. 집에 없는 것이 확실했고 다른 더 급한 업무를 처리해야 했기 때문이다. 대신 전화를 걸어 확인을 했다. 전화를 받은 대상자의 어머니는 집에 들어오지 않은 지 오래되었다고 했다. 예전과 똑같은 대답이었다. 전화로 대상자가 없음을 확인한 김명기 순경은 다음과 같이 소재 수사 보고서를 작성해서 보고한다. "현지에 임한바 대상자를 발견하지 못하였음을 복명합니다."

1988. 7. 22. 강릉경찰서 김명기 순경, 동해경찰서 묵호파출소 김동주 순경, 발한파출소 조민용 순경 등 세 명의 경찰관은 벌금 미납자 소재 수사와 관련하여 알아볼 것이 있으니 강릉지청 1호 검사실로 출석하라는 통지를 받는다. 세 명의 경찰관에게 씌워진 죄목은 허위공문서작성이었다. 벌금 미납자 소재 수사를 전화로 하고 보고서에 "현지에 임한바"라고 쓴 것이 허위공문서작성이라는 것이었다. 어이가 없는 일이었다. '현지에 임하여'라는 말은 '그 장소에 갔다'는 뜻이 아니다. 사실 확인을 거쳤다는 의미로써 경찰은 물론, 검찰에서도 의례적으로 사용하는 표현이기 때문이다. 보고서에 '전화로 확인한바'라고 해도 아무런 문제가 없는 일이다. 내부 보고서에 의례적으로 사용하는 표현이기에 그런 문구를 사용한 것이라고 해명했지만 그 점을 노린 표적 수사인데 받아들여질 리가 만무했다. 치졸하고 비열한 행태였다.

　이경주(가명) 검사는 조민용 순경에 대한 피의자 신문조서를 직접 작성했다. 대부분의 조서를 입회조사관들이 작성하던 현실에서 이례적인 일이었다. 김동주 순경의 조서는 강릉지청 징수계장 정찬수(가명)가 2호 검사실에서 작성한 후 춘천지법 강릉지원에 3명의 경찰관에 대한 구속영장을 청구한다. 구속영장이 청구된 경찰관들은 설마 이런 일로 법원이 구속영장을 발부하지는 않을 것이라고 생각했다. 순진하게도 정의의 보루인 법원은 검찰과 다를 것이라고 믿었던 것이다. 그러나 법원에 대한 믿음이 산산이 깨어지는 데는 얼마의 시간이 걸리지 않았다. 오후 6시 4분 경찰관 세 명 전원에게 영장이 발부되었다. 구속영장이 발부된 세 명의 경찰관은 각각 70만 원을 부담하여 만든 210만 원으로 강릉시에서 개업 중인 모 변호사를 선임하고 강릉교도소에 수감된다.

1차 공판은 88년 9월 23일 14:00 강릉법원 1호 법정에서 개정되어 제3차 공판에서 검사는 징역 1년을 구형했다. 공판은 여섯 번에 걸쳐 개정되었고, 선고 공판은 같은 해 12월 20일 이루어졌다. 선고 당일, 판사의 태도가 대단히 이상했다. 판결을 선고하기도 전에 피고인에게 먼저 항소를 하라고 주문을 하고, 판결 이유도 낭독하지 않은 채 김동주 순경에게는 징역 8월에 집행유예 1년, 김명기 순경과 조민영 순경에게는 징역 1년에 집행유예 1년 6월을 선고한 후 바로 퇴장을 해 버린다. 김동주 순경은 양심에 대한 가책 때문일 것이라 생각하고 춘천의 이택수 변호사를 착수금 100만 원에 성공보수 300만 원을 조건으로 선임하여 항소한다. 항소심은 89년 3월 16일 10:00에 제1차 공판이 시작된 이래 90년 3월 29일 10:00에 개정된 제20차 공판까지 20번에 걸쳐 이루어졌다. 결과는 무죄였다. 검사는 이에 불복하여 1990년 4월 4일 상고를 제기했지만, 대법원이 동년 9월 28일 검사의 상고를 기각하고 무죄를 확정함으로서 경찰관의 신분을 회복했고 동해경찰서로 복직된다.

법원이 김동주 순경에게 무죄를 선고한 이유가 아이러니하다. 검사가 작성한 것으로 되어 있는 조서가 사실은 징수계장인 정찬수(가명)가 대신 작성한 것이어서 증거 능력이 없다는 이유였다. 즉, 검사 작성

피의자 신문조서가 명의를 도용한 허위공문서라는 의미였다. 당시는 검사가 직접 조서를 작성하는 일이 거의 없었다. 입회계장이라 불리는 수사관들이 작성하고 검사는 도장만 찍어줬었다. 이 같은 행위는 조서 상의 "검사는 다음과 같이 문답하다"라는 문구에 정면으로 반한다. 경찰을 얽어맸던 허위공문서작성죄는 경찰관에게 적용될 것이 아니라 검사에게 적용되어야 했다. 경찰관이 의례적으로 사용한 "현지에 임하여"라는 문구가 허위공문서를 작성한 것이라면 대한민국의 모든 판사와 검사는 교도소에 수감되어야 한다.

경찰관이 벌금 징수원?

"사소한 싸움에 연루되어 경찰서에서 조사를 받았다. 이후 생활이 바쁘다 보니 어떻게 진행되고 있는지 알아보지 못했다. 어느 주말 아침 가족들과 밥을 먹고 있는데 정복을 입은 경찰들이 들이 닥쳤다. 그들은 '벌금을 내지 않아 수배가 되었다'며 다짜고짜 경찰서로 가자고 했다. 경찰서로 연행됐다. 경찰관들은 '빨리 벌금을 내지 않으면 검찰에 인계한다'며 윽박질렀다. 갑자기 그런 큰돈을 어디서 구하나. 여기저기 전화를 해봤지만 주말 아침 갑자기 돈을 가지고 달려올 사람은 없다. 곧 검찰청으로 인계되었다. 노역장이라는 곳으로 간다는데 집에 두고 온 아이들이 눈에 밟힌다. 당장 내일 아이들의 끼니가 걱정이다."

2002년 3월 21일 검찰의 벌금 미납자 소재 수사 제도가 폐지되기 전의 상황이다. 벌금을 내지 못한 사람들에게는 언제든 일어날 수 있는 일이었다. 경찰관은 벌금을 내지 않은 사람을 찾겠다는 이유로 다른 사람의 집에 함부로 들어갈 수 없다. 벌금을 내지 않았다는 이유로 국민을 체포하거나 연행할 수 없다. 그런데도 벌금을 내지 않았다는 이유로 경찰이 상대방의 집에 함부로 들어가 경찰서로, 검찰청으로 연행했다. 경찰관들은 불법인 줄 알았지만 어쩔 수 없었다. 법보다 검사의 지시가 우선시되었기 때문이다.

국민의 신체의 자유를 제한하기 위해서는 헌법과 법률이 정한 정당한 절차에 의하여야 한다. 벌금 미납자에 대한 경찰관의 연행과 구금은 아무런 법적 근거도 없이 '벌금 미납자 소재 수사 지휘'라는 검사의 지휘만으로 이루어졌다. 벌금 징수는 형의 집행에 속한다. 형의 집행은 경찰의 업무가 아니다. 검찰의 고유한 업무다. 검사가 경찰에게 수사 지휘를 할 수 있어도 형 집행을 지휘할 수는 없다. 검사가 수사지휘권을 남용하여 경찰에게 형 집행을 지휘하는 것은 직권남용에 해당하는 불법이다.

벌금 미납자 소재 수사 지휘 제도가 폐지되기 전까지 검찰은 매년 170만 건 이상의 벌금 미납자 소재 수사 지휘를 했다. 매년 170만 명의 불법 가택수색이 있었던 셈이다. 지역 경찰이 가장 큰 부담을 가졌던 업무였다. 1997년 한 해에만 벌금 미납으로 체포된 숫자가 115,394명이나 됐다. 아무런 법적 근거도, 법적 효력도 없는 '벌금 미납자 소재 수사 지휘서'를 가지고 경찰관들이 수많은 사람을 체포했던 것이다. 전국 경찰서의 수사계는 벌금 징수 대행 사무소였고, 파출소 경찰관은 벌금 징수원이나 다름없었다. 몇몇 경찰관들은 '영장 없이 사람을 연행하는 게 불법 아니냐'고 이의를 제기하기도 했다.

이때 돌아오는 대답은 "검사가 끌고 오라는데 무슨 문제가 있나"였다. 검찰이 자기들의 업무를 불법적으로 경찰에게 떠넘겼던 것이다. 사정이 이러함에도 경찰청의 태도는 한심하기 짝이 없었다. 벌금 미납자 소재 수사 제도의 불법성을 전혀 문제 삼지 않았다. 역대 치안본부장과 경찰청장을 비롯하여 누구도 문제를 제기하거나 개선을 요구하지 않았다. 오히려 감찰을 동원하여 소재 수사 기일 지연을 빌미로 조직원을 처벌했을 뿐이다.

2000년 11월 16일, 필자는 법무부 게시판에 '검찰에 공개질의한다'는 제목의 글을 올리고 문제를 제기했다. 사이버경찰청에는 '벌금 미납자 소재 수사'라는 주제로 토론방을 개설하고 불합리한 사례를 수집하기 시작했다. 현장 경찰관들의 불만은 소재 수사 지휘뿐만이 아니었다. "체육대회를 하니 사건을 송치하지 마라. 토요일에는 사건을 보내지 마라. 매달 23일까지만 사건을 송치하라. 담당 검사님이 쉬고 계시니 영장 신청서를 다음에 가지고 와라. 12월 20일 이후에는 사건을 받지 않을 테니 기일을 엄수하라"는 등 온갖 횡포와 갑질에도 속수무책일 수밖에 없었던 울분과 분노가 쇄도했다.

법무부 홈페이지는 경찰관들이 몰려들어 사이트가 마비될 정도였다. 언론은 "경찰관들의 양심선언"이라는 제목으로 관련 내용을 보도하기 시작했고 검찰은 당황했다. 결국, 현장 경찰관들의 열정과 논리가 검찰을 이겼다. 2002년 3월 21일 검사의 소재 수사 지휘 제도가 폐지된다. 현장 경찰관들의 단합된 힘으로 검사의 불법적 소재 수사 지휘를 무너뜨린 뜨거운 경험은 후일 수사권 독립 운동의 동력으로 다시 점화된다.

돈 없으면 몸으로 때워라

소재 수사 지휘가 폐지된 후 검찰은 형집행장 활용을 확대한다. 형집행장은 벌금을 납부하지 않는 사람을 노역장에 유치시키기 위한 명령장으로서 검사가 발부한다. 2002년 벌금 미납자 소재 수사의 폐지에 즈음하여 이팔호 당시 경찰청장은 다음과 같은 지휘서신을 시달한다.

"벌금 미납자 소재 수사와는 달리 형집행장은 실정법상 근거가 명확하고, 당장 형집행장 업무협력까지 폐지할 경우 벌과금 집행의 실효성을 확보할 수 없게 되고, 국가형벌권의 약화를 초래할 수밖에 없어 이는 우리 경찰의 입장에서도 방임할 수 없는 일이며, 또한 검찰에서는 형집행장·징수촉탁의 남발을 강력히 억제하기로 하고 '점검부'를 작성, 매일 점검해 나가는 등 제도적 장치를 마련하였으며, 벌과금 집행에 대한 근본적인 대책을 강구하겠다는 방침이므로 머지않아 개선될 것으로 기대된다."

그런데 문제가 있다. 첫째는 법 해석상의 문제다. 형집행장이 구속영장과 동일한 효력이 있는 것은 맞다. 또, 검사는 사법경찰관에게 구속영장 집행 지휘를 할 수 있으므로 사법경찰관에게 형집행장 집행 지휘도 할 수 있다고 해석된다. 그러나 경찰청 소속 경찰관은 형 집행에 관한 업무를 할 수 없다. 따라서 검사가 형집행장 집행 지휘를 할 수 있는 사법경찰관은 법무부 소속 사법경찰관으로 한정된다고 해석해야 한다. 둘째, 형집행장 발부 절차상의 위법이다. 형사소송법과 검찰징수사무규칙에 따르면, 벌금을 선고받은 자에 대하여 벌금 납부를 명령하고, 독촉하고, 민사상 강제집행 절차를 거쳐야만 노역장 유치가 가능하다. 벌금 미납자에 대한 형집행장 발부는 최후의 수단인 것이다. 그런데 검찰은 벌금 징수 절차를 지켜 노역장 유치를 억제하려는 노력을 하지 않았다. 벌금 미납자에 대한 민사상 강제집행 절차는 시도조차 하지 않았다.

2005년 5월 4일, 필자는 검찰의 무분별한 형집행장 남발을 국가인권위원회에 제소했다. 형집행장은 발부 절차와 집행 현실 모두에 위법이 산재해 있다. 야간에 검거되는 벌금 미납자들을 검찰청이나 교도소가 아닌 경찰서 유치장에 구금하는 것도 위법이다. 유치장은 형의 확정판결을 받은 사람들을 유치할 수 있는 장소가 아니라 수사 중인 피의자를 일시 유치하거나 판사로부터 구류처분을 받은 사람들을 수용하는 곳이다. 벌금형 미납자를 유치장에 구금하는 것은 법적 근거가 없다. 형집행장에도 벌금 미납자 구인 장소를 검찰청으로 규정하고 있다. 검찰이 수사지휘권을 빌미로 골치 아픈 업무인 벌금 미납자 처리 업무를 떠넘기느라 스스로 불법을 행하고 있는 것이다.

2006년 11월 30일 오후 2시, 국가인권위원회에서 벌금형 집행과정의 문제점과 개선방안 토론회가 개최됐다. 진정서를 접수한 지 1년 6개월 만이다. 그리고 1년의 세월이 흐른 2007년 12월 국가인권위원회는 검찰총장과 경찰청장에게 형집행장에 대한 제도 정비를 권고한다. 필자가 주장했던 논리의 대부분이 받아들여진 결과다. 벌금 미납자 소재 수사 제도 폐지와 형집행장 남발에 대한 인권침해 진정은 매년 150만 명에 달하는 벌금형 처분을 받은 사람들에게 큰 영향을 미쳤다.

검찰은 벌금형 집행 방법과 납부 절차를 대폭 개선했다. 지로 제도와 인터넷, 계좌 이체 등 납부 방법을 다양화하기도 했다. 하지만 여전히 검사들의 형집행장 발부 방식에는 문제가 많다. 정당한 절차를 밟지 않고 행정 편의적으로 발부하고 있다. 한 장 한 장이 곧 국민의 인권과 직결된 문제임에도 말이다. 검찰 스스로 이를 바꾸려는 의지는 없다. 언젠가 다시 한 번 논의되어야 할 과제다.

빅브라더의 출현을 막아라

노무현 정부는 출범과 동시에 전자정부 사업을 추진한다. 행정 업무 전산화를 통해서 인터넷기반의 대민 서비스를 제공하려는 구상이었다. 궁극적으로는 국민들의 행정 정보 접근성을 강화하여 능동적이고 참여하는 행정을 만들겠다는 것이었다. 검찰은 노무현 정부의 이러한 전자정부 비전을 가장 이기적으로 이용하고자 했다.

2005년 1월 검찰은 '형사사법통합정보체계추진단"을 구성한다. 경찰, 검찰, 법무부, 법원으로 이어지는 형사사법절차의 모든 정보를 하나의 정보망에서 관리하겠다는 야심이었다. 검찰은 기관별로 종이 서류로 유통되고 있는 것을 전자화시킴으로써, 예산을 절약하고 국민들이 쉽게 정보에 접근할 수 있도록 국민 편익을 제고할 것이라고 자신만만하게 설명했다. 통합망이 구축되면 그 정보망을 검찰이 주관하게 될 것이다. 그 주관기관은 모든 형사사법정보의 마스터키를 쥐게 되는 것이다.

더욱 심각한 문제는 국민의 정보가 수사기관에 의해 자의적으로 활용될 소지가 있다는 점이다. 형사사법 정보가 통합되면 통합DB화를 통해 개인의 모든 정보가 국가기관에 보관된다. 범죄 경력, 각종 진술조서, 피의자 신문조서, 수사보고서와 같은 증거서류가 DB로 관리될 뿐 아니라, 개인의 주민번호, 본적, 주소, 운전면허, 차적, 건강 상태와 진료 기록, 가족 관계, 이성 관계, 재산, 병역, 종교, 가입 단체는 물론 심지어 통장과 신용카드 거래 내역까지도 들여다볼 수 있게 되는 것이다.

국민 개개인도 기억하지 못하는 시시콜콜한 모든 정보를 국가가 그 물망으로 관리하는 현대판 '빅브라더(big brother)'가 출현할 수 있는 위험한 계획이었다. 극단적으로 통합시스템 구축 후 검색 기능만 추가하게 되면 특정인과 관련된 모든 진술 내용을 검색하는 것이 가능해 정치적으로 악용될 수도 있는 문제였다. 법원과 경찰은 즉각 반박했다. 검찰이 최초 구상했던 통합형이 아니라 각 기관의 정보를 독자적으로 관리하되 상호 연계할 수 있는 연계형을 주장한 것이다. 하지만 검찰의 집착은 집요했다. 법원과 경찰의 반대로 인한 사업 지연을 참지 못하고, 독자적으로 법률안을 만들어서 입법을 추진하기까지 했다.

자칫 국민 인권에 큰 영향을 줄 수 있는 사업이 검찰의 야욕대로 시행될 위기에 처해 있었다. 당시 형사사법통합정보체계추진단에 경찰의 대표로 파견 나가 있던 배상훈 총경과 김일권 경감은 큰 위기의식을 느낀다. 배상훈 총경은 검찰의 일방적인 사업 추진에 제동을 걸기 위해 경찰청에 도움을 청한다. 배상훈 총경은 이택순 청장에게 형사사법통합망에 대한 경찰청 차원의 반대 입장을 내어줄 것을 청한다. 하지만 당시 경찰청장이던 이택순은 경찰 조직의 명운이 걸려 있을 뿐 아니라 국민에 대한 중대한 인권침해 소지가 있는 정책에 대해 아무런 관심을 표명하지 않았다. 이택순은 경찰청 차원의 의견을 모으기는커녕 배상훈 총경과의 면담조차 하지 않는다.

경찰 지휘부의 지원은 불가능했다. 기댈 곳은 현장 경찰관들뿐이었다. 배상훈 총경은 고민 끝에 형사사법통합망 사업의 진행 경과를 가감 없이 경찰청의 뜻있는 사람들에게 알리기로 한다. 필자는 형사사법통합정보망 사업의 위험성을 알리는 글을 경찰 내부 게시판에 올리고 경찰관들의 의견을 기다렸다. 기능을 불문하고 많은 경찰관들이 반대 의견을 밝히고 나섰다. 현장 경찰관들의 폭발적인 반대 여론에 당황한 경찰 수뇌부는 통합체계가 아닌 연계체계로 추진하겠다는 의사를 밝힌다. 현장 경찰관들은 형통망의 위험성을 대내외에 알리기 위해 자발적으로 노력을 기울였고, 마침내 국회, 인권위, 인권단체들을 움직이는 데 성공한다.

당시 국회의원 중 가장 큰 관심을 가졌던 사람은 최규식 의원이다. 2006년 9월 26일 10시, 최규식 의원 주관으로 국회도서관 대회의실에서 형통망 공청회가 개최되고, 토론 과정에서 새로운 사실도 드러난다. 2004년 한국전산원은 검토보고서를 통해 '형사사법정보는 아주 민감한 개인 신상에 관한 정보가 다수로서, 통합DB 형태로 구축하고 관리하려는 방안은 보안상 여러 문제 소지가 있는 만큼 재검토 필요성을 지적했음에도 검찰이 이를 무시하고 사업을 추진했던 것이다. 최규식 의원 주최 공청회 이후 국회, 인권위, 인권단체들은 잇달아 "통합형"의 위험성을 지적하였고, 결국 2006년 10월경 이용섭 행자부장관은 "연계형으로 전환하겠다"고 사업 전환을 국회에 보고한다.

2006년 9월 26일 국회 도서관에서 개최된 형사사법통합정보체계 구축사업 토론회

2007년 2월 13일 임시국회 행자부 업무 보고에서 최규식, 강창일 의원은 질의를 통해 형통망 예산은 연계형 구축 예산임을 분명히 했다. 하지만 일은 현장 경찰관들의 바람대로 흘러가지 않았다. 2007년

9월 11일, 행자부 주관 형통사업 관계기관 국장급 회의에서 수사국장 최병민이 '단순사건은 통합형, 일반사건은 연계형' 안에 서명해 버린 것이다. 최병민은 아마도 이택순 청장의 지침에 따랐을 것이다.

형사사법통합정보망의 문제가 불거진 이후로 경찰청 수사국장을 지냈던 다른 사람들도 마찬가지였다. 김용화, 주상용, 최병민, 박영헌 등 4명이 경찰청의 수사 책임자인 수사국장을 역임하였으나 누구 한 사람 문제를 제기하거나 해결 방안을 모색하는 사람이 없었다. 책임을 지려는 사람은 더더욱 없었다. 수많은 이름 없는 경찰관들이 발품을 팔아 만들어준 절호의 기회는 이렇게 어처구니없이 무산되었다. 형통망은 이른바 911합의에 입각해서 추진되고 있었다.

더욱 기가 막힌 것은 이러한 사실들이 911합의 후 1년이 넘도록 조직원들에게 알려지지도 않고 은폐된 것이다. 법원은 형통망을 거부함으로써 법원의 특성에 맞는 수백억에 달하는 전자 업무 처리 시스템을 법원 예산이 아닌 형통망 예산으로 만들어냈고, 이 시스템이 입주할 독립적인 전산센터까지 확보했다. 이에 반해 경찰은 모든 것을 빼앗길 처지였다. 다시 현장 경찰관들이 일어서야만 했다. 필자는 사이버경찰청 게시판에 '경찰 조직과 현장 경찰관을 검찰의 칼날 위에 세울 형통망의 화려한 부활 예고'라는 제목의 글을 올리고, 검찰의 목적인 영구적 경찰 장악 제도화를 막아내야 한다고 호소했다.

2008년 12월 3일 청와대에서의 최종 결정을 앞두고 당시 송강호 수사국장은 대책 회의를 소집했다. 당시 치안정감 승진 대상자였던 송 국장의 얼굴에서는 깊은 고민이 묻어났다. 형통망을 어떻게 해야 하는지 의견을 듣고 싶다고 했다. 참석자 모두 연계형을 관철하지 못하면 경찰은 검찰의 사이버 노예로 전락할 것이라는 의견이었다. 결론적으로 송강호 국장은 현장 경찰관들의 믿음을 배신하지 않았다. 청와대 회의석상에서 정동기 민정수석이 송강호 국장에게 "왜 검찰을 못 믿느냐"고 질책하자 "경찰 조직이 못 믿는 것이고, 지금까지 검찰이 믿지 못하도록 행동을 했다"고 반박함으로써 통합형 합의를 결렬시킨다. 송강호 국장의 용기 있는 행동이 경찰의 독자성을 지켜낸 것이다.

2009년 12월 8일, 형사사법절차 전자화 촉진법은 우여곡절 끝에 국회 본회의를 통과하고 2010년 1월 25일부터 시행에 들어갔다. 형사사법통합정보망은 기관 간 망 운영을 위한 기술적 시스템으로 제한되고, 운영단 조직도 시스템의 유지 보수 등 기술적인 측면에 한정하도록 법률로 규정했다. 천신만고 끝에 지켜낸 경찰의 독립성이었다.

형통망 처리 과정에서 이해할 수 없었던 관계자들의 행동은 관계자들 퇴직 후 검찰이 비리 혐의로 형사 입건하는 것을 지켜보며 비로소 이해가 되었다. 형사사법통합정보망 파동은 경찰 조직에 중대한 시사점을 남겼다. 어떠한 경우든 타 기관의 무리한 요구를 경찰 지휘부가 단독으로 결정하지 말라는 것이다. 관련 정보를 공개하고 현장과의 토론을 바탕으로 전 조직원의 동의를 얻어 문제에 대처하면 좋은 결과를 얻을 수 있다는 것을 형통망은 웅변하고 있다.

모든 정부부처의 머슴

필자는 혁신기획단에 근무하면서, 경찰청이 타 기관의 부당한 요구에 너무 쉽게 굴복하거나 아무 생각 없이 동의하는 모습을 자주 보았다. 그리고 경찰청이 이렇게 대외적으로 굴종적인 것이 정치권의 압력 등 외부 환경에서 기인된 것이 아니라 내부의 문제임을 확신하게 됐다. 일선 경찰의 직무 수행에 큰 영향을 미칠 수 있는데도 경찰청이 무신경하게 대응한 대표적인 사례로 〈가정폭력 범죄의 처벌 등에 관한 특례법 개정안〉 파동을 들 수 있다.

2003년 8월, 한나라당 안상수 의원은 〈가정폭력범죄의 처벌 등에 관한 특례법 개정안〉을 대표 발의한다. 그 제안 이유는, "가정폭력 범죄를 신고하여야 할 의무 있는 자가 신고를 하지 않거나, 경찰이 신고를 받고도 응급처치를 하지 않은 경우 제재할 수 있는 법적 근거를 마련하여 가정폭력 범죄의 예방과 진압의 실효성을 확보하려는 것"으로 되어 있다. 그 법안에는 현장 경찰관들의 업무는 물론이고 그들의 신상에 영향을 미칠 수 있는 중요한 내용이 포함되어 있었다. 개정안 제5조의 2가 그것이다. 내용은 이렇다.

"가정보호사건의 관할 검찰청 검사장은 사법경찰관리가 가정폭력범죄 발생의 신고를 받고도 이유 없이 응급조치를 하지 아니하거나 게을리한 때에는 그 임명권자에게 당해 사법경찰관리의 징계를 요구할 수 있다." 검찰에게 경찰관 징계 요구권을 부여한다는 것이다. 가정폭력 사건의 초동 처리를 주로 파출소와 지구대의 지역 경찰이 담당한다는 것을 감안하면, 이 법안이 통과될 경우 기존의 수사지휘권으로 수사 경찰의 목줄을 쥐고 있는 검찰에게 지역 경찰의 목줄까지 쥐어주는 꼴이 될 것이었다.

당시에는 경찰관에게 응급조치를 할 권한이 없었다. 현장에서 폭력 행위가 이루어지고 있는 경우에 한하여 이를 제지할 수 있었다. 피해자의 동의가 있는 경우에만 상담소에 인도할 수 있었고, 폭력 행위가 재발해야만 검사에게 법원에 임시 조치를 청구해 달라는 신청을 할 수 있을 뿐이었다. 현장에 출동한 경찰관이 할 수 있는 제도적 장치가 없는 상태에서 '응급조치를 하지 않거나 게을리 한 때에는 검사가 징계를 요구할 수 있다'는 것은 말이 안 된다. 더구나 게을리 한 때에도 징계를 요구할 수 있다고 되어 있어 검찰의 자의에 따라 "코에 걸면 코걸이, 귀에 걸면 귀걸이" 식이 될 게 분명했다.

법안을 철회시켜야 했다. 경찰청은 남의 일 보듯 했다. 현장 경찰관들이 나설 수밖에 없었다. 우선 안상수 의원실에 전화를 걸어 어떻게 이런 법안을 낼 수 있느냐고 따졌다. 전화를 받은 안상수 의원실 직원은 자신들이 만든 법안이 아니라 '여성의 전화'에서 주도한 것이라고 발뺌을 했다. '여성의 전화'에 전화를 걸어보니, 그들 또한 자신들이 한 것이 아니라고 강하게 부인을 했다.

오히려 자신들은 법안에 문제가 있어 반대 입장을 분명히 밝혔다고 했다. 검찰의 청부입법이 분명하다는 판단이 들었다. 폴네티앙 홈페이지에 이 사실을 알렸다. 곧이어 안상수 의원 홈페이지는 현장 경찰관들의 항의로 초토화되다시피 했다. 언론도 이 사실을 보도했다. 마침내, 1주일 후 안상수 의원이 스스로 법안을 철회함으로써 사태는 마무리되게 된다.

2004년 11월에 발생한 '검사직무대리제' 도입 파동도 마찬가지다. 경찰청이 소극적인 태도를 보이는 가운데 현장 경찰관들이 들고 일어나 철회시켰다. 법무부는 2004년 11월 초순 〈검사 직무대리 운영규정〉 제정안을 입법 예고했다. 검찰 수사 인력을 효율적으로 배분하여 검사는 고도의 법률적 판단이 필요한 중요 사건에 집중 투입하고, 정형적이고 단순한 경미 사건은 수사 경험과 능력을 갖춘 검찰 일반직 공무원 중에서 선발된 '검사직무대리'로 하여금 신속히 처리토록 함으로써 검찰 수사 인력을 획기적으로 강화하고, 경미 사건의 신속 처리를 통하여 대국민 형사사법서비스의 질을 획기적으로 향상시키겠다는 것이 제안 이유였다.

문제는, 검찰 일반직인 '검사직무대리'의 직무 범위 내에 '사법경찰관리에 대한 수사 지휘'를 포함시킨 것이었다. 경찰에게는 모욕이나 다름없었다. 경찰의 숙원인 '수사권 독립'은 검사의 수사 지휘로부터 벗어나서 경찰이 독자적으로 수사를 하고 책임을 지겠다는 것이다. 그런데 검찰 일반직까지 경찰을 지휘하도록 하겠다고? 비록 정형화된 경미 약식 사건에 한정한다 해도 검찰 일반직의 지휘를 받을 수는 없는 일이다. 그러나 경찰청의 대응은 미온적이었다. 다시 현장 경찰관들이 들고 일어났다. 법무부는 물론, 관계 기관의 홈페이지에 관련 문제점을 지적하는 글을 올리고 항의를 하기 시작했다. 빗발치는 경찰관들의 항의에 의해 '검사직무대리'의 사법경찰 지휘 조항은 11월 말경 철회된다.

경찰 내부 조직원에 대해서는 절대적인 권위로 군림하는 경찰청은 대외적 관계에서는 굴종적인 태도를 견지한다. 온갖 기관들이 '협조 요청'이라는 이름으로 현장 경찰관들에게 자기들의 직무 부담을 떠넘기려는 데 대해 경찰청이 이를 의연하게 거부하는 모습을 보지 못했다. 법무부령인 징수규칙, 집행규칙 등에 규정된 사실상의 지휘 조항에 대해 그것은 민사 사안으로서 경찰직무와 아무 관련이 없음에도 경찰청은 문제 제기를 못 하고 있다. 행정부가 아닌 법원의 채무자 감치를 경찰 유치장에 집행할 수 있도록 동의하기도 했다.

경호실과의 관계도 대단히 굴종적이다. 경호실은 경찰에 협조를 요청할 수 있는 기관에 불과할 뿐 지휘 기관이 아니다. 과거 치안국 소속 경무대 경찰서를 확대 개편한 기관이 경호실이다. 전 세계적으로 요인 경호는 특별한 국가를 제외하고는 경찰의 담당 직무이다. 경찰관 직무집행법에도 주요 인사 경호가 기본 직무로 명시되어 있어 경호실과는 대등한 위치에서 협의하는 것이 정상이다. 그러나 현실은 경호실은 지시하고, 경찰은 맹종한다. 머슴이 따로 없다.

재갈을 물려라

벙어리 30년

김대중 대통령의 대선 공약에는 '경찰 수사의 독자성 보장'이 포함되어 있었다. 이에 따라 사상 처음으로 수사권에 관한 경찰과 검찰 간의 공식적인 논의가 시작됐다. 그런데, 2002년 말쯤, 김대중 대통령은 어찌된 영문인지 돌연 수사권 논의를 중단하라고 지시한다. 그러자 경찰청장은 모든 경찰관에게 수사권에 관한 일체의 언급을 금지한다는 명을 내린다. 필자는 이것이 경찰청장의 월권적 행위라고 생각했다. 대통령의 지시는 어디까지나 기관 차원의 논의를 중단하라는 취지이지 경찰관들의 개인적인 언급까지 금하라는 것은 아니었다. 대통령일지라도 경찰관 개인의 의사표시를 금지할 권한을 가지고 있지 않다. 우리 헌법은 모든 국민에게 표현의 자유를 기본적 권리로 보장하고 있으며, 경찰관도 표현의 자유를 보장받는 국민이다.

2003년 1월 24일 20:30경, 고성경찰서에 근무하던 필자는 청와대 홈페이지와 사이버경찰청에 '수사권 논의는 계속되어야 한다'는 내용의 글을 올렸다. 경찰청장의 수사권 관련 언급 금지 지시가 전달된 직후였다. 얼마 지나지 않아 경찰청 감찰당직에서 전화가 걸려 왔다. 고 경감이라는 사람이 필자의 글이 청장 지시에 위반된다며 지워 달라고 요구했다. 한 마디로 거절했다. 언론의 자유가 보장된 나라에서 누구도 나에게 글을 쓰라거나, 지워라 마라 할 수 없다고 말했다. 새벽 3시경이 되어 다시 전화가 걸려왔다. 이번에는 경찰청 감찰계장이었다. 필자는 고 경감에게 했던 것과 똑같이 한 마디로 거절했다. 새벽 여섯 시경에는 경찰청 감찰과장 B가 직접 전화를 걸어왔다. 위압적 요구에도 내가 뜻을 굽히지 않자 B 과장은 경찰청 602호실로 출두하라고 통고했다. 감찰 조사를 하겠다는 것이었다.

조용하던 시골경찰서가 발칵 뒤집혔다. 소식을 듣고 달려온 경찰서장은 이제라도 빨리 글을 지우고 B 과장에게 용서를 빌라고 했다. 감찰에 도전하면 그들은 수단 방법을 가리지 않고 파면시킬 것이라고 충고했다. 그것은 사실이었다. 얼마 지나지 않아, 전임지인 강릉경찰서에서 필자가 근무할 당시의 행적에 대한 조사에 착수했다는 말이 들려왔다. 올 것이 왔다 싶었다. 필자를 잘라내기 위한 작업이 시작된 것이었다. 새벽녘 전화 통화에서 B 과장이 했던 말이 귓전에 맴돌았다. "나는 옳고 그름은 모른다. 내가 해야 할 일은 청장님 뜻을 받들어 조직을 안정시키는 것이다."

예나 지금이나 청장 지시라면 특진을 시켜야 할 공적도 비리로 둔 갑시킬 수 있는 집단이 감찰이다. 필자 하나 옷 벗기는 것 정도는 식은 죽 먹기일 터였다. 털어도 잘못이 발견되지 않으면 없는 잘못을 만들어 서라도 기어코 옷을 벗길 것이다. 솔직히 겁이 났다. 못 이기는 척 글을 지울 걸 그랬나 하는 후회도 들었다. 그러나 곧 마음을 고쳐먹었다. 이겨내야 했다. 여기서 굽히면 아무 일도 할 수 없을 것이었다.

마음을 정리하고 경찰청으로 갈 준비를 하고 있는데 뜻밖의 상황이 벌어졌다. 허준영 강원청장의 중재로 문제가 해결됐다는 것이다. 허준영 청장과는 그때까지 아무런 인연이 없었다. 그가 고성경찰서를 방문했을 때 얼굴 한 번 본 것이 고작이다. 만약 허준영 청장의 중재가 없었다면 사태는 어떻게 되었을까? 분명히 징계 절차를 거쳐 해임이나 파면이 되었을 것이다. 그리고 부산청 차돌이(차재복 경사)와 같이 몇 년 간의 길고 험난한 소송 과정을 치러야 했을 것이다. 허준영 청장께 지금까지 고맙다는 말 한 마디 하지 않은 것이 가슴속에 미안함으로 남아 있다. 정말 고마웠다. 이 책을 빌려 감사를 드린다.

궁예가 된 서장님과 차돌이의 수난

2001년 2월 15일, 충북 충주경찰서 홈페이지에 "궁예가 된 서장님"이라는 제목의 글 한 편이 올라왔다. 새로 충주경찰서장에 부임한 김

상구 총경의 제왕적 행태를 궁예에 빗대어 비판하는 내용이었다. K 서장은 자신의 취임사를 직원들이 암기하고 있는지를 점검하는가 하면, 파출소 초도 방문 시 입구에 카펫을 깔고 환영 플래카드를 내건 파출소에 혜택을 주는 등의 행동으로 빈축을 사고 있었다.

<궁예가 된 서장님>

조용한 경찰서에 한 서장님이 오셨습니다. 그는 취임사를 멋지게 작성해서 '미인대칭'이란 슬로건을 내세워 직원들이 암기할 수 있도록 하고 직접 취임사를 몇 번 읽었는지 잘 교양이 되고 있는지 점검하고 계신답니다. 그리고 오신지 한 달이 지나서 초도순시를 마치고서 인사를 하였는데 초도순시 때 잘 보인 파출소는 원하는 곳으로 많이 보내 주었고, 그렇지 못하고 찍힌 파출소의 직원들은 발령이 나지 않고 오히려 소장을 옆 파출소 부소장으로 보냈답니다.

그런데 오늘 공문이 내려와서 보았는데, 모 지방서 2곳에 서장님이 파격적인 인사를 단행했고 직원들은 능력에 따라 적재적소에 배치하고 사이버 범죄에 대비해 정보처리 기사 자격증을 가진 직원을 조사 요원으로 배치했다면서 장안에 화제가 되고 있다고 기사를 썼더군요. 정말 인사가 파격적이고 적재적소에 기용하였을까요? 그 전에 저희 경찰서에 '아지태'가 출현했습니다. 실명도 '아지태'와 비슷하지만요. 궁예왕은 '아지태'의 말만을 믿으려 하고 그간의 "종간" 군사의 말은 듣지 않고 있어요. 어디 왕건 없나요?

지금 직원들의 불만이 어떤지 전혀 알지 못합니다. 직원들이 맹추위에 음주 단속을 하다가 길바닥에 쓰러져 신음하고 서장을 원망하고 있는 것도 듣지 못합니다. 마구니 때문이죠. 관심법(?)으로 보아주신다면 사실을 알 수 있을 텐데. 참고로 서장님은 경무관 승진을 준비하고 계신답니다. 취임사는 개혁 인물인데. 원성을 들어보면 반 개혁 세력 같군요. "폐하. 북벌보다는 우선 민심을 수습하시오소서!!" "넌 내 동생이 아니었으면 벌써 죽었어~~~!!!" "폐하, 밖에 석총스님이…"

이 글을 본 K 서장은 감찰에게 글을 올린 자를 찾아내라고 지시한다. 감찰은 컴퓨터 IP 추적 기법 등을 동원해서 한 달여 만에 신니파출소 A 경장을 지목하고, A 경장은 감찰 조사를 거쳐 3월 15일, 감봉 1개월의 징계처분을 받는다. 이 사건은 당시 경찰 내부에서 큰 논란을 빚었다. 서장을 비판하는 글을 썼다는 이유로 징계를 한 것은 잘못된 것이라며 많은 경찰관들이 인터넷에 글을 써서 부당함을 호소했다.

부산금정경찰서 차재복 경사가 가장 적극적이었다. 차재복은 2001년 3월 17일 청와대 홈페이지의 〈인터넷 신문고〉 코너에 '차돌이'라는 필명으로 '썩은 칼이 아닌 진검으로 승부하자'라는 제목의 글을 올렸다. 대통령과 경찰청장에게, 충주경찰서장이 '궁예가 된 서장님'이란 글을 쓴 직원을 징계한 사실을 알리고, 비판 글을 문제 삼아 징계하는 것은 부당하니 처음부터 다시 조사해줄 것을 간청하는 내용이었다. 그런데 이에 대해 경찰청이 칼을 빼 들고 나선다. 경찰청은 2001년 5월, 차재복을 조사하여 결과를 보고하라고 부산지방청에 지시한다.

당시 부산지방청장 이팔호는 비교적 합리적으로 일처리를 한다는 평판을 듣던 인물이었다. 경찰청의 지시에도 불구하고 부산지방청은 차재복에 대한 조사 일정을 4차례나 연기하며 미적거렸다. 차재복의 글에 특별히 문제 삼을 내용이 없기 때문이었을 것이다. 그러던 6월 중순, 경찰청 감찰계 소속 김경수(가명) 경감이 부산지방청 감찰계를 찾아와 차재복에 대한 조사 지연을 이유로 사유서를 제출받는다. 대단히 이례적인 일이었고 차재복을 징계하라는 경찰청의 강력한 압박이었다. 이후 부산지방경찰청의 태도가 바뀐다.

6월 17일, 차재복에 대한 첫 번째 조사가 실시됐지만 순조롭지 않았다. 인터넷 신문고에 올린 글에 대한 조사를 마친 후에도 감찰 요원들은 지나칠 정도로 압박을 가했다. 차재복은 뭔가 다른 의도가 있다는 것을 직감했다. 차재복은 옆에서 지켜보고 있던 감찰계장 N에게 더 이상 조사를 받을 수 없다고 말하고 감찰 조사 장소를 나와 버린다. 3일 후인 6월 20일, 두 번째 조사가 이루어졌다. 차재복의 직감은 적중했다.

감찰 요원의 책상에는 폴네티앙 홈페이지에 게시된 글을 모두 출력하여 묶은 책이 놓여 있었다. 차재복은 폴네티앙에서 '차돌이'라는 이름으로 활동했다. 경찰청이 유독 차재복에게 칼을 겨눈 이유가 바로 이것이었다. 청와대 신문고에 올린 글은 빌미에 불과했다. 눈엣가시였던 폴네티앙을 해체하는 것이 경찰청 감찰과 청장의 속셈이었던 것이다. 차재복은 또 다시 조사받기를 거부하고 감찰계 사무실을 나왔다. 세 번째 조사는 6월 28일 이루어졌고, 7월 10일 차재복은 부산지방청 징계위원회의 의결을 거쳐 파면된다.

징계위원회에 제출된 〈감찰 조사 결과 보고서〉의 제목은 '중점 정화 대상자의 비위사실'이었다. 징계 사유는 경찰 네티즌 윤리강령 위반, 감찰 조사 방해, 그리고 직장협의회 선전·선동이었다. 경찰청이 차재복에게 '중점 정화 대상자'라는 험한 낙인을 찍고, 부산지방청을 압박하여 기어코 파면한 이유는 '직장협의회' 때문이었다. 그 무렵 폴네티앙에서는 경찰 내부 민주화를 위한 장치로서 '경찰관 직장협의회'의 도입에 대한 논의가 활발하게 이루어지고 있었다.

경찰관 직장협의회가 생기면 하위직 경찰관들이 단결하여 당당하게 자신들의 목소리를 낼 수 있게 된다. 경찰관에게 단체행동권을 인정하지 않는 나라는 있지만 단결권조차 인정하지 않는 나라는 찾아보기 어렵다. 직장협의회는 경찰의 민주적 운영을 위한 최소한의 장치다. 그러나 계급적 권위주의에 매몰된 경찰청과 경찰 수뇌부는 하위직 경찰관들의 단결을 지휘권에 대한 중대한 위협으로 여겼다. 차재복의 파면은 경찰 내부 민주화 요구 움직임을 봉쇄하려는 구시대적이고 반인권적인 경찰 지휘부의 계략이었다.

차재복은 즉각 소청심사를 청구했고, 2개월여가 지난 9월 14일 소청심사위원회는 파면 처분이 무효라고 결정했다. 경사 계급인 차재복에 대한 징계는 소속 경찰서 징계위원회의 관할임에도 부산지방청 징계위원회의 의결로 징계했으니 무효라는 취지였다. 경찰청은 직원들 사이에 평판이 좋던 차재복을 소속 경찰서 징계위원회가 파면시키지 않을 것을 염려하여 부산지방청에서 징계를 하도록 지시했었기 때문이었다. 차재복은 복직을 했다. 그러나 감찰은 차재복을 부산금정서 징계위원회에 다시 회부해서 복직 일주일 만인 9월 25일 재차 파면한다. 한 사람을 동일 건으로 두 번 파면한 것은 공무원 징계 역사상 전무후무하다.

당시 이팔호 부산청장은 차재복과 친밀하게 지냈었다. 가끔 금정구 구서동에 있는 식당에서 만나 소주잔을 기울이며 담소를 나누기도 하던 사이이다. 이팔호 청장은 차재복의 억울함을 알고 있었지만 아무런 일도 할 수 없었다. 그 후 치안정감으로 승진하여 서울경찰청장으로 재임하던 이팔호는 2001년 11월 6일 경찰청장 내정 통보를 받았고, 통보 당일 소청심사를 위해 서울에 와 있던 차재복과 서울경찰청장실에서 만난다. 이 자리에서 이팔호 청장은 차재복에게 경찰청장 내정 사실과 함께 억울한 징계 때문에 고생이 많다며 경비에 보태 쓰라고 현금 100만 원을 전달하고 위로한다.

2002년 2월 4일, 차재복은 부산지방법원에 파면처분 취소 소송을 제기하여 2003년 5월 15일 승소한다. 그러나 감찰은 항소와 상고를 거듭하며 복직을 방해했다. 결국 차재복은 대법원의 판결이 확정되고서야 근무지였던 부산금정서로 복직이 된다. 처음 파면된 날로부터 2년 6개월이 지난 2004년 1월 10일의 일이었다. 그러나 감찰은 소름이 끼칠 정도로 집요했다.

대법원 판결에 의해 복직된 차재복을 같은 이유로 다시 징계위원회에 회부해서 기어코 정직 2월의 중징계 처분을 한다. 법원이 파면을 취소했지 징계 자체가 잘못이라고 판결한 것은 아니라는 해괴한 논리였다. 동일 사건에 대한 세 번째 징계였다. 차재복은 다시 소청심사를 제기했고 감봉 2월로 감경된 후 3년에 걸친 소송으로 심신이 모두 피폐해져 더 이상 소송을 제기하지 않고 이를 받아들이고 만다.

단일 건에 대한 3번의 징계는 감찰 조직의 악랄함을 실증하는 사례이다. 이성을 잃은 폭력이었다. '차돌이 사건'은 감찰의 문제가 무엇인지를 극명하게 보여준다. 경찰관들은 감찰을 '개 대가리'라고 부른다. 개는 주인의 명령에 무조건 복종한다. 주인이 물라고 하면 무조건 물어뜯을 뿐 가치판단도 사리 분별도 하지 않는다. '개 대가리'는 국가와 국민이 아니라 청장에게 충성을 바치고 그 대가로 출세를 구가한다.

차재복은 파면되었던 몇 년 동안 울산에서 작은 횟집을 운영하며 생계를 유지했다. 가끔 동료들이 찾아가기도 했지만 너무 먼 곳에 있다 보니 왕래가 뜸할 수밖에 없었다. 동료들의 발길이 뜸해진 2002년 4월경, 차재복의 횟집에 50대 초반의 신사가 찾아왔다. 경찰청 동경 주재관 김석기 경무관이었다. 차돌이의 억울함을 알고 위로해주기 위해 찾아왔던 유일한 경찰 고위직이었다. 차돌이 사건 당시 감찰 책임자였던 N은 이후 승승장구를 거듭하여 현재 울산지방경찰청장으로 재직 중이다. 부산청 감찰계에서 사유서를 받았던 경찰청 감찰 담당자 김경수(가명) 역시 총경으로 승진하여 현재 대구 지역 경찰서장으로 있다.

인천 길병원 조폭 난동 사건과 감찰의 진상 왜곡

2011년 10월 23일, 〈SBS 뉴스〉는 '10월 21일 밤, 인천 길병원 장례식장에서 조폭들이 칼부림 난투극을 벌였는데, 현장에 있던 경찰들이 꽁무니를 뺐다'고 보도했다. 조현오 경찰청장은 진노했다. "경찰이 조폭에게 위축된다면 존재할 이유가 없다"며 감찰 조사를 지시했다. 경찰청 감찰은 감찰 요원을 대거 투입하여 관련자들에 대한 철야 조사를 벌였다. 그리고 얼마 지나지 않아 '언론에 보도된 내용이 모두 사실로 인정된다'는 취지의 보고서를 조 청장에게 제출한다. 인천청장과 형사과장, 남동경찰서장, 수사과장, 해당 팀 형사 전원이 파면 등 중징계에 처해질 상황이었다.

이때, 사이버경찰청 게시판에 당시 현장 책임자였던 인천남동경찰서 강력팀장 전 모 경위가 글을 올린다. 그 글에서 전 모 경위는 "우리는 조폭 앞에서 결코 비굴하지 않았다. 목숨을 걸고 조폭에 맞섰다"며 억울함을 호소했다. 느낌이 이상해서 인천에 있는 경찰관들에게 전화를 걸어 분위기를 물어보았더니 언론 보도가 엉터리라는 소문이 파다하다는 답변이 돌아왔다. 재조사를 해 보아야 할 사안이었다.

조현오 청장을 찾아가 재조사를 하겠다고 보고를 한 후 인천 길병원으로 가서 현장 상황이 녹화된 CCTV 영상을 열어보았다. 맙소사! 거기에는 조폭 앞에 비겁한 형사가 아니라 회칼을 휘두르며 달려드는 조폭에게 조금의 망설임도 없이 몸을 날리는 용맹한 대한민국 형사들의 모습이 담겨 있었다. 필자가 저 현장에 있었다면 결코 저렇게 용감한 대처는 하지 못했을 것이다. 감동스러운 모습이었다. 주변 가게와 병원 관계자들에게 당시 상황을 재차 확인했지만 한결같이 CCTV에 담겨 있는 내용과 부합하는 증언들이었다.

다음 날 아침 회의에서, 필자가 보고 들은 내용을 조 청장과 간부들 앞에서 보고했다. "길병원에 출동했던 형사들은 비겁하지 않았다. 징계가 아니라 표창을 주어야 할 일이다. 현지 조사를 한 감찰 요원들이 사실을 왜곡했다. 처벌받아야 할 사람은 형사들이 아니라 부실 조사를 한 감찰이다. 감찰 요원들을 처벌해야 한다." 필자의 보고를 듣던 원경환 감찰담당관은 극렬하게 반발했다. 필자와 감찰담당관 사이에 격론이 이어지자 이를 지켜보고 있던 조 청장은 재조사를 지시했다.

경찰청 미래발전 담당관 엄명용 총경을 책임자로 하는 재조사단이 꾸려졌다. 중립적 조사를 표방했지만 필자는 절충을 하라는 의미로 받아 들였다. 재조사 결과 일부 경찰관에 대해 사안의 본질과 전혀 관계없는 출동 지연을 이유로 경징계로 마무리하는 선에서 사건은 매듭지어졌다. 아쉬움이 적지 않지만, "조폭 앞에 비겁하게 꽁무니를 뺐다"는 억울한 누명을 벗겨주었고, 전원 파면이라는 극단적인 조치는 막아낼 수 있었다.

이쯤에서 의문이 들 것이다. '언론 보도 내용이 사실'이라고 조사 보고서를 낸 감찰 요원들은 CCTV 영상을 보지 않았던 것인가? 아니다. 그들도 CCTV 영상을 확인했다. 그러므로 언론 보도가 엉터리이고, 형사들이 비겁하게 꽁무니를 빼지 않았다는 사실을 잘 파악하고 있었다. 그런데 어째서? 감찰은 '청장' 한 사람에게만 충성을 다하는 '개 대가리 집단'이다. 그들은 청장에게 도전하거나 청장을 불편하게 하는 사람을 제거하는 일을 지상 과제로 여긴다.

그 대가로 인사상의 혜택과 조직 전체를 좌지우지할 수 있는 권한을 누린다. 따라서 감찰에게는 청장의 의중만이 중요하다. 감찰 조사의 목적 역시 진실을 밝히는 것이 아니다. 청장의 의도를 실현하는 것이 목적이다. 길병원 장례식장 사건을 조사한 감찰에게 '과연 실제로 형사들이 조폭 앞에서 꽁무니를 뺐는지'는 중요하지 않았다. 그들에게 중요했던 것은 '청장이 엄벌하라고 했으므로, 사건의 실체를 조작하든 왜곡하든 희생양을 지목해서 엄벌하는 것'이었다.

이무영의 감찰 조직 확대와 자체사고의 탄생

경찰관에게 '역대 경찰청장 중 가장 존경하는 인물'이 누구냐고 물으면 이무영을 꼽는 이들이 많을 것이다. 그는 당시로선 혁신적인 몇몇 정책들을 강력한 카리스마로 밀어붙였다. 특히 '경찰관들의 눈에서 핏발을 없애자'는 슬로건을 걸고 추진한 일련의 근무 여건 개선 작업은 전폭적인 지지를 받았다. 그럼에도, 필자는 '개혁의 전도사'라는 이무영에 대한 평가에 동의하지 않는다. 이무영의 개혁이라는 것이 대부분 문서로 시작해 문서로 끝났다. 슬로건만 그럴듯했을 뿐 실질적으로 변화된 것은 별로 없었다. 대표적 치적으로 내세우는 3교대도 필수적으로 수반되었어야 할 인력 증원 없이 이루어져 속빈 강정이나 마찬가지였다.그의 DNA는 역대 다른 청장들과 하등 다를 바가 없다. 권위적인 모습을 감추고 개혁 이미지로 치장했을 뿐이다. 감찰을 개혁하겠다며 감찰 카드를 소각하는 쇼를 벌이면서 그 이면으로 오히려 감찰 조직을 대폭 확대한 데서 이무영의 본모습이 드러난다.

종전에는 지방경찰청과 경찰서의 감찰은 경무과에 소속되어 있었다. 경찰서 단위에서는 1명 또는 2명이 감찰 업무를 담당하는 게 고작이었다. 이무영은 경찰청에 청장 친위조직인 기획 감찰 부서를 신설하고, 전국의 지방경찰청과 경찰서에 감사담당관실과 청문감사실을 설치했다. 이에 따라 경찰서 단위는 경무과에 소속된 1~2명의 직원이 담당하던 감찰 업무가 과 단위로 승격되고 감찰 인원도 3~4배 증가하게 된다. 이무영은 강력한 감찰 조직을 자신의 권위적 체제 유지를 위한 비선 조직처럼 부려 조직 장악력을 극대화하고자 했다. 앞서 소개한 '차돌이 사건'이 그 한 예다. 소통과 신뢰가 아니라, 감찰을 동원한 공포와 억압으로 조직을 다스린 위인에게 '개혁의 전도사'라는 별명은 가당치 않다.

어떤 관료조직이든 일단 설치되면 '자기 목적'을 좇아 움직인다. 이무영에 의해 조직이 대폭 확대된 감찰은 그 확대된 조직을 유지하기 위해 일거리를 만들어내야 했다. 그러자면 외형상 경찰 내부에 문제가 많은 것으로 비칠 필요가 있었다. 이를 위해 감찰은 '자체 사고'라는 용어를 탄생시켰다. 종래 경찰에서는 '총기 사고', '유치장 사고', '화재 사고'를 3대 사고라고 부르며 그 예방을 위해 노력했다. 감찰은 3대 사고

뿐 아니라 모든 '자체 사고'를 예방해야 한다면서 그 대상을 터무니없이 확대했다. 그 대표적인 아이템이 '음주운전'이다. 음주운전을 자체 사고에 포함시킴으로써 감찰 조직은 자기의 생존을 보장할 영원히 마르지 않는 샘을 손에 넣었다.

물론 음주운전은 지탄받아야 할 일탈 행위다. 도로교통법위반죄로 처벌되는 범죄행위이기도 하다. 그러나 어디까지나 개인이 책임져야 할 개인의 문제다. 게다가 경찰관들의 음주운전이 다른 공무원들에 비해 특별히 심각한 수준도 아니다. 2011년 통계를 보면 경찰관이 음주운전으로 적발된 건수는 80건으로서 이는 경찰관 10만 8천 명 중 0.07%에 해당한다.

이에 비해 검찰(검사+검찰수사관)은 7천 2백 명 중 58건이 적발되어 0.8%(경찰의 11배), 직업군인은 13만 6천 명 중 700건이 적발되었고(경찰의 7배), 소방공무원은 3만 7천 명 중 112건이 적발되었고(경찰의 4배), 서울시공무원은 3만 4백 명 중 172건이 적발됐다(경찰의 8배). 그런데도, 다른 기관은 징계 자체를 하지 않거나 경징계를 내리는데 경찰청은 파면, 해임과 같은 중징계로 다스린다.

여기에 대해, 경찰은 음주운전을 단속하는 기관이므로 경찰관들의 음주운전에 대해서는 더 중한 책임을 물어야 한다는 주장이 있으나 수긍하기 어렵다. 음주운전을 단속하는 경찰관이 음주운전을 기소하는 검사, 음주운전을 처벌하는 판사, 음주운전 처벌 법규를 만드는 국회의원에 비해 더 중하게 처벌될 이유가 무엇이란 말인가.

음주운전의 당사자에 대해서는 그럴 수 있다고 치자. 음주운전을 저지르는 경찰관이 전체의 0.07%에 불과한데도, 음주운전을 예방한다는 명분으로 경찰관 전체의 인권을 심각한 수준으로 유린하고 있다. 전 경찰관에게 음주운전을 하지 않겠다는 서약서 제출을 강요하는 것은 악과다.

퇴근 후 회식을 하려면 상관에게 사전 보고하도록 하거나, 밤 9시에는 자기가 어디에 있는지를 보고하도록 하는 등 행동자유권과 프라이버시권 침해가 난무한다. 뿐만 아니라, 음주운전자와 함께 술을 마신 동료는 물론, 음주운전과 아무 관계도 없는 소속 상급자까지 문책하고, 같은 부서 직원 전원에 대해 성과급을 삭감하는 등의 불이익 처분을 하는 것은 헌법이 금지하고 있는 연좌제에 해당한다.

경찰관들은 국가공무원 중에서 사고를 덜 치는 편이다. 음주운전의 경우를 살펴보았지만 다른 분야도 대개 그렇다. 국회 법제사법위원회 소속 노철래 새누리당 의원이 인사혁신처에서 제출받은 자료에 따르면, 2011년부터 2014년까지 성(性) 관련 비위로 징계를 받은 건수는 법무부가 가장 많고 교육부가 그 다음이다.

지난 4년간 적발된 뇌물수수 건수도 대검찰청이 26명으로 7위 법무부가 19명으로 10위인데 비해서, 경찰은 금품수수가 거의 없는 것이나 마찬가지였다. 그런데도 경찰관들은 자부심을 느끼기는커녕, 조직으로부터 마치 잠재적 우범자와 같은 대우를 받으면서 잔뜩 주눅이 들어 있다. 이 모든 것이 비대한 감찰 조직을 먹여 살리기 위한 술수에서 비롯된 것이라고 생각하면 분노를 참을 수가 없다.

감찰 조직에게 있어 진실이란 무의미하다. 오직 청장의 뜻이 있을 뿐이다. 청장의 뜻이 옳든 그르든 관철시켜야 그 대가로 승진을 할 수 있다. 국민의 안전을 지키는 경찰 조직에서 근무평정에 가점을 받는 유일한 기능이 감찰이라는 것은 경찰의 비민주성을 상징한다. 필자가 퇴임을 얼마 앞둔 시점에 '경찰청 청렴도 평가는 코미디'라는 글을 올린 적이 있다. 가장 부패했다고 자타가 공인하는 사람이 청렴도 평가에서는 가장 청렴한 사람으로 변신하는 허점을 꼬집는 내용이었다.

당시 경찰청장이었던 이성한은 청문회에서 역대 청장 후보자들과 달리 부동산 투기와 위장 전입, 지역 건설업자와의 부적절한 금전 거래, 논문 표절이 문제되어 낙마 위기를 겪었던 사람이다. 이 글이 언론에 보도되자 부패 콤플렉스(complex) 때문인지 이성한은 감찰담당관을 불러 필자에 대한 표적감찰을 지시한다. 청장의 지시를 받은 감찰의 행태는 한마디로 가관이었다. 경찰청 감찰 2명이 한 달 가까이 상주하면서 필자와 관련된 모든 것을 샅샅이 뒤졌다. 아무리 뒤져도 나오는 게 없자 그 다음은 사실 왜곡과 조작에 나섰다. 동부그룹 회장과 인척 관계인 이종사촌 매형이 서장으로 근무하는 동생 체면 세워주겠다고 과·계·팀장 등 15명과 횟집에서 함께 식사한 적이 있었는데 이를 화력발전소 유치를 위한 로비였다고 우겨댔다.

화력발전소 신설 승인은 기획예산처 장관이 한다. 경찰서장이 어떻게 영향력을 행사한다는 말인가. 강릉에서 법원장을 지낸 친구 변호사와 경사 이하 서무 직원 25명이 함께 식사한 것을 접대로 왜곡하고, 특진한 직원이 '서장님에게 꿀이라도 몇 병 드려야 하겠는데 받으실지 모르겠다'고 말한 적이 있다는 이유로 3만 원 상당의 꿀 3병을 받지 않았느냐고 억지를 부렸다. 경찰서장을 이임할 때 경우회에서 전별금 20만 원을 주는 게 관례라며 받은 사실을 인정하라고 끈질기게 괴롭혔다.

감찰의 요구는 다른 것이 아니었다. 잘잘못 따지지 말고 청장에게 사과 문자만 보내 달라는 것이었다. 감찰의 충성심을 청장에게 확인시켜 달라는 요구였다. 한 달 앞으로 다가온 아들 결혼식과 지방선거 출마에 대한 미련 때문에 정면 대응을 하지 못했다. 마음에도 없는 사과 문자를 청장에게 보내고 사태를 마무리했었다. 경찰관 생활을 통틀어 가장 비굴했던 일이다. 필자는 경찰 재임 중 경찰 조직의 불신과 갈등의 원인인 감찰을 개혁하기 위해 부단히 노력했다. 그리고 조금은 변했을 것으로 생각했다. 그러나 착각이었다. 독임제 경찰청장 체제에서 청장 직속 기관인 감찰의 본질이 바뀐다는 것은 사실상 불가능한 일이었다.

다시 경찰이다

경찰관은
기계가 아니다

주 40시간 근무를 위한 싸움

1982년 10월 25일, 필자는 경찰관으로서의 첫 근무를 시작하기 위해 경포파출소로 출근했다. 누구나 마찬가지겠지만 직장에 처음 출근하는 사람은 대부분 자세와 태도를 바르게 하고 성실하게 근무할 것임을 다짐한다. 그러나 필자는 처음 근무를 시작한 바로 그날, 졸음을 이기지 못하고 책상에 엎드려 잠을 자고 만다.

도저히 졸지 않고는 감당할 수 없는 근무였다. 당시 경찰의 근무 체제는 파출소는 24시간을 근무하고 다음 날 비번인 2교대, 시골 지역의 지서는 4-5일을 근무하고 하루 비번이 부여되는 전일제 근무였다. 근무 방법은 전국이 공통적으로 파출소와 지서 모두 전반근무조와 후반근무조로 나누어 교대로 근무하는 방식이었다.

경포파출소 근무 인원은 소장을 포함하여 7명이었고, 하루 근무 인원은 3명이었다. 필자는 후반근무조에 편성되어 있었다. 사무실 내에서 업무를 처리하는 소내 근무, 외근순찰 근무, 사무실에서 대기를 하는 대기 근무를 반복하는 형태였다. 전반 근무자가 오후 여섯시부터 새벽 한 시, 후반 근무자는 새벽 한 시부터 아침 아홉 시까지로 지정되어 있었다.

밤을 꼬박 지새우는 근무였지만 그게 얼마나 힘들지 그때까지는 특별히 인식하지 못했다. 더구나 오후 여섯 시부터 새벽 한 시까지 대기 근무여서 한 잠 자고 나오면 별 문제가 없을 것이라고 생각했다.

착각이었다. 전반 근무자와 교대를 하고 근무를 시작한 지 2시간여가 흐른 3시경부터 졸음이 쏟아지기 시작했다. 경찰관이 되고 첫 근무였다. 참고 이겨내야 했다. 파출소 내부를 서성이고, 허벅지를 꼬집었다. 졸음을 쫓으려고 별 짓을 다 했다.

그러나 새벽 5시가 넘어서면서 머릿속이 몽롱해졌다. 모든 것이 하얘지는 느낌이었다. 쏟아지는 졸음을 참아낼 수 없었다. 그것은 근무가 아니라 고문이라고 해야 했다. 결국 필자는 경찰관으로서 첫발을 내딛는 첫 근무 날 파출소 책상에 엎드린 채 잠을 자고 말았다. 사람이 밤을 꼬박 새운다는 것은 보통 어려운 일이 아니다.

아무런 일을 하지 않더라도 하룻밤을 뜬눈으로 새우는 일은 결코 쉽지 않다. 파출소에 근무하는 경찰관은 더욱 힘들다. 초저녁부터 새벽 시간대까지 주취자에게 시달리고, 이해관계자들과 승강이를 하느라 녹초가 된 상태에서 밤을 새워야 하기 때문이다. 근무 일지에는 휴게 또는 대기가 지정되어 있다. 그러나 하루 근무 인원이 4명에 불과한 탓에 휴식을 취할 수 없다. 각종 사건을 처리하는 근무자를 도와줘야 한다. 명목상으로 지정된 휴게와 대기일 뿐 의미가 없었다.

초인적 밤샘 근무로 만성 피로에 시달리는 지역 경찰관

비번도 명목에 불과하긴 마찬가지였다. 직장 훈련, 진압 훈련, 사격 훈련, 점검 등 걸핏하면 동원이었다. 물론 동원에 대한 보상은 한 푼도 없었다. 만약, 당시 지역 경찰관서에 근무하던 경찰관들이 근무 일지에 지정되어 있는 대로 근무를 했다면 그들 모두 몇 년을 버티지 못한 채 사망했어야 정상이다. 보통 사람의 체력으로는 도저히 견뎌낼 수 없는 살인적 근무였기 때문이다. 더구나 시골 지역의 지서는 이런 근무를 4-5일 동안 계속해야 했다. 이런 상황에서 자지 않고 뜬눈으로 근무한다는 것은 불가능이었다.

조별로 전반근무자, 후반근무자 각각 3명으로 교대 근무에 필요한 최소한의 인원이기 때문에 한 명이라도 빠지면 근무 자체가 되지 않았다. 그러나 현실적으로 교육, 출장, 연가 등으로 근무 인원은 빠질 수밖에 없었다. 사흘이 멀다 하고 다른 조에서 인원을 빌려 와 보충하는 일이 반복되었다. 그래도 시내권 파출소는 형편이 나은 편이었다. 근무 인원이 5-6명에 불과한 시골 지역 지서의 경우는 훨씬 심각해 퇴근할 엄두조차 내지 못하는 곳이 거의 전부였다.

길바닥에서 골판지를 뒤집어쓰고 잠을 보충해야 하는 경찰관들의 처참한 인권 실태

몸이 아파도 마음대로 아플 자유조차 없었다. 자신이 빠지면 다른 근무조의 누군가에게 피해가 돌아가기 때문이다. 휴가는 엄두도 못 냈고, 교육조차 눈치가 보여 신청하지 못했다. 현장 경찰관들 사이에 '땜

빵'이라고 불리는 이 같은 상황은 지금도 대부분의 지역 경찰관서에서 계속되고 있다. '살인적'이라고 표현해도 전혀 지나치지 않을 근무 체제이다.

경찰 지휘부는 수십 년 지속되어 온 살인적 근무 체제를 바꿀 생각이 전혀 없었다. 근무가 힘들다는 하소연은 불평불만으로 치부되었다. 사명감이 부족한 탓이라고 질책했다. 감찰을 동원하여 조는 경찰관을 적발해서 하루가 멀다 하고 조는 경찰관이 적발되어 불성실한 직원으로 매도되고 처벌을 받았다. 경찰 지휘부는 지킬 수 없는 근무 명령을 통해 구성원을 적발하고 현장 경찰관을 통제했다. 근무 체제 자체가 조직원을 억누르고 조직을 통제하는 수단이었다.

'국민의 정부'에 이르러, 경찰관들의 근무 체제 개선의 계기가 만들어진다. 2000년 5월, 당시 최선정 노동부 장관이 "법정 근로시간을 주 44시간에서 40시간으로 단축하도록 근로기준법을 개정하겠다"고 밝힌 것이다. 노동계와 재계, 전 국민이 근로시간을 두고 한바탕 홍역을 앓은 끝에 2003년 주 5일 근무제의 근거가 되는 정부의 근로기준법 개정안이 국회를 통과한다. 마침내 2004년 7월 대한민국에 주 5일 근무제가 도입된 것이다.

주 40시간 도입 논의는 공무원 사회로도 번졌다. 경찰청 역시 마찬가지였다. 그러나 경찰청은 지구대나 수사 부서와 같이 24시간 근무를 해야 하는 기능은 주 40시간 근무제 도입이 시기상조라는 입장이 주류였다. 인원 부족에 현장 경찰관의 근무시간까지 줄이면 치안 활동에

차질을 빚게 된다는 논리였다. 이로 인해 행자부는 경찰청을 주 40시간 근무제 적용 제외 기관으로 분류하고 있었다. 필자는 당시 경찰청 혁신기획단 업무혁신팀에서 근무하고 있었다.

최기문 경찰청장이 경찰의 개혁을 위해 만든 TF팀이다. 혁신기획단 내에는 경찰관도 주 40시간 근무를 적용받을 권리가 있으며, 그것이 장기적으로 치안 서비스를 질적으로 향상시킬 것이라는 공감대가 형성되어 있었다. 현장 경찰의 근무 여건 개선에도 직접적인 영향을 미칠 사안이었다. 혁신기획단은 생활안전국, 수사국 등 반대 부서를 설득하기 위해 단계적 도입 방안을 절충안으로 제시한다.

전 기능에 걸친 전면 도입을 원칙으로 하되, 현실을 감안하여 내근 부서는 즉시 시행하고, 지역 경찰과 수사·형사, 교통 등 현장 경찰은 단계적으로 시행하는 절충안이었다. 즉시 시행에는 강력하게 반대하던 부서도 단계적 도입에는 특별한 이의를 제기하지 않아 기능 간 합의가 이루어졌다. 경찰에도 주 40시간 근무제가 도입된 역사적 순간이었다.

주 40시간 근무제와 맞물려 필연적으로 논의될 수밖에 없는 것이 파출소 근무 체계다. 당시 파출소는 주 60시간이 넘는 근무를 하고 있었다. 인력 증원이 없이 파출소 체제를 그대로 유지하면서 주 40시간 근무제를 도입하는 것은 물리적으로 불가능했다. 파출소를 통폐합하여 광역 지구대 체제로 재편하는 구상은 그래서 나왔다. 주 40시간 근무 체제를 도입하고 4조 2교대 근무 체제를 시행하는 데 필요한 인원을 파출소 통폐합을 통해 만들어 낸다는 발상이었다.

적은 인원으로 많은 파출소를 운영하려면 실제 순찰과 신고 출동에 투입되는 인원이 적어질 수밖에 없다. 적은 인원으로 근무하다 보니 집단 패싸움 등에 적절하게 대응하기 어렵다는 비판도 있었다. 동, 면 단위마다 파출소를 설치하던 시절과는 달리 도로 등 교통 체계가 좋아져 원거리 출동이 가능하게 된 이유도 있었다. 만성적인 파출소의 인력 부족 문제를 타개하고 주 40시간 근무제를 도입하기 위해서는 파출소를 통폐합하여 지구대 체제로 재편하는 것이 가장 효율적인 방안이라는 데 의견이 일치되었다.

경찰청의 파출소 통폐합과 주 40시간 근무 체제 도입에 대해서 여론은 큰 반응을 하지 않았다. 문제는 내부에 있었다. 가장 큰 불만을 표출하는 부류는 현직 파출소장들이었다. 파출소 통폐합으로 자신들의 지위가 흔들릴 것을 우려했다. 경찰서장과 과장들도 반대에 합세했다. 파출소를 통폐합하면 예산이 깎인다는 조직 이기주의적 주장으로 조직 내 반대 정서를 선도했다. 경찰협력단체와 지역 유지, 국회의원들을 부추겨 반대하도록 하는 등 저항했다. 관리자급 간부들 중에는 황당한 반대 이유를 내세우는 자들이 많았다.

경찰관들에게 여가 시간이 생기면 다음 날 근무를 위해 휴식을 하는 것이 아니라 놀러 다닐 거라서 안 된다는 식이다. 어떤 경찰서장은 "휴일에 등산을 갔는데 거기서 파출소에 근무하는 직원을 만났다"면서 "다음 날 근무를 위해 집에서 잠을 자야 할 경찰관이 등산을 하는 것이 말이 되느냐"고 핏대를 세웠다. 그들 눈에 하위직 경찰관은 오직 근무를 위해 존재하는 기계였던 것이다. 법정 근무시간 이외의 시간은 누구의 간섭도 받지 않고 자유롭게 활용할 수 있고, 그것이 개인의 권리에 속한다는 상식은 무시되었다.

찬반이 첨예하게 대립하는 상황에서 경찰청은 결단을 내린다. 2003년 6월 1일에서 6월 30일까지 1개월간 울산과 제주 2개 지방청과 40개 경찰서를 대상으로 시범 운영을 하고, 성과 분석 후 전국 확대 시행을 결정한 것이다. 경찰청이 비교적 빠른 시간 내에 이 같은 결정을 하게 된 배경에는 윤시영 방범국장의 역량이 크게 작용했다. 윤 국장은 파출소라는 구시대적 치안 모델을 개혁할 필요가 있다는 전향적인 인식을 가지고 있었다. 그는 옳다는 판단이 서면 좌고우면하지 않는 성격이었다. 지역 경찰의 주 40시간 근무와 4조 2교대 근무제는 추진 과정에서 많은 어려움을 겪었지만 2004년 혁신기획단 임호선 업무혁신 계장의 주도로 시범 실시를 하게 된다.

임호선 계장은 업무 추진력이 탁월할 뿐 아니라 현장 근무자의 어려움을 이해하고 제도 개혁을 통해 이를 해소하려고 적극 노력한 사람이다. 의견을 달리하는 경우가 많아 갈등을 빚기도 했고, 얼굴을 붉힌 적도 여러 차례 있었지만 필자는 경찰 조직 내에서 임호선을 만나 함께 일했던 것을 행운으로 생각한다.

경찰 개혁 전국 순회 특강

지역 경찰 근무 여건 개선 특강

2007년, 우여곡절 끝에 시범 운영 기간이 종료되었다. 이제 전국 확대 시행 여부를 결정해야 했다. 당시 경찰청장이었던 이택순은 뭐든 어렵고 골치 아픈 일을 회피하려는 사람이었다. 그가 전국 확대 시행 여부를 D 차장에게 일임했다는 소문이 들렸다. 그런데 D는 대표적인 4조 2교대 반대론자였다. 4조 2교대 시범 실시가 종료되는 즉시 폐지하고, 3조 2교대로 모두 환원할 것이라고 공개적으로 언급했다는 말이 들려왔다. 주 40시간, 4조 2교대 근무를 위한 수년간의 노력이 물거품이 될 위기였다.

이 위기에서 의외의 변수가 발생한다. 사법고시 출신인 D 차장의 현장 경찰관에 대한 비하 발언이 그것이다. D는 공개 석상에서 무도 특채자와 운전요원 특채자를 "무도 단증 한 장, 운전면허증 한 장으로 경찰관이 된 사람들"이라고 비하했는데, 이에 대해 모욕을 느낀 무도 특채자와 운전요원 특채자들이 인권위에 제소를 한 것이다. 이 사실이 언론에 보도되고 경찰 내부에서도 비판적 의견이 비등하자 D 차장이 부담을 느낀 모양이었다.

4조 2교대 관련 토론회가 끝나던 날, 경찰청 모 경정과 총경이 필자에게 전화를 걸어 왔다. D 차장의 메시지를 전하는 내용이었다. D 차장에 대한 인권위 진정을 취하시켜 달라는 것이었다. 진정을 취하해주면 4조 2교대를 폐지하지 않을 것이며, 오히려 1급서 전체로 시범 실시 관서를 대폭 확대해주겠다는 제안이었다. 비겁한 사람이라는 생각이 들었지만 고민하지 않을 수 없었다. 고민 끝에 현실적인 선택을 했다. D 차장의 제안을 받아들이기로 마음먹고 메시지를 전달한 사람에게 약속한 내용을 반드시 이행할 것을 다짐받았다.

그리고 진정을 제기한 대표 직원 3명에게 전화를 걸어 진정 문제를 필자에게 맡겨줄 수 있겠느냐고 물었다. 모두 흔쾌히 "장 선배 뜻에 따르겠다"고 화답을 해줬다. 정말 고마웠다. 이유는 묻지 말고 월요일이 되면 바로 진정을 취하해 달라고 부탁했다. 이후 월요일 오전 D 차장에 대한 진정은 취하가 되었다. 그리고 일주일이 지난 2007년 6월 13일, 4조 2교대 근무 시범 실시 관서를 96개소로 대폭 확대하는 공문이 일선으로 시달된다. D의 직원 비하 발언이 4조 2교대를 살린 셈이다.

하지만 후일 D는 기어코 4조 2교대를 위기에 빠뜨린다. 경찰청장이된 D는 '풀뿌리 치안'을 내세웠다. 미사여구로 치장을 했지만 풀뿌리치안의 핵심 내용은 지구대 폐지와 파출소 부활이었다. 현장 근무자들의 전폭적인 지지를 받는 4조 2교대를 대놓고 폐지하기에는 부담이 컸던 모양이다. 대신 파출소를 부활시켜 인력을 쪼개는 방법을 택했다. D는 필자와의 거래를 굴욕으로 받아들였던 것 같았다. 다른 사람은 몰라도 필자에게는 속이 뻔히 들여다보이는 짓거리였다.

D는 파출소를 부활시켜 4조 2교대를 폐지할 주무 부서인 생활안전국장에 P를 발탁한다. P는 인사권자의 지시라면 수단과 방법을 가리지 않는다는 평가를 받는 사람이다. 생활안전국장이 된 P는 지구대 폐지, 파출소 부활을 위한 전국 지방청 생활안전계장 회의를 개최한다. P가 자기의 뜻을 관철시킨 방법은 간단했다. 당위성을 설명하거나 논리로 설득하는 따위는 없었다고 한다. 지방청 생활안전계장들에게 "승진하지 않을 거야?"라고 물었을 뿐이라는 것이다. 하지만 그 한 마디의효과는 대단했다. 이 회의를 시작으로 전국의 지구대는 파출소로 해체

되어 근무 여건이 악화되기 시작했고, 4조 2교대 근무는 다시 멀어져 갔다.

경찰공무원 처우 개선을 위한 노력

혁신기획단에 근무하면서 얻은 수확은 또 있다. 경찰공무원 처우 개선을 위한 대폭적인 직급 조정을 이룬 것이다. 현장 경찰관의 숙원은 96%가 경위 이하인 경찰의 직급 체계를 다른 기관과 비슷하게 맞추는 일이었다. 당시 경찰은 경사 이하가 전체 인력의 86.2%를 차지했고, 85%에 달하는 경찰관이 경사로 정년퇴직을 했다. 경찰관의 손해는 한두 가지가 아니었다. 보수, 수당, 퇴직금, 공사상 보상금 등 전 부문에 걸친 경제적인 손해는 물론, 경위 이상으로의 진출이 사실상 막혀 있어 다른 기관에 비해 상대적 박탈감이 극심했다.

국민의 안전을 책임지라고 요구하면서, 국민의 안전을 위해 언제라도 목숨을 내놓으라고 요구하면서 경찰관에 대한 처우는 그 누구도 신경 쓰지 않았다. 사명감만으로 감내하기에는 경찰관의 처우는 너무 참담했다. 공무원연금관리공단의 퇴직자 현황을 살펴보았다. 당시 경찰은 77.3%가 경사 이하로 퇴직했다. 이에 비해 일반 공무원은 39.4%가 7급 이하로 퇴직했다. 경찰의 하위직 비율이 일반직에 비해 두 배 가까웠다. 더구나 일반 행정직은 6급까지 승진하는 데 평균 17년이 소요되는 반면 경찰은 경감까지 승진하는 데 24년이 걸렸다.

30년 근속을 기준으로 경사의 퇴직금은 173,133,570원, 6급은 192,585,210원이었다. 퇴직금 차액만 계산해도 18,451,640원이었다. 봉급과 수당, 상여금을 포함할 경우 일반 행정직에 비해 경제적으로 막심한 손해를 보고 있다는 사실이 자료로 확인되었다. 봉급과 각종 수당 등을 포함시킬 경우 수천만 원을 훌쩍 넘길 것이 분명했다. 혁신기획단은 현장 경찰관들의 여망을 대변해야 했다. 경위 승진 T/O를 대폭 확대하여 경찰청의 계급 구조를 변화시키고 근속 승진 도입을 위한 발판을 마련해야 했다.

혁신기획단은 피라미드형 계급 체계를 항아리형 구조로 전환하는 것을 골자로 하는 계획 수립에 착수했다. 최기문 청장과 최광식 단장, 이강덕 팀장, 민갑룡 계장 등 많은 사람들이 힘을 보탰다. 그러나 행정자치부, 중앙인사위원회, 기획예산처 등 관련 기관들은 예산 부담, 지휘 체계 혼선 등을 이유로 난색을 표했다. "경찰은 명령 체계가 확실한 집행 기능이 주요 업무라 정책 기능을 담당하는 일반직과 단순 비교하기에는 무리가 따른다"며 항아리형보다는 피라미드형 조직 구조가 바람직하다고 주장했다.

지휘권의 개념을 "차렷, 열중쉬어"의 수준으로 보는 권위주의 시대에나 적합한 전근대적인 발상이었다. 우리는 모든 조직은 정도의 차이는 있지만 필연적으로 명령 체계의 확립을 그 원리로 하며 행정자치부도 동사무소도 기본적으로는 명령 체계에 의해 운영되고 있음을 지적하며 반론을 제기했다. 의외로 조직 내부의 불만도 많았다. 항아리형 구조로 전환하면 승진이 쉬워져서 계급의 존엄성이 떨어진다는 것이 이유였다. 반론할 가치조차 없는 주장이었다. 경찰청은 직급 조정안에 대해 경찰의 원안을 그대로 반영해줄 것을 전례 없이 강하게 요구했다. 폴네티앙 회원들도 발 벗고 나섰다.

행정자치부와 중앙인사위원회, 기획예산처 홈페이지는 수많은 경찰관들이 직급 조정을 요구하는 글을 올려 흡사 사이버 테러가 벌어진 것 같았다. 우여곡절 끝에 직급 조정안은 원안 그대로 반영된다. 직급 조정 추진 과정에서 얻은 또 하나의 소득은 경위 근속 승진이다. 당시까지 완강하게 반대를 하던 행자부 실무 부서 관계자들이 기존의 입장을 바꿔 점차적인 경위 근속 승진에 대해 사실상 승낙 의사를 밝힌 것이다. 많은 경찰관들이 갈망해 온 경위 근속 승진은 시간의 문제일 뿐 사실상 도입이 확정된 것이나 마찬가지였다.

직급 조정 추진은 필자에게 있어 특정 정책이 현실화되는 과정을 직접 체험할 수 있게 해준 최초의 사례였다. 조직 구성원에게 관련 정보를 제공하여 공감대를 형성하고, 홈페이지에 글을 올려 여론을 환기시키는 것이 왜 필요한 것인지, 국회의원과 담당 부서 공무원을 논리적으로 설득하고 동의를 이끌어내는 것이 얼마나 중요한지를 깨달은 것도 그때였다.

필자는 경찰공무원에 대한 차별적 처우를 찾아내 개선하기로 마음을 먹었다. 모든 공무원에게 지급하면서 경찰·소방만 제외시킨 대우공무원 수당은 대표적인 차별이었다. 대우공무원이란 승진 소요 최저 연수(2~5급 7년, 6~9급 5년)를 채웠으나 승진하지 못한 공무원에 대해 상위 계급에 상응하는 대우를 해주는 제도로 1990년에 도입됐다. 인사 적체가 심각한 공직 사회의 특성과 부처 간 심한 승진 편차를 감안하여 이를 금전적으로라도 보완해주기 위해서이다. 대우공무원 수당 제도를 도입한 목적을 보면 가장 우선적으로 적용되어야 할 기관은 가장 승진이 어려운 경찰이었다.

2011년 경찰직급구조 개편 국회 토론회

행정자치부와 중앙인사위, 기획예산처 홈페이지에 경찰을 대우공무원 적용 대상에서 제외한 이유를 묻는 글을 올리고 답변을 요구했다. 행정자치부 담당 부서를 찾아가 왜 경찰은 배제했는지 그 이유를 물었다. 이에 대해 담당 책임자는 뜻밖의 대답을 했다. 경찰청이 스스로 반대했다는 것이다. '하위 계급을 상위 계급으로 대우하면 계급의 존엄성을 훼손해 권위가 손상될 수 있다'는 이유로 경찰청이 대우공무원 제도 도입에 강력하게 반대를 했다는 것이다. 경찰청의 존재 이유는 무엇인가? 조직 전체 인원의 0.5%에도 못 미치는 고위 간부들의 권위를 위해 99.5%의 경찰관들이 감수해야 했던 막대한 경제적 손해와 차별이었다.

2005년 경위 근속 승진 국회 토론회

경찰 수뇌부는 언제나, 국가에 무슨 돈이 있느냐며 경찰관에게 무한 봉사와 희생을 강조했다. 다른 공무원과 같이 똑같은 수준의 후생과 복지를 요구하면 국가 재정에 부담이 크고, 경찰은 인원이 많은 관계로 예산이 많이 소요되기 때문에 정부에서 뭘 해주기 곤란하다는 것을 이해해야 한다는 정부 관계자들의 말을 앵무새처럼 읊조렸다. 조직원의 처우와 복지를 향상시키려는 노력보다는 정부 대변인 역할을 넘어 조직원의 희생을 통해 입신양명을 기대하는 파렴치한 행태다. 경찰은 다른 공무원과 동등한 처우를 받을 권리가 있다. 경찰의 공식 입장

을 결정하는 경찰청이 아무 관심조차 없는 상황에서 대우공무원 제도
가 경찰에 도입되는 것은 낙타가 바늘구멍을 통과하기보다 어려워 보
였다.

현장 경찰관들에게 이 사실을 알려 경찰 내부의 여론을 불러 일으켜야
했다. 사이버경찰청에 경찰을 대우공무원 적용 대상에서 제외한 것은 불합
리한 차별임을 알렸다. 이제라도 대우공무원 제도가 도입될 수 있도록 힘
을 합치자고 호소했다. 대우공무원 수당 문제에 대해 가장 많은 도움을 주
었던 이는 경찰청의 기능직 공무원이자 경찰청 노동조합 위원장인 이연월
씨였다. 그는 사이버청에 올린 필자의 글을 보고 매우 열정적인 활동을 펼
쳐주었다.

2003년 12월경 공무원에게 지급되던 조정 수당 폐지 방침에 항의하기
위해 전국의 공무원노조위원장 40명과 함께 구 기획예산처를 방문한 자리
에서 이연월 씨는 경찰공무원에 대한 대우공무원 수당문제를 제기하여 공
론화시켰다. 또 이후 국회에서 열린 경찰공무원 근속 승진 관련 토론회에
서 대우공무원 수당 문제를 제기했다. 2008년 7월 15일 정부와의 단체교섭
에서는 대우공무원 수당 문제를 의제로 채택해줄 것을 요구해서, 행정안전
부로부터 정식 의제로 채택하겠다는 약속을 받아냈다.

이러한 노력에 힘입어 2008년 말 경찰에도 대우공무원 제도가 도입됐
다. 다른 공무원처럼 전면도입된 것이 아니라 경위 이하에 대해서만 적용되
는 반쪽 도입이었지만 위대한 첫걸음이었다. 마침내 2012년 1월 1일, 경찰의
대우공무원 제도는 다른 공무원과 같이 총경 계급까지 확대된다. 이연월

위원장은 이후 각종 수당과 후생 복지, 근로조건 향상 등의 이슈가 제기될 때마다 수시로 필자에게 전화를 걸어 관련 자료를 만들어 달라고 요구했고, 필자가 만들어준 자료를 들고 정부 기관과 국회의원들을 만나 차별받는 경찰의 현실을 설명하는 등 적극적으로 활동을 해주었다. 경찰청이 공식적으로 나서기 곤란한 문제에 대해 제도 개혁의 축으로서의 역할을 훌륭하게 수행해준 것이다. 경찰에 노동조합 또는 직장협의회와 같은 법률로 보장받는 권익 단체가 왜 필요한지를 실증적으로 보여주는 사례다.

경찰 근무 체계 헌법소원과 경찰관 근로기준법 제정

2006년, 경찰청장으로 취임한 이택순은 '지역 경찰 전문화 계획'이라는 것을 일선에 하달했다. 소관 업무 책임자는 생활안전국장 주상용이었다. 그 계획의 핵심은 '집중 순찰제'였다. 야간 14시간 동안 휴식 없이 뜬눈으로 도보 순찰과 차량 순찰을 실시하라는 내용이었다. 무리한 지시였고 그 결과는 참혹했다. '집중 순찰제'가 시행된 지 얼마 지나지 않아 서울관악경찰서 김해운 경장이 근무의 과중함을 호소하며 쓰러진 후 사망했다.

고 김해운 경장은 편법을 모르는 경찰관이었다. 지시된 것은 무엇이든 그대로 이행하는 사람이었다. 공문에 지시된 대로 매일 14시간 동안의 집중 순찰 근무를 그대로 이행했으니 몸이 견뎌내지 못함은 당연한 결과였다. 그는 자주 동료들에게 "힘이 들어 견딜 수 없다"고 토로했다. 그리고 5월 15일, 피로감을 호소하며 잠이 들었다가 영영 깨어나지 못한 채 서울대 중환자실에서 사망한다. 사인은 심근경색이었다. 과로에 의한 사망이 분명했다. 이 밖에도 경기안산경찰서를 비롯해 근무 중이던 경찰관이 쓰러지는 등 전국에서 비명 소리가 빗발쳤다.

강릉경찰서 생활안전과장으로 근무하던 필자는 감당하기 어려운 살인적인 근무 지시를 철회시키기 위해 사이버경찰청에 여러 차례 글을 올렸지만 경찰청은 묵묵부답이었다. 경찰 근무 체제는 경찰청장 한 사람이 결정한다. 대통령령인 공무원복무규정 제12조는 "현업기관 그 밖에 직무의 성질상 상시근무체제를 유지할 필요가 있거나 토요일 또는 공휴일에도 정상근무를 할 필요가 있는 기관과 「책임운영기관의 설치·운영에 관한 법률」에 의하여 설치된 책임운영기관 소속 공무원의 근무시간과 근무일은 그 기관의 장이 소속중앙행정기관의 장의 승인을 얻어 따로 정할 수 있다"고 규정하고 있다.

쉽게 말해 경찰청장 마음대로인 것이다. 여기에는 중대한 맹점이 있다. 공무원복무규정상의 현업기관 또는 책임운영기관에는 노동조합과 사용자와의 협의로 근무 기준이 정해진다. 경찰은 노동조합은커녕 최소한의 권익 보호 단체조차 없음에도 불구하고 같은 규정을 적용받고 있다. 근로기준법과 같은 제도적 장치 없이는 경찰청장의 임의적인 근무 지정을 방지할 방법이 없는 것이다. 경찰관의 근로기준법을 만들기 위해서는 충격적인 요법이 필요했다. 경찰청이 무시할 수 없는 수준의 문제 제기, 그것은 헌법소원이었다.

폴네티앙 회원들의 조언을 받아 헌법소원 심판청구서를 작성하기 시작했다. 청구의 대상은 대통령령인 '국가공무원 복무규정', 피청구인은 대통령이었다. 헌법소원 심판 청구 계획은 극도의 보안 속에 추진되었다. 계획이 누설될 경우 경찰청이 방해할 것이 분명했다. 수차례에 걸친 수정을 거쳐 5월 30일에 헌법소원 심판청구서를 완성하여 폴네티앙 홈페이지에서도 정회원만 열람이 가능한 자료실에 올리고 의견을 수렴했다.

헌법 지식이 부족한 탓에 초안을 작성하는 데도 꼬박 일주일이 걸렸다. 심판청구서는 작성을 마쳤지만 문제가 있었다. 필자는 현장에서 직접 근무하는 경찰관이 아니어서 헌법소원 제기 요건 중 '자기관련성'이 흠결되었다. 헌법소원을 제기해줄 현장 경찰관을 찾아야 했다. 누구든 선뜻 나서기가 쉽지 않은 상황이었다. 탄압과 고행을 각오해야 했기 때문이다.

근무 체제 개혁이라는 대의에 공감하고 선뜻 나서준 사람이 있었다. 부산사상경찰서 최성국 선배였다. 자신이 근무 체제 개혁을 위한 밀알이 되겠다고 했다. 헌법소원을 제기하고 명예퇴직을 신청하겠다고 했다. 공무원으로서 최고의 영광인 정년퇴직을 불과 3년 6개월 남겨 둔 시점이었다. 헌법소원을 제기한 후 있을 갖가지 탄압과 압력을 뿌리치기 위해서였다.

최성국 선배가 깃발을 들자 후배들의 동참이 이어졌다. 서울강동경찰서 김학구, 대구수성서 이준기, 전남화순서 김재억이 추가로 합류했다. 살신성인이었다. 2006년 6월 7일, 이들 현장 경찰관들의 이름으로 헌법소원 심판청구서를 헌법재판소에 접수시켰다.[1]

헌법소원 3인방, 맨 우측 김재억, 김학구, 4번째 최성국

헌법소원 심판 청구서 접수

---

1) 헌법소원 심판청구서의 내용은 부록 참조.

"경찰관들이 헌법소원을 제기하다." 사상 초유의 이 사건은 곧바로 언론에 보도되었다. 언론 보도와 거의 동시에 강원청장이 전화를 걸어 왔다. 헌법소원을 제기하던 날은 공교롭게도 이택순 경찰청장이 강원도를 처음 방문하는 날이었다. 강원청장은 필자에게 헌법소원을 제기한 배후가 맞느냐며 고함을 쳤다. 내용을 모두 알고 물어보는데 부정할 필요가 없었다. 그렇다고 대답했다. 그는 헌법소원을 취하시켜 공을 세우고, 청장님께 충성을 다하라고 했다.

필자는 청장에게 충성하기 위해 경찰관을 하는 것이 아니라고 대답했다. 헌법소원은 누구도 간섭할 수 없는 국민의 헌법적 권리라고 맞섰다. 언쟁은 50여 분 가까이 이어졌다. 강원청장은 분을 이기지 못하고 일방적으로 전화를 끊었다. 나중에 전해 들은 바로는, 강원청장 옆에서 이택순 경찰청장과 박종준 혁신단장이 그 광경을 지켜보고 있었다고 한다.

경찰관 근무 조건에 대한 헌법소원 제기는 큰 반향을 불러일으켰다. 현장 경찰관들의 근무 여건 개선에 대한 여론이 비등해졌고, 국회에서도 관심을 보이기 시작했다. 경찰청은 동요하는 현장을 진정시키기 위해 6월 8일 근무 여건을 개선하겠다는 경찰청장 지휘 서신을 발표하고, 6월 26일 국회 행정자치위원회에 출석하여 근무 여건 개선 조치를 취하겠다고 답변한다.

살얼음판 같은 며칠이 지나면서 경찰청은 경찰의 근무 전반을 검토할 근무 개혁 T/F를 구성한다. 헌법소원 전략이 결과적으로 성공한 것이다. 경찰청에서 필자에게 개혁 안건을 제시하고 경찰청과 협상할 현장지원팀을 꾸리고 팀장을 맡아 달라는 요구를 해 왔다. 흔쾌히 수락을 했다. 사상 최초로 경찰청과 현장 경찰관이 대등한 위치에서 근무 관련 사안을 협의하고, 결정하는 새 역사의 장이 열린 것이다.

경찰청 기능별 계장 16명으로 「현장 근무 여건 개선 T/F팀」이 구성되었고, 현장 경찰관 18명으로 현장지원팀이 꾸려졌다. 이들에게는 근무 체계, 시설 및 예산, 장비, 법제, 지침, 의식과 행태 등 경찰 행정 전반을 총체적으로 검토하여 시대 변화에 맞는 개선 계획을 마련하는 임무가 주어졌다. 사실상 노동조합과 사용자가 근로조건을 논의하는 회의체 성격이었다.

현장 경찰관의 대표로 서울강동서 김학무, 제3기동대 양명만, 서울수서서 이준형, 서울도봉서 전용환, 서울은평서 송건호, 부산영도서 김종철, 대구동부서 류광욱, 대구수성서 이광우, 인천부평서 윤성문, 수원중부서 김인수, 경기안양서 김진태, 청주흥덕서 박용덕, 충북지방청 이장표, 전북정읍서 이병남, 전남화순서 김재억, 경북안동서 한정태, 제주서 김영옥이 참여했다.

현장지원팀은 개선이 필요하다고 판단되는 다음 사항을 요구했다.

◎ **근무 체계 관련**
　－ 주 40시간 보장 및 시간외근무 상한선 설정
　－ 법정 근로시간 외 근무시간에 대한 관서장 재량 배제, 근로기준
　　법에 의한 수당 지급
　－ 4조 2교대 등 근무 형태 개선

- 예방 순찰 일변도 근무 탈피 및 신고 출동 대기 병행으로 전환
- 지구대 근무 감독 폐지와 자율근무 체제 정립
- 형사 24시간 당직 근무 12시간으로 조정 등 근무 개선
- 교통경찰 주 40시간 근무 적용
- 상설부대 기간요원 주 40시간 근무 도입 및 시간외수당 현실화
- 당직, 대기, 동숙 근무 지정 폐지. 매주 1회 중대장 휴무 보장
- 근무 규칙 제정

◎ 보수 및 수당 현실화

- 시간외수당 산정 방법 야간 근무 특성 반영
- 야간 근무 수당·휴일근무수당 단가 100% 인상
- 형사 외근, 교육·휴가 기간 시간외수당 삭감 개선
- 점심·휴게시간 근무시간 포함
- 장기근속 경위·경감 대우공무원 수당 지급. 건강관리 지침 개선

◎ 근무 관행 관련

- 교통사망사고 대책 보고 요구 금지
- 고정적 형사기동차량 근무 폐지

◎ 장비 및 근무자 안전 도모

- 112 순찰차 2,000CC 이상 중형 승용차 도입
- 내부 구조 개선 및 무전기, 앰프, 조회용 단말기 등 기본 장비
  생산 당시에 부착될 수 있도록 주문 생산
- 112 신고 5분 이내 도착 비율 10분 이내 변경 등 성과 평가 개선

◎ 조직문화 개선

- 경찰감독규칙·감찰규칙·의식규칙·게시물 규칙 개정. 임석상관
  에 대한 경례 폐지
- 경찰청장 등 집무실 입구 계급장 부착. 계급장 표시 깃발 폐지
- 군대식 인사 발령 신고 폐지. 초도순시 폐지. 불필요한 대기 근
  무 개선
- 감찰의 근무 점검 및 감독 기능 폐지
- 경찰서 단위 청문감사실 폐지
- 징계위원회 중간 관리자 50% 현장 근무자 50% 동수 구성. 징
  계위원 민간인 포함.
- 감찰 조사 대상자 방어권·변론권 보장. 자체사고 중요·일반으
  로 구분 유연하게 대응

혁신기획단의 노력과 현장지원팀의 지속적인 문제 제기로 많은 주제에서 성과를 만들어냈다. 불필요한 대기 및 동원 근무 개선, 주 40시간 근무를 고려한 4교대 근무 체제 도입, 현업 부서 수당 실질적 보장 등 일부 과제에 대해서는 의견 접근을 보았다. 장기근속 경위와 경감에 대한 대우공무원 수당 지급 적극 추진, 112순찰차 2,000CC로 중형화, 순찰차 내부 부착 무전기, 앰프, 컴퓨터, 차단막 등 각종 장비를 생산 당시에 부착하는 주문 생산 방식으로 전환하기로 했다. 건수 경쟁 위주의 성과 평가도 현장 의견을 수렴하여 전향적으로 개선하겠다고 했다. 점심과 휴게 시간을 대기로 인정하여 근무시간에 포함시키는 방안도 추진하기로 했다.

각급 관리자들이 지역 경찰관서를 방문했을 때 작성하는 결과 보고서는 불필요한 업무 양산이라는 측면에서 폐지하기로 결정했다. 지역 경찰에 대한 무분별한 순시 및 지도 방문도 폐지하기로 의견을 모았다. 형사 기동대 근무를 감찰 편의적 방법에서 벗어나 자율과 책임에 입각한 외근 활동으로 전환하는 것에도 합의하였다. 아무런 대책 없는 말뿐인 교통사망사고 대책 보고도 지양하기로 했다. 오랫동안 경찰에 당연하게 굳어 왔던 수많은 악습과 관행들을 개선하게 된 것이다.

권위주의 정권 시절에 생겨난 경비 기능의 관행도 많이 바꾸었다. 월 근무시간이 300-400시간에 달하는 상설 중대 중대장 근무에 대해 매주 1회 휴무제 도입 등 근무를 조정하기로 했다. 집회 관리 이외 당직·대기·동숙 근무 지정을 폐지하고 민원성 집회에 대한 과도한 경력 동원을 개선하는 등 불필요한 근무를 줄여 나가기로 했다. 고정 시설 경비 대상 및 부대 규모를 축소하고 타 지방 출동 시 3개 중대 이상은 격대로 지정해서 경정급이 인솔토록 한 것은 민원 야기, 이동 시간 증가, 추돌 사고 발생 우려가 있음을 감안해서 개별 이동 원칙으로 개선하였다. 부정적이던 경찰청 각 기능들을 혁신기획단이 적극적으로 설득하고 협의하여 이끌어낸 결과다.

감찰 기능과의 합의에는 난항을 겪었다. 감찰은 원칙적으로 기관장의 목을 향하는 칼이어야 한다. 기관장이 부패하면 해당 기관 전체의 부패는 필연적이기 때문이다. 그러나 현실은 기관장이 자신의 목을 향해야 할 칼을 거꾸로 돌려 잡고 개인적 권위 확보와 조직 장악을 위해 남용하고 있다. 비리 사건이 발생하면 윗선으로 여파가 미치지 않도록 사건을 축소하고 힘없는 현장 경찰관을 제물로 삼는다. 사소한 직무상 실수까지 자체 사고로 규정하여 조직 구성원 장악에만 몰두했다. 본연의 임무인 부패 방지에는 관심이 없었다.

특히 총경 이상의 비리에는 무관심, 무능력했다. 감찰 개혁 문제를 논의하는 회의는 시종일관 격앙된 분위기였다. 감정을 상한 감찰 관계자들과 흥분한 현장지원팀이 맞붙어 불꽃을 튀겼다. 현장지원팀은 물러서지 않고 감찰규칙 제1조에 규정된 감찰 목적 중 '지휘관의 지휘권 확립'이라는 문구를 삭제하라고 강하게 요구했다. 이에 대해 감찰은 모든 요구 사항에 대해 검토 중이라고만 답변할 뿐 구체적인 개선 방안을 제시하지 않았다.

감찰규칙이 개정된 것은 2009년이다. 필자가 강원지방경찰청 감찰계장으로 발령을 받은 후 감찰규칙과 징계양정규칙, 감찰 요원 가점폐지 등을 강하게 요구했고, 당시 경찰청 감사관이던 조길형 현 충주시장이 수용을 해서 이루어졌다. 감찰규칙과 징계양정규칙 전면 개정과 함께 불합리하다는 지적을 지속적으로 받아 온 경감급 감찰 요원 가점을 폐지했고, 실무급 감찰 요원 가점도 연차적으로 폐지하는 방안에 합의했다.

많은 의제를 논의했지만 가장 중요한 것은 경찰기관장의 자의적 근무 지시를 제한할 〈경찰공무원 근무규칙〉의 제정이었다. 경찰청과 현장지원팀은 해를 넘기는 협상 끝에 점차 합의점을 찾아 간다. 그때까지 확실한 개념이 없었던 비번, 휴무, 휴게, 대기 등의 개념을 종합적으로 정의했다.

상근부서도 '주 40시간 근무'를 원칙적으로 보장하며, 휴게 시간의 기준을 제시하고, 시간외 근무의 실시 요건과 '금전 보상' 원칙, 수당을 지급하지 못할 시 '휴무 보상' 등에 합의했다. 최종적으로 정리된 근무 규칙의 제목은 〈경찰기관 상시근무 공무원 근무기준에 관한 규칙〉이었다. 이 규칙은 2007년 4월 19일에 경찰위원회에 상정되어 경찰청훈령 제503호 '경찰기관 상시근무 공무원 근무기준에 관한 규칙'으로 제정되었고, 2007년 7월 1일부터 시행됐다. 드디어 경찰공무원의 근로기준법이 탄생한 것이다.

경찰 역사에 굵은 획을 긋는 사건이었다. 감격이었다. 그 효과는 대단히 컸다. 초과근무 수당 예산이 대폭 증액되었고, 형사 부서를 비롯한 현장 경찰관들의 수당도 상당 부분 현실화되었다. 예전 같으면 동원 수당 몇천 원에 그쳤을 G20 정상회담 경비 근무를 동원된 근무자들이 출발하는 순간부터 계산해서 수당을 받게 되었다. 사회적 위기 대처를 위한 갑호비상이라는 이유로 경찰관들을 무차별 동원하고, 정착 근무와 정위치 근무를 지시하고도 수당 한 푼 지급하지 않던 관행은 더 이상 존속할 수 없게 된 것이다.

지역 경찰과 외근 형사 등 현업 경찰관들이 교육이나 휴가를 다녀올 경우 기준 근무시간 삭감으로 초과근무 수당을 한 푼도 받지 못하던 불합리한 관행을 개선시켰고, 초과 근무한 시간만큼 수당을 받을 수 있도록 제도화를 이룬 것이다.

경찰 역사상 이렇게 역동적으로 개혁을 논의하고 추진한 때는 없었다. 현장 경찰관들로부터 근무시간, 당직, 피복 및 장비, 비인간적 감찰 행태, 시대착오적 의식 규칙 등 수없이 많은 과제가 봇물 터지듯 쏟아져 나왔고, 상당 부분이 개선되었다. 헌법소원을 제기한 당초의 목적은 근무조건 개선이었으나 결과적으로 권위적 문화와 관행 등 경찰 행정 전반의 발전을 10년 이상 앞당기는 큰 성과를 올리게 된다.

현직 경찰관들의 헌법소원이라는 초유의 사건은 경찰청과 현장 사이의 대립과 갈등으로 끝날 수도 있었다. 이를 제도 개혁의 기회로 활용하는 지혜를 발휘한 사람이 있었다. 그는 당시 혁신기획단 업무혁신 계장이었던 민갑룡이다. 그는 현장에서 제기한 문제를 현실성이 없다고 무시하거나 도외시하지 않았다. 불만 하나하나를 모두 수렴해 정책

의제(Agenda)로 정리했다. 아울러, 정리된 정책 의제를 일방적으로 추진하지 않았다.

현장과 경찰청이 대등한 입장에서 머리를 맞대고 벌이는 쌍방 협상 형식을 취하면서 결정하도록 했다. 파격적 발상이었다. 결과적으로 쌍방적 문제 해결 방식은 양측 간의 소통을 극대화시켰고, 대립과 갈등을 최소화하면서 경찰 행정을 최하 10년 이상 앞당기는 성과를 이끌어내는 견인차 역할을 했다.

경찰, 촛불을 들다

1996년 10월 6일 오후 4시 10분경, 충남 예산경찰서 역전파출소 소속 이강진 순경은 동료 임평묵 순경과 함께 50대 여자가 길에 쓰러져 있다는 신고를 받고 출동했다. 술에 취해 몸을 가누지 못하는 그녀를 억지로 순찰차에 태워 파출소로 돌아오는 길이었다. 술에 취해 뒷좌석에 누워 있던 여자는 운전 중이던 이강진 순경에게 담배를 달라며 갑자기 어깨를 붙잡았다. 깜짝 놀란 이강진 순경이 이를 뿌리치다가 중앙선을 넘어 마주오던 차와 정면으로 충돌했다. 큰 사고였다.

옆 좌석에 타고 있던 임평묵 순경이 그 자리에서 숨졌다. 이강진 순경은 우측 무릎 인대가 파열되고 50대 여자는 전치 10주의 중상을 입었다. 공무 수행 중에 사망한 임평묵 순경의 유족은 보상금으로 3,200만 원을 받았다. 사고를 유발하고 전치 10주의 상해를 입은 민간인은

3,800만 원의 보험금을 지급받았다. 이강진 순경은, 공무 수행 중에 다친 것임에도, 의료보험이 적용되지 않는 치료 항목의 상당 부분을 자비로 부담해야 했다. 경찰차량에는 보험금을 지급하지 않도록 규정되어 있는 관용자동차 특별약관 때문에 사망한 동료 임평묵 순경과 합의가 되지 않아 형사입건 되기까지 했다.

이런 일은 비일비재했다. 2001년 경북 경주에서 가정 폭력 현장에 출동했다가 피의자가 쏜 공기총을 맞고 순직한 고 김영민 순경(28세)은 3,377만 원, 2002년 충남공주서에서 피의자 인수 도중 교통사고로 순직한 손석주 순경(34세)은 4,280만 원, 2003년 도주 차량 추격 중 교통사고로 순직한 인천계양서 황인형 경장(37세)은 5,106만 원을 보상금으로 지급받았다. 이런 터무니없는 보상에도 불구하고 유족들은 아무것도 할 수 없다.

헌법의 이중배상 금지규정 때문이다. 우리 헌법 제29조 제2항은 "군인, 군무원, 경찰공무원 기타 법률이 정하는 자가 전투, 훈련 등 직무 수행과 관련하여 받은 손해에 대하여는 법률이 정하는 보상 외에 국가 또는 공공단체에 공무원의 직무상 불법행위로 인한 배상은 청구할 수 없다"고 규정하고 있다. 제3공화국 시절 위헌 결정을 받았으나 유신헌법에 의해 되살아난 악법 조항이다.

국가와 지휘관의 무책임을 보장해준 악법 국가배상법 제2조 1항

헌법 제29조 제2항을 근거로 경찰공무원의 국가배상 청구권을 제한하는 국가배상법 제2조 제1항 단서조항이 제정된다. 그러나 국가배상법 제2조 제1항 단서조항은 단순히 경찰공무원의 손해배상 청구권만을 제한하는 것이 아니었다. 경찰기관을 운영하는 각급 지휘관들의 자의적 권한 행사를 보장하고 이로 인해 발생하는 모든 문제에 대한 국가의 무책임을 보장하는 무서운 함정이 도사리고 있었다.

1989년 경찰관 7명이 비극적 참사를 당했던 부산 동의대 사태가 바로 그 실례이다. 동의대 사태를 돌이켜보면 당시 점거 농성 중이던 대학생들은 농성장 주변에 목재 책걸상으로 방어벽을 치고 휘발성이 강한 시너를 바닥에 뿌려 두고 있었다. 진압경찰 진입 시 자칫 대형 참사가 발생할 가능성이 큰 위험한 상황이었다. 그러나 당시 진압 책임자였던 부산시경국장 김정웅은 적절한 대비책 없이 진입 명령을 내려 경찰관 7명이 불에 타 죽는 전대미문의 참사가 발생하고 만다.

무리한 진입 명령으로 발생한 사고이기에 국가와 해당 지휘관은 형사상의 책임은 별론으로 하더라도 당연히 배상 책임을 져야 한다. 그러나 아무런 책임도 지울 수가 없었다. 바로 국가배상법 제2조 제1항 단서 조항에 의해 피해 경찰관들과 그 유족은 국가를 상대로 손해배상을 청구할 수 있는 권리가 박탈되어 있기 때문이다.

즉, 국가배상법 제2조 제1항 단서조항은 권위주의 시대에 경찰 지휘관들이 법적으로 아무런 거리낌 없이 무한대로 소속 직원들을 부릴 수 있는 제도적 장치였던 것이다. 일주일에 단 하루밖에 쉬지 못하는 살인적 근무 체제로 인해 과로사를 한 것이 명백하다고 해도 국가는 배상책임이 없었기에 경찰관들은 실제로 일주일에 단 하루밖에 쉬지 못하는 살인적 근무 체제 하에서 근무를 해 왔던 것이다.

이 사실은 1994년 12월 29일 동법에 대한 위헌 심리 과정에서 법무부장관이 헌법재판소 전원재판부에 제출한 공식 답변서에서도 확인할 수 있다. "지휘관은 업무 중 손해배상 책임의 발생 여부를 항상 염두에 두게 되어 업무 수행의 부담을 가중시키므로, 이와 같은 부작용을 방지하여 원활한 업무 수행을 도모하기 위한 것"이라는 것이 법무부장관의 공식 답변 내용이다(93헌바21).

혁신기획단 발령을 받았을 때, 필자는 반드시 이 문제만은 해결해야겠다고 생각했다. 그러나 헌법과 법률이 얽혀 있는 문제였다. 무엇보다 개헌을 요구하는 것은 현실적으로 가능하지 않았다. 누구도 관심을 주지 않는 상태에서, 법 개정의 동력을 확보하는 길은 여론과 정치권에 호소하는 것이라고 생각했다. 국가배상법 개정을 청원하기 위해 청원서를 작성하여 국회에 제출하고, 국회의원 전원에게 청원서와 함께 경찰관의 값싼 죽음에 대한 글을 써서 보냈다.[2]

공무원연금법 개정을 위해 행정자치부와 언론사 홈페이지에 글을

---

2) 청원서의 내용은 부록 참조.

쓰고, 내부의 여론 조성을 위해 사이버경찰청 자유발언대와 수사연구책자에 관련 내용을 기고하는 등 문제 제기와 이슈화에 최선을 다했다. 그러나 헌법과 관련된 문제였다. 좀처럼 개선할 수 있는 길이 보이지 않아 애를 태우던 때 극적인 사건이 발생한다.

2004년 8월 2일, 상해 피의자 이학만을 검거하려던 서울 서부경찰서 형사 이재현 순경과 심재호 경사가 이학만의 칼에 피살되는 사건이 발생한 것이다. 이 불행한 사건은 직무 수행 중 순직한 경찰관의 비현실적인 보상 체계를 사회적 이슈로 부각시키는 계기가 된다. 이재현 순경은 공무원연금공단으로부터 3,122만 원을, 심재호 경사는 6,080만 원을 순직보상금으로 받았다. 32살 꽃다운 청년이 직무 수행 중 목숨을 바친 값이 겨우 3,000여만 원에 불과했던 것이다. 경찰청은 턱없이 적은 보상금을 감추고 싶어 했다.

경찰청 복지과에서는 순직한 두 형사의 보상금이 1억 2천만 원이라는 보도 자료를 배포했다. 명백한 거짓 자료였다. 보험금, 퇴직금 등 보상금과 관련이 없는 개인 불입금을 모두 합산해서 금액을 부풀려 발표한 것이다. 이대로 가다가는 두 형사의 죽음이 시민들의 관심에서 멀어져 아무런 의미도 남기지 못한 채 묻혀 버리고 말 것 같았다. 시민들의 관심을 집중시키고 여론을 불러일으킬 뭔가 특별하고 충격적인 조치가 필요했다.

고 심재호 경위, 고 이재현 경장 영결식

대전국립현충원에 안장된 고 심재호 경위, 고 이재현 경장

대전국립현충원에서 고 심재호 경위, 고 이재현 경장을 추모하는 폴네티앙 회원

경찰관 인터넷 커뮤니티 폴네티앙 회원들은 머리를 맞대고 시민과 경찰청의 관심을 집중시킬 수 있는 방안을 모색했다. 8월 7일부터 49제까지 두 형사의 넋을 기리는 사이버 분향소를 설치하는 등 여론의 관심을 끌기 위한 몇 가지 방안을 시행했지만 그 정도로는 부족했다. 시민과 정치권 그리고 경찰청의 관심을 집중시킬 수 있는 방안을 찾기 위한 논의를 이어가던 중 촛불집회가 생각났다.

경찰병원 안에서 두 형사를 추모하는 촛불 의식을 개최한다면 대단한 반향을 불러일으킬 것이라는 생각이 들었다. 그 즉시 사이버경찰청과 폴네티앙 홈페이지에 "우리 모두 촛불을 들자"라는 제목의 글을 올렸다. 두 형사의 시신이 안치된 경찰병원에서 추모 촛불집회를 개최하고 경찰관의 죽음에 냉담한 우리 사회에 항의하자는 내용이었다.

2004년 8월 4일 경찰 역사상 초유의 경찰관 촛불집회 계획이 언론을 통해 보도되자 경찰청은 급박하게 움직이기 시작했다. 최기문 청장은 대책회의에서 촛불집회를 무산시킬 것을 지시하고 각급 경찰관서의 경찰관들이 참석하지 못하도록 강력히 조치하라는 지시를 일선에 시달한다. 이와 함께 감찰 요원과 정보관을 총동원하여 폴네티앙 회원들에 대한 동향 감시에 들어간다. 촛불시위 당일 아침, 감찰은 물론 혁신단장 홍영기, 필자의 직속상관인 업무혁신팀장 강경량 총경이 나서서 집회를 만류했다.

그러나 포기할 수 없는 일이었다. 점심시간 직전 동료직원 오승욱과 함께 경찰청을 빠져 나왔다. 경찰병원 근처 지하철역을 지나는데 어떤 사람이 필자의 곁에 따라붙었다. 누구냐고 물었지만 신분을 밝히지 않고 계속 따라왔다. 감찰 요원이 틀림없었다. 따라다니지 말라고 해도 계속 따라다녔다. 경찰병원에 도착해서 장례식장으로 가고 있는데 혁신단장 홍영기가 황운하와 함께 이야기를 하고 있는 모습이 보였다. 홍단장은 경찰청에서도 보상 체계 개선을 적극 추진하기로 했으니 촛불집회는 하지 말고 단체 조문 형식의 유연한 방법으로 문제를 제기하라고 필자를 설득했다.

경찰병원 주변은 경찰관들의 촛불집회를 보도하기 위한 방송사 중계차와 취재 기자들, 감찰 요원들로 빼곡하게 들어차 있었다. 이에 비해 병원에 모인 경찰관 숫자는 기대 이하였다. 경찰관들이 참석하지 못하게 강력 조치하라는 경찰청의 지시 때문이었다. 갑자기 호우까지 쏟아져 촛불집회는 무산되고 집단 조문으로 의사를 표현하는 데 그치고 말았다.

경찰관 촛불집회는 미완에 그치고 말았지만 그 여파는 매우 컸다. SBS는 저녁 8시 뉴스를 통해 '다치면 나만 손해'라는 내용으로 공사상 경찰관에 대한 비현실적 보상 문제를 크게 다루었다. SBS는 또 폴네티앙과 협조하여 대표적 시사프로그램인 '그것이 알고 싶다'에서 '경찰, 왜 촛불시위를 계획했나'를 제작하여 보도했다. 보도를 접한 국회의원들이 관련 자료를 보내 달라고 앞 다투어 전화를 해 왔다. 9월 정기국회 경찰청 국정감사에서 순직 경찰관에 대한 불합리한 보상 체계 문제가 대두되었다. 각 당의 국회의원들이 적극 도와주겠다는 의사를 밝혔다. 국가배상 제한의 근거인 헌법 제29조 제2항의 문제점을 그들도 공유하게 되었다.

국회와 언론, 국민들의 관심 속에 행정자치부도 움직이기 시작했다. 경찰관에 대한 별도의 보상 체계 마련을 위해 공무원연금법을 개정하는 것은 다른 공무원의 반발 때문에 현실적으로 실현되기 어려우니 별도로 법률을 만들기로 하였다. 위험한 직무를 수행하는 경찰관의 보상에 관한 특별법을 제정하는 방안이다. 지금은 공무원연금법에 흡수된 『위험직무 관련 순직 공무원 보상에 관한 법률』은 이렇게 만들어지게 된다.

이 법률이 제정됨으로써 경찰관이 직무 수행 중 사망한 경우 전체 공무원의 보수월액 평균액의 60배, 대간첩작전 중 사망한 경우에는 총경 10호봉 보수월액의 72배에 해당하는 보상금을, 재직 연수가 20년 미만일 경우 사망 당시 보수월액의 55/100, 20년 이상일 경우에는 사망 당시 보수월액의 65/100에 해당하는 금액을 순직 유족 연금으로 매달 지급하도록 개선된다.

경찰차량 탑승 중에는 부상을 당하거나 사망을 한 경우라도 보험금을 지급할 수 없도록 규정되어 있던 관용자동차특별약관도 함께 개정되어 2006년 1월 1일부로 종합보험을 적용받을 수 있게 되고, 형사합의 문제로 동료 사이에 갈등을 빚어야 했던 불행한 제도는 역사 속으로 사라진다.

고위직,
그들만의 커넥션

경찰공제회, 고위직들의 놀이터

경찰공제회는 경찰관들의 노후 생활 안정을 위한 기금을 관리하는 복지 기관이다. 10만 명에 육박하는 경찰관들이 공제회에 가입되어 있다. 경찰관들의 노후 설계에 경찰공제회는 상당한 비중을 차지한다. 그만큼 경찰공제회에 대한 기대가 크다. 이러한 기대가 무색하게도 경찰공제회는 오랫동안 경찰 고위직 출신들의 곳간처럼 인식돼 왔다. 설립당시부터 경찰공제회에 근무했던 김광식 본부장은 이렇게 말했다. "경찰공제회 이사장들은 경찰청장 경합에서 탈락한 사람들이 대신 한몫챙기러 오는 곳이다." 필자는 2003년 혁신기획단에 근무하면서 경찰공제회의 난맥상을 알게 됐다.

경찰공제회 개혁을 준비하는 과정에서 믿기 힘든 제보를 받았다. 경찰공제회가 경무관 이상 퇴직자에게 퇴직 후 5년 동안 품위 유지비 명목으로 매월 50만 원씩을 지급한다는 내용이었다. 사실이라면 범죄행위일 수 있는 문제였다. 경찰공제회와 경찰청 담당 부서에 사실 확인을 요구했지만 아무도 답변을 하지 않았다. 개인 자격으로는 문제의 본질에 접근할 방법이 없었다. 경찰공제회를 개혁하기 위해서는 대의원회와 운영위원회 장악이 필수적이었다.

대의원회는 경찰공제회의 최고 의사결정기구이다. 당연직 12명과 선출직 25명 등 총 37명의 대의원으로 구성된다. 당연직 대의원은 경찰청 경무기획국장, 생활안전국장, 교통관리관, 총무과장, 해양경찰청 경무기획국장, 총무과장, 경찰대학 교수부장, 운전면허시험관리단 관리과장, 서울지방경찰청 경무부장, 교통관리과장, 경찰공제회 이사장, 회원과장이다. 선출직 대의원은 각 지방청별로 1명 내지 2명씩 배정됐는데 지방청장이 지명하도록 되어 있었다.

2004년 6월, 필자는 폴네티앙 회원들에게 경찰공제회 대의원에 지원할 것을 적극적으로 권유했다. 각 지방청의 대의원 선정 업무 담당자들에게 정관에 규정된 공지 절차를 지키라고 요구해서 폴네티앙 회원들이 대의원으로 선정될 수 있도록 토대를 마련했다. 2004년 7월, 마침내 폴네티앙 회원 10명이 경찰공제회 대의원으로 선정된다. 경찰공제회에서 발생할 파란에 대한 예고였다. 2004년 7월 27일, 경찰공제회는 대의원들에게 '운영위원 선출의 건'이라는 공문을 보낸다. 지지하는 운영위원 후보를 표시해서 팩스로 보내라는 내용이었다.

8월 20일 또 다시 대의원들에게 공문을 보내, '운영위원회 소집 회의가 의사정족수에 미달되면 서면 회의로 대체할 수 있는 조항'을 정관에 신설하는 안건에 가부 표시를 해서 보내 달라는 요구를 추가한다. 12월 22일에는 경찰공제회 감사 선출 및 2004년 결산안과 2005년 예산안의 승인을 위한 서명을 해 달라며 경찰공제회 직원들이 직접 대의원들을 찾아온다. 팩스 투표와 방문 투표로 운영위원을 선출하는 행위는 모두 민주주의 원리에 정면으로 반하는 행위이고 정관에 위반되는 편법이고 반칙이다. 새로이 대의원으로 선임 된 폴네티앙 회원들은 이 같은 기존의 관행을 단호히 거부하고 정식 대의원회 소집을 요구하여 관철시킨다. 개혁의 신호탄이었다. 폴네티앙 회원들로 구성된 대의원회는 더 이상 경찰공제회의 꼭두각시가 아니었다.

경찰공제회의 빗장을 열다

2005년 2월, 필자는 강릉경찰서 생활안전과장으로 발령을 받고 부임하자마자 강원청에 배정된 대의원에 지원했다. 마침 기존 대의원 한 명이 포기하겠다는 의사를 표시한 상태여서 자연스럽게 대의원직을 승계할 수 있었다. 대의원으로서 필자가 처음 한 일은 예산안에 대한 방문 의결 거부였다. 예산안은 정관의 규정에 따라 대의원회를 소집해서 결정해야 할 사안이다. 그러나 그동안 공제회는 대의원회를 소집하지 않고 대의원을 개별적으로 방문해서 찬성 도장을 받아 갔다. 대의원회를 거수기나 다름없이 취급하는 처사였다. 이 같은 관행을 시정하기 위해 폴네티앙 회원은 물론 다른 대의원들에게도 방문 투표 거부를 부탁했고 결국 경찰공제회는 대의원회를 소집하게 된다.

2005년 2월 초순, 서울 종로구에 있는 경찰공제회관에서 첫 대의원 회의가 열렸다. 회의실에 들어서는 순간 좌석 배치가 이상하다는 생각이 들었다. 경찰 내부에서의 직책을 불문하고 대의원회에서의 대의원은 동등함에도 경찰청 경무기획국장 등 당연직 대의원들의 좌석이 상석에 배치되어 있었다. 대의원들에게 보고를 해야 할 집행기관인 이사와 감사 또한 대의원 상석에 위치했다. 경찰공제회 대의원회가 아닌 경찰 재직 시의 계급 순으로 좌석 배치를 한 것이다. 즉시 이의를 제기했다.

대의원 좌석을 동등하게 재배치하지 않으면 회의에 참석할 수 없다고 말하고 회의장을 박차고 나왔다. 순식간에 회의장 분위기가 싸늘해졌고, 잠시 웅성거리던 다른 대의원들까지 모두 필자에게 동조하여 회의장을 나와 버렸다. 당황한 임상호 의장이 정회를 선포하고 좌석 배치를 다시 하도록 했다. 이 일을 계기로 대의원의 좌석을 대등하게 배치하는 관행이 정착된다. 이 사건 이후 경무기획국장을 비롯한 고위직들은 대리자를 출석토록 하고 두 번 다시 회의장에 나타나지 않았다.

대의원이 되어 살펴보니, 경찰공제회 운영은 복마전이나 마찬가지였다. 진행 중인 사업 대부분의 결정 과정이 불투명했다. 가장 의심스러웠던 투자 사업은 서천휴게소였다. 서천휴게소가 위치한 곳은 사업 타당성이 전혀 없는 곳이었다. 5분 남짓한 시간이면 군산에 도착하는데 휴게소에 들를 이유가 없었다. 서천휴게소는 매년 쌓이는 적자에 경찰공제회 자산을 갉아먹는 송충이나 마찬가지였다.

사업 결정 과정에서 로비나 뇌물이 오갔을 것이라는 강한 의심이 들었다. 그 밖에도 '보바스 노인 전문 병원 투자', '부동산 간접 투자 상품 투자', '기부금과 접대비 등 지출 내역', '경찰공제회 리모델링 비용 10억 원' 등 대부분이 의혹투성이였다. 그때까지 대의원회에서 예산을 항목 별로 검토해서 문제점을 지적하고 개선을 요구한 사례는 거의 없는 것 같았다. 연 1회 이상 회계와 집행 사항을 감사한 후 대의원에 보고를 하여야 할 감사마저 보고 의무를 이행하지 않았다. 경영진의 전횡을 견 제할 아무런 조치도 이루어진 적이 없는 상태였다.

예산 내역을 확인하던 중 '전문직 종사자 처우 개선비'라는 항목이 눈에 들어왔다. 책정된 예산은 5억 원 정도였다. 어떤 곳에 사용되는 예산인지 의문이 들어 담당자를 추궁했더니 경찰병원 의사들의 보수 를 보전해주는 비용이라는 답변이 돌아왔다. 경찰병원 의사 보수를 경 찰공제회비로 지원해준다니 믿을 수가 없었다. 경찰병원 의사는 국가 공무원이다. 급여 수준은 경찰관들보다 훨씬 높다. 그들의 처우가 민간 병원 의사들에 비해 미흡하다 하더라도 그것은 정부가 개선 방안을 고 민해야 할 일이다.

경찰관들의 노후를 위해 적립하는 회비를 누구 마음대로 경찰병원 의사들의 처우 개선비로 빼내 간다는 말인가? 처우 개선비 지원의 근 거를 따지고 들자 경찰청장 지시라는 답변이 돌아왔다. 오래전 모 청장 이 지원을 지시한 이후 현재까지 지원한 금액은 대략 120억 원 정도가 될 것이라고 했다. 경찰청장의 말 한마디에 피땀 흘려 적립한 회비 120

억 원이 허공으로 날아간 것이다. 법적 근거 없이 더 이상 지원할 수 없음을 밝히고 '전문직 처우 개선비' 항목 삭제를 요구했다.

경찰공제회 측은 청장 지시와 지금까지의 관행을 들어 난색을 표했다. 그러나 경찰공제회 운영에 개입할 권한이 없는 경찰청장의 지시에 의해 경찰병원에 예산을 지원한 것은 공금횡령이다. 예산을 삭감하지 않으면 전체 회원들에게 이 사실을 공개하고, 지금까지 지원한 120억 원에 대해 환수를 요구할 것이라고 강력하게 주장하여 예산 삭감을 관철시켰다.

다음은 필자가 오랫동안 벼르던 경무관 이상 퇴직자 품위 유지비 지급 문제였다. 공제회가 매월 경무관 이상 퇴직자들에게 지급하는 50만 원의 지급 근거와 출처가 어디냐고 따졌다. 이에 대해 지출근거는 박배근 치안본부장 시절 수립된 '치안본부 고위 퇴직자 후생 복지 대책'의 〈치안정책자문위원회〉라고 했다. 그러나 자금의 출처에 대해서는 임상호 이사장을 비롯한 임직원 누구도 답변을 하지 않았다.

"경찰 선배들이 퇴직하면서 납부한 경무협회 회비를 빼돌린 것이라는 의혹이 있는데 사실이냐?"고 구체적으로 물어도 묵묵부답이었다. 현재 은행에 22억 원 정도가 예치되어 있고 그 이자로 지급하고 있는데 이자율이 낮아져서 원금을 까먹고 있는 실정이라는 답변이 고작이었다. 수차례에 걸쳐 이 문제를 둘러싸고 공방이 벌어졌다. 해당 자금의 조성 경위를 밝히고 은행 예치 자금을 복지 기금으로 환수할 것을 요구했다.

지루한 공방이 계속되는 가운데 경찰공제회는 은행에 예치된 자금을 경찰관 복지 기금으로 환수하는 대신 돈의 출처는 묻지 말아 달라는 절충안을 제시해 왔다. 대의원들도 피로감을 느낀 것 같았다. 대부분 〈치안정책 자문위원회〉를 폐지하고 자금 환수로 마무리하자는 의견이었다. 산적해 있는 현안을 두고 이 문제 하나 때문에 발목을 잡혀 있을 수도 없었다. 결국 자금의 출처를 밝히는 일은 포기하고, 은행에 예치된 22억 원을 경찰관 복지 기금으로 전환시킨 후 문제를 마무리하고 만다.

민초들의 반란, 경찰청장 추천 이사장 부결

경찰공제회는 〈도로교통안전관리공단〉이나 〈총포화약 기술협회〉 등과는 달리 경찰청 산하단체가 아니다. 경찰공제회법에 의해 설립, 운영되는 독립 법인이다. 당연히 경찰공제회 임원 선출은 경찰공제회의 권한이다. 경찰공제회법도 이사장 등 임원은 대의원회가 선출하고 경찰청장이 승인하도록 규정하고 있다. 경찰공제회의 독립적 운영을 보장하기 위한 장치다. 그럼에도 경찰공제회 정관에는 임원 후보의 추천을 경찰청장이 하도록 규정하고 있었다. 군인공제회, 대한행정공제회 등모든 공제회가 자체적으로 후보 접수를 받아 대의원회에 추천한다.

경찰청 산하단체인 〈도로교통안전관리공단〉도 마찬가지이다. 이에반해 경찰공제회는 정관으로 임원 추천권을 경찰청장에게 부여하고 있었다. 경찰청장은 이를 매개로 임원 후보를 단수 추천함으로써 사실상의 임원 지명권을 행사했다. 사실상 경찰공제회의 운영 전반을 경찰청장이 좌지우지하고 있었고, 최고 의사결정기관인 대의원회와 운영위원회는 유명무실했다.

임상호 이사장의 임기 만료를 3개월여 앞둔 2005년 12월 말, 경찰청에서 모 후임자를 단수 추천하겠다는 의사를 전해 왔다. 받아들일 수 없었다. 경찰청장이 일방적으로 임원을 지명해 온 관행을 깨고 선출권을 되찾아 와야 했기 때문이다. 대의원들에게 사발통문을 돌려 임원 선출 기준을 세웠다. 현직 재임 시 현장 경찰관을 노예처럼 취급한 자, 일신상의 안위를 위해 경찰 조직에 해악을 끼친 자는 이유 여하를 불문하고 부결시키기로 의견을 모았다.

특별한 사정이 없는 한 단수 추천은 받아들이지 않기로 하고 이 사실을 경찰청에 전달했다. 이로 인해 경찰청과 대의원회 사이에는 팽팽한 긴장 관계가 조성된다. 이사장과 임원 선출의 주도권 장악 다툼이었다. 이사장과 임원진 공석 사태가 몇 달 동안 이어지자 공제회는 비상이 걸린다. 간부진들이 경영상의 어려움을 호소하며 연일 이사장과 임원진을 선출해 달라고 읍소해 왔다. 경찰청도 당초 추천하려던 인사를 포기하고 경찰대학장 K를 추천하겠다는 의사를 전해 와 돌파구가 열렸다.

K에 대한 평판을 조사한 결과 특별한 악평은 나오지 않았다. 대의원회에서도 더 이상의 파행 운영은 곤란하다고 판단해 이사장과 임원진

을 선출하기로 결정한다. 경찰공제회 역사상 처음으로 경찰청의 입김을 배제하고 대의원들이 자주적으로 선출한 임원진이었다. 투표 결과 이사장에 K 전 경찰대학장, 사업관리 이사에 B 전 인천청장, 사업개발 이사에 현대건설 부장 출신 C가 선임되었다. 이로써 몇 개월 동안 지속된 경찰청과의 갈등이 봉합되고 공제회 운영은 정상화된다.

그러나 K를 이사장으로 선출한 것은 실패작이었다. 이사장에 취임한 K는 처음부터 행동이 이상했다고 한다. 난데없이 부동산 투자에 열을 올리고, 주식투자 상한선인 5,000만 원 규제를 풀어 달라고 요구하는 등 미심쩍은 부분이 하나둘이 아니었다. 종국에는 K 이사장, C 사업개발이사, 투자사업부장 J가 함께 투자자문회사 설립을 제안하고 나섰다. 퇴직 후 갈 자리를 만들기 위한 것이라는 의심을 지울 수 없었다.

운영위원들과 함께 투자자문회사 설립 계획 취소를 강력하게 요구하고 승인을 불허했다. K 이사장이 투자한 사업은 대부분 실패로 끝났다. 마포 회관의 부지 매입과 건축에 관해서도 끊임없이 잡음이 나돌았다. 운영위원회에서 100% 지주의 동의를 얻은 경우에만 토지를 매입할 수 있도록 결정했음에도, 이를 무시하고 토지 대금을 지불하는 바람에 경찰공제회에 수백억 원에 달하는 손해를 끼쳤다. K 이사장은 퇴임 후 토지 매입 비용 지출 조건을 어기고 토지를 매입한 일로 인해 배임 혐의로 서울경찰청의 수사를 받기도 했다.

2008년 3월경, K의 후임 이사장 선출을 둘러싸고 경찰청과의 갈등이 다시 재연된다. 이사장 후보를 복수로 추천해 달라는 대의원회의 요구를 무시하고 경찰청이 홍영기 전 서울청장을 단수로 추천했기 때문이다. 표결 자체를 거부할지에 대해 대의원들의 의견을 수렴한 결과 표결로 부결시키자는 의견이 다수였다. 결과는 예상대로 부결이었다. 경찰청장이 지명하면 선출되던 시대는 이미 지나간 과거였다.

홍영기의 부결과 함께 이사장 공백 사태가 재연되었다. 경찰청은 대의원회의 입장이 확고함을 알고 한강택 전 차장과 부결된 홍영기를 함께 이사장 후보로 추천한다. 단수 추천으로 대의원회에서 부결당한 전례가 있는 홍영기의 자격 문제 때문에 잠시 논란이 빚어졌다. 그러나 후보자격을 인정하기로 의견을 모았고 투표 결과 홍영기가 선출된다. 경찰청장이 이사장 후보를 단수 추천해서 사실상 임명하던 관행을 깨고 대의원들이 복수 후보를 놓고 의결권을 행사하여 선출한 첫 사례였다.

2010년 2월, 홍영기 이사장은 지방선거 출마를 위해 임기를 한 달정도 앞두고 사임한다. 홍영기의 사임과 함께 다시 경찰청과의 줄다리기가 시작됐다. 경찰청은 'E' 전 경기청장을 이사장 후보로 단수 추천하고 임원진에 A 전 인천청장, B 전 강원청장을 함께 추천했다. 경찰청이 이사장을 단수 추천한 것은 대의원회의 선출권을 무시하려는 태도임이 분명했다.

임원진 선출을 거부할 것인가 받아들일 것인가에 대한 대의원들의 의견을 수렴한 결과 단수든 복수든 세 사람은 받아들일 수 없다는 의견이 대다수였다. 현직 당시의 권위주의적 행태와 직원들을 함부로 대한 태도가 문제가 된 것이다. 감사에 추천된 B 전 강원청장은 경찰청 감사담당관 시절 한화그룹 김승연 회장의 보복폭행 사건과 관련하여 검찰에 수사를 의뢰한 일 때문에 비토 대상이 됐다.

대의원들은 경찰 수뇌부에 대한 경고의 의미에서라도 표결로 부결시키기를 희망했다. 대다수 대의원들의 희망에 따라 당초에 거부하려던 임원진 선출 투표가 이루어졌다. 표결에 앞서 'E 전 경기청장과 A 전 인천청장은 대의원들에게 정중하게 인사를 하고 선출해줄 것을 호소했지만 이변은 일어나지 않았다. 재임 시절의 전횡을 잠시 동안의 정중함으로 반전시키기에는 역부족이었다. 표결 결과 세 명의 후보 모두 부결됐다. 경찰청장의 권력에 맞선 민초들의 반란이었다.

경찰관은
제복을 입은 시민,
폴네티앙

분노가 차면 뚫고 나온다

  필자는 경찰에 재직하면서 경찰 조직 안팎의 구태를 드러내 바로잡는 일에 진력했다. 그리고 다행히 몇 가지 의미 있는 변화를 이끌어낼 수 있었다. 그 힘은 '폴네티앙'에서 나왔다. '폴네티앙'은 현장 경찰관들이 주축이 된 자생적인 온라인 커뮤니티다. 폴네티앙이 없었다면 필자의 목소리는 한낱 불평불만으로 취급되거나 무시됐을 것이다. 폴네티앙이 생기기 전에도 경찰관이 운영하는 경찰 관련 인터넷 사이트들이 있었다. 〈지팡이〉가 대표적이다. 그 사이트들을 중심으로 경찰 개혁을 주장하는 '논객'들이 다수 등장했지만 개인 수준의 활동에 머물러 있었다. 어느 날, 이들을 결집시킨 결정적 계기가 되는 사건이 발생한다. 이른바 'MBC 기자 남대문서 난동 사건'이다.

폴네티앙 홈페이지

2000년 7월 1일 새벽 3시 50분, MBC 최영수(가명) 기자(28세)가 술에 취해 남대문경찰서 형사계 문을 두드렸다. 형사계 사무실에는 형사반장인 김해기 경사 등 5명의 형사들이 사건 피의자 10여 명과 씨름 중이었다. "당장 문을 열라"는 최영수 기자의 고함에 형사 한 명이 다가가 "무슨 일이냐"며 신분증 제시를 요구했다. 최영수는 "매번 출입하는 기자인데 무슨 신분증이 필요하냐"고 신경질을 부리더니 스스로 쇠창살 사이로 손을 넣어 문을 따고 안으로 들어왔다. 그리고는 형사들에게 욕설을 퍼붓고 책상 위의 전화기를 집어 던지고 자신의 노트북 가방과 우산으로 형사를 때리는 등 난동을 부렸다.

최영수의 난동이, 피의자의 진술을 녹취 중이던 녹음기를 빼앗아 부수는 지경에 이르자, 보다 못한 형사들이 그를 체포하고 수갑을 채웠다. 그러나 잠시 후 보고를 받은 수사과장은 최영수를 풀어주라고 지시했고 최영수는 다시 책상 위의 전화기를 집어 던지고 사무실 안에 있는 화분에 오줌을 누는 등 밤새 행패를 부렸다. 그런데 다음 날, 당직 형사 5명은 서울지방청 감찰과에 불려가 다음 날 새벽까지 감찰 조사를 받고, 7월 3일 반원 전원이 각각 다른 경찰서의 파출소로 전보조치 된다. 형사반 전체를 공중분해시켜 타 경찰서의 파출소로 쫓아내 버린 것이다.

새파란 기자가 아버지뻘 되는 형사반장 등 경찰공무원들을 폭행하고 집기를 부수거나 사무실에 오줌을 누는 등 난동을 부렸으면 그 기자를 형사처벌함은 물론이고, 소속 회사인 MBC에 엄중하게 항의해야 마땅하다. 그런데도 경찰 지휘부는 "기자에게 수갑을 채웠다"는 이유로 피해자인 형사들을 문책해 버렸다. 현장 경찰관들은 분노했다. 몇 년 전만 해도 경찰관들은 끼리끼리 소주잔을 기울이며 분노를 달래고 말았을 일이지만 당시에는 이미 인터넷이라는 새로운 공간이 조성되어 있었고, 그 공간을 잘 이해하고 활용할 줄 아는 경찰관 논객들이 자리하고 있었다. 이러한 환경에서 경찰관들의 분노는 전혀 새로운 양상, 즉 인터넷 공간을 통한 사상 초유의 경찰관 집단행동으로 분출됐다.

경찰관 논객들은 특권 의식에 가득 찬 언론과 비겁하기 짝이 없는 경찰 지휘부를 성토하는 날카로운 글을 썼다. 그리고 수많은 경찰관들이 이 글을 여기저기 퍼 나르거나 댓글을 달았다. 여기에 네티즌들이 동조하기 시작하면서 파장이 걷잡을 수 없이 커져갔다. 마침내 MBC는 홈페이지가 폭주하는 항의 글로 마비되는 사태에 이르렀고 곧 백기를 들고 만다. MBC 사장이 경찰청장에게 사과하고, 사회부장과 서울청 캡 그리고 최영수 기자에 대한 징계 조치와 함께 남대문경찰서에 400만 원을 변상했다. 최영수 기자는 해당 형사들을 만나 사과하고 인터넷에 '경찰과 네티즌 여러분께 드리는 사과의 글'을 올린다. 한국기자협회도 "시대가 변한 만큼 기자들도 권력의식을 버려야 한다"는 입장을 밝혔다.

완벽한 승리였다. '남대문 대첩'이라고 불러도 좋을 전대미문의 이 승리를 목격한 경찰관 논객들은 인터넷을 매개로 하는 경찰 개혁 운동의 가능성에 눈뜨게 된다. 그리고 이를 체계적으로 주도할 조직의 결성을 모색한다. 먼저 깃발을 든 사람은 서울경찰청 수사과에 근무하던 이동환 경감이다. 그는 7월 10일, 인터넷 드림위즈 사이트에 〈법대로 경찰, 그리고 그 인간의 얼굴〉이라는 칼럼방을 개설한다.

이 게시판을 통해서 그간 PC 통신 시절부터 경찰 개혁에 관한 글을 쓰던 개혁적 성향의 논객들이 의기투합하여 의견을 교환한 끝에, 7월 15일 '당당한 경찰', '깨끗한 경찰'을 모토로 경찰 개혁 커뮤니티인 폴네티앙(Polnetian)이 탄생하게 된다. police와 netian의 합성어인 폴네티앙(Polnetian)은 '경찰관 네티즌'이라는 뜻을 담고 있다. 이 모임은 향후 10년 동안 경찰 내부의 권위주의와 구시대적 관행을 정면으로 비판하며 경찰의 변화를 이끄는 구심점이 된다. 초기 개설자들은 다음과 같이 폴네티앙이 추구하는 바를 밝혀 두었다.

"경찰인은 법과 양심에 따라 직무를 수행하여야 한다. 그러나 아직도 우리의 현실은 그렇지 못하다. 이제 바꿔야 한다. 폴네티앙이 주체성을 회복하기 위해 나서야 한다. 좋은 경찰을 만들기 위한 이야기를 함께 나누고 힘을 결집시켜야 한다. 깨끗하고 당당한 경찰. 권위주의는 없애고 권위는 세운다. 정보 공유를 통해 지식 경찰을 지향한다. 인권 체험을 토대로 인권을 보호한다. 시민의 이익을 위한 '좋은 경찰 만들기'를 궁극적 목표로 한다."

언론의 횡포에 대항하는 과정에서 태동한 폴네티앙은 초창기에 언론의 왜곡·조작 보도에 맞서는 활동에 주력했다. 롯데호텔 농성 진압에 투입한 경찰관들이 술에 취해 있었다는 허위 보도 사건, 남대문서 여기자대 여경 사건, 대우자동차 부평 사건에 대한 왜곡 보도 등은 폴네티앙이 창설 1년 이내에 대응했던 사건들이다. 그러던 중 〈인천 세 형사 돕기 성금 모금 운동〉은 폴네티앙의 진로에 큰 영향을 미친다. 폴네티앙이 현장 경찰관들로부터 열렬한 지지와 성원을 받는 계기가 된 사건의 전말은 이렇다.

인천경찰청 남부경찰서 형사과 소속 경장 박진생 등 3명의 경찰관이 1996년 8월 1일 날치기범을 검거하기 위하여 범인의 집 앞에서 잠복 근무를 하고 있던 중 집으로 들어오는 범인을 발견하고 쫓아가 검거를 한다. 그 과정에서 상대방이 자기는 범인이 아니라며 저항을 하지만 주민등록증의 사진을 이미 확인한 형사들은 그를 범인으로 확신하고 수갑을 채워 경찰서로 호송한다. 조사 결과 그 자는 범인이 아니라 범인과 얼굴이 매우 닮은 형으로 밝혀진다. 세 형사는 즉시 사과를 하고 석

방했지만, 그는 병원에서 3주 진단서를 발급받아 세 명의 경찰관을 독직 폭행으로 검찰에 고소한다.

세 형사는 체포 과정에서 물리력을 행사한 것은 사실이지만 체포에 필요한 수준을 넘지 않았고, 범인이라고 확신하여 그리된 것이기 때문에 그것이 문제가 되리라고는 상상도 하지 않았다. 하지만 1심과 2심은 모두 유죄판결과 함께 징역형의 집행유예를 선고한다. 징역형을 선고받으면 그 집행이 유예되더라도 경찰관 신분은 박탈된다. 2001년 7월 31일 대법원은 원심판결을 그대로 확정했고, 이에 따라 세 형사는 경찰관의 직을 잃고 만다. 이 재판 결과에 경찰관들은 반발했다. 검찰과 법원이 형식논리에 매몰되어 법을 잘못 적용했다는 비판이 이어졌다. 현장 경찰관들은, 범인 검거 과정에서의 물리력을 행사하는 것까지 문제 삼는다면 범인을 검거할 방법이 없다고 항의했다.

경찰의 국민에 대한 기본권의 제한은 엄격한 법적 규율을 받는다. 그러나 긴박하고 예측 불가능한 범죄 현장에서 피하기 어려운 작은 실수를 이유로 경찰관 개인에게 과중한 형사적, 행정적 책임을 묻는 것은 문제다. 경찰관들은 접시를 깰 것이 두려워 아예 접시를 닦으려 하지 않을 것이다. 그 피해는 고스란히 국민에게 돌아간다. 하지만 이미 형이 확정된 이상 더 이상의 불복 방법이 없었다. 고심 끝에 폴네티앙은 생계가 막막해진 세 형사를 위한 모금 운동을 벌이기로 한다.

폴네티앙의 모금 운동에 대한 전국 경찰관들의 지지와 참여는 뜨거웠다. 이와 유사한 일을 겪은 경찰관들이 적지 않았을 뿐만 아니라,

경찰관이라면 누구든 똑같은 일을 당할 수 있는 처지였기 때문이다. 1,200여 명의 경찰관이 모금에 참여했고, 1천 3백20만 1,200원의 성금이 모였다. 경찰 역사상 일찍이 볼 수 없었던 아래로부터의 자발적 모금 운동이었다.

경찰관에게 헌신과 사명감을 요구하면서도 직무 수행 과정에서 벌어진 일에 대해 모든 책임을 경찰관 개인에게 떠넘기고 수수방관하는 경찰 지휘부에 대한 불만도 봇물 터지듯 쏟아졌다. 2000년 9월 3일, 폴네티앙 회원들은 서울 광화문에 있는 한 음식점에서 모임을 갖고 모금된 성금을 전달하기로 한다. 모금을 주도한 부산금정서의 차돌이가 해임당한 인천의 세 형사를 만나 성금을 전달했다. 이 일로 〈폴네티앙〉은 현장 경찰관들을 대변하는 존재로서 주목의 대상이 됐다. 200여 명에 불과했던 회원이 순식간에 1,300명으로 급증했다.

2000년 10월 29일 오후 7시, 광화문의 한 식당에 폴네티앙 회원들이 모였다. 〈광화문 연가〉라고 이름 붙여진 이 모임에 참석한 사람은 김학구, 박석규, 이동환, 이화순, 임호선, 장신중, 정인태, 조형기, 황운하, 최찬호, 윤신자, 고병만, 박충서 등 경찰관 13명과 문성호 박사 등 민간인 14명이었다. 이 자리에서 참석자들은 폴네티앙의 진로, Polnetian.com에 대한 구상, 경찰의 발전과 변화에 대한 의견을 교환했다.

참석자 중 느릿느릿한 황운하의 어투가 인상적이었다. 황운하는 모임의 자연스러움을 강조했다. 변화를 바라는 주체적인 사람들이 참여한 폴네티앙 내부에서도 그 지향점은 모두 다를 수 있다는 점을 인정하는 것이 중요하다고 했다. 폴네티앙 공간은 그런 것을 모두 용해시켜 나갈 수 있어야 하며, 의견을 개진하고 논란도 일고, 그런 과정을 거쳐 자연스럽게 모두가 공감하는 일들이 힘을 얻고, 그 힘을 바탕으로 오프라인의 변화를 이끌어낼 수 있을 것이다. 참석자들은 대부분 황운하의 생각에 동의했다.

광화문 연가를 시작으로 몇 번의 소규모 모임이 있은 후 2001년 3월 3일, 부산 송정 바닷가에서 폴네티앙 최초의 전국 모임이 열렸다. 인터넷을 기반으로 하는 폴네티앙이 마침내 오프라인 모임으로까지 진화한 것이다. 참석한 회원은 이동환, 차재복, 노영지, 송성준, 허은진, 김종천, 이현철, 강석인, 김연하, 김학구, 임채원, 박석규, 박희영, 정인태, 양성식, 김태연, 손은효, 차명선, 윤여광, 신윤우 등 21명이었다.

폴네티앙 탄압의 전주곡: 경찰청장에게 보내는 공개서한

2001년 4월 28일, 폴네티앙 시삽(=시스템 운영자) 이동환 경감은 이무영 경찰청장에게 공개서한을 보낸다. 인터넷 〈오마이뉴스〉에 시민기자 자격으로 쓴 이 서한문의 제목은 "경찰은 이제 시위 현장에서 물러나야 합니다"였다. 다음은 그 일부이다.

이무영 경찰청장은 '新 집회시위 관리대책'을 만들어서 대대적으로 홍보했다. 그중에는 비무장 여경들로 폴리스 라인을 대체하여 시위대 앞에 내세우는 방안도 포함됐다. 언론은 '립스틱 라인'이라고 부르며 평화적인 집회 관리의 상징처럼 치켜세웠다. 그러나 이것은 전형적인 전시행정에 불과했다. 립스틱 라인에 선 여경들은 성희롱적 언어폭력과 신체적 폭력에 시달렸다.

이러한 쇼(show) 말고는 실제 집회·시위에 대한 경찰의 태도에는 아무런 본질적인 변화도 없었다. 이동환은 '新 집회시위 관리대책'이 허구임을 완곡하게나마 폭로했다. 그리고 "집회 현장에서 공권력 투입을 최소화할 것"을 건의한다. 권력과 가진 사람의 이익을 위해 공권력을 남용하지 말고 노동관계에 있어 일방적으로 정부와 기업의 편에 서지 말고 헌법에 보장된 집회시위의 권리를 인정하라는 것이었다. 이 서한문의 파장은 매우 컸다. 이무영은 이를 지휘권에 대한 도전으로 받아들인 것 같다. 차돌이 사건과 맞물려 이때부터 폴네티앙은 불온 단체로 낙인찍히고, 대대적인 탄압에 직면한다.

이 무렵 폴네티앙 회원들은 창립일인 7월 15일 대전에서 1주년 행사를 갖기 위한 준비를 마친 상태였다. 감찰은 이 행사를 취소하고 폴네티앙 사이트를 폐쇄하도록 압박했다. 말을 듣지 않으면 회원 전원을 징계할 것이라는 말도 들려왔다. 이미 감찰은 폴네티앙 내에 감찰 요원을 몰래 잠입시켜 회원들의 인적 사항을 대부분 파악해 놓았다. 그리고 좀처럼 정체가 드러나지 않고 있는 회원들을 찾아내기 위해 혈안이 되어 있었다.

특히 '달려라 톡기'라는 필명을 사용하는 회원을 색출하기 위해 강력범죄수사에나 사용하는 선면조사까지 했다. 선면조사란 안에서 밖이 보이지 않는 특수한 유리창을 사용하여 증인으로 하여금 범인을 지목하도록 하는 것이다. 이동환은 불필요한 희생을 막기 위해 행사를 취소하고 잠시 폴네티앙 사이트를 폐쇄하는 게 어떻겠냐고 물어 왔었다. 필자는 버티는 데까지 버텨보자고 했다. 그러나 역부족이었다. 회원들의 인적 사항을 손에 쥐고 있는 감찰은 회원들을 압박했다. 전국의 회원들로부터 아우성이 들려왔다. "청문감사실로 들어오라 하는데 어떻게 해야 하느냐", "미안하지만 폴네티앙을 탈퇴해야겠다"는 전화가 빗발쳤다. 그리고 7월 10일 차돌이가 파면됐다. 공포가 현실이 됐다. 백기를 들 수밖에 없었다.

2001년 7월 12일, 창립 기념일을 3일 앞두고 폴네티앙은 사이트를 폐쇄한다. 이동환은 다음 날 기동대로 쫓겨난다. 그러나 폴네티앙은 실제로는 폐쇄되지 않았다. 강동서에 근무하던 김학구 회원이 며칠 밤을 새워 가면서 모든 자료를 백업하고, 게시판을 외부에서 볼 수 없게 가려 폐쇄된 것처럼 해 놓았을 뿐이었다.

경찰청은 물론 대부분의 폴네티앙 회원조차 폴네티앙이 해체됐고 홈페이지도 폐쇄됐다고 믿고 있던 7월 14일 밤, 전남, 부산, 경남, 서울 등지에서 폭풍우를 헤치며 달려온 폴네티앙 회원 13명은 강원도 철원에 있는 '바우네 집'이라는 음식점에서 회동을 한다.

송성준, 김종천, 이병희, 이동환, 한경희, 이태우, 김재억, 차재복, 노영지, 고병만, 정준, 정인태, 故 박용기, 故 김경천이 그들이다. 이들은 다음 날인 7월 15일, 폴네티앙 창립 1주년 기념 모임을 비밀리에 개최한다. 한없이 초라한 행사였지만 경찰청의 탄압에 굴하지 않고 활동을 이어가겠다는 결연한 의지를 모았다.

2002년 7월 14일, 출범 2주년을 맞은 폴네티앙은 polnetian.com으로 새롭게 출발한다. 이무영은 이미 퇴직했지만 폴네티앙은 여전히 불온한 단체였고, 탄압도 계속되는 상황이었다. '폴네티앙 닷컴'은 그 이전과 달리 폴네티앙을 일반에 공개한다. 인권 단체, 시민 단체, 경찰학 연구자 및 학생, 언론인, 사회학자, 법조계, 시민들이 폴네티앙 회원으로 가입하게 됐다. 이로써 폴네티앙이 경찰의 시각으로 와류되는 것을 막고자 했다. 진정 국민에게 좋은 경찰을 만들기 위해서 모든 논의의 지향점을 국민 이익에 두어야 한다는 뜻을 시스템에 이식한 것이다.

폴네티앙은 문제를 제기하는 존재였을 뿐 아니라 실천 가능한 대안까지 제시하는 싱크탱크로서의 역할을 자임하고 있다. 생산(PROduce)하면서 동시에 소비(cunSUME)하는 행위(-ing)를 프로슈밍(Prosuming)이라고 앨빈 토플러는 정의했다. '깨끗하고 당당하게'라는 모토로 경찰 조직 내에서 저널리즘 활동을 하는 폴네티앙(www.polnetian.com)은 '프로슈밍 커뮤니티'라고 할 수 있다. 여기에 더해 사이버 서명, 모금, 집회성 모임 등 실천적 행동을 함께 벌여 왔다.

지난 13년 동안 이루어진 경찰 개혁은 대부분 폴네티앙에 의하여 이슈로 제기되고 추진됐다고 해도 지나치지 않다. 권위주의와 계급주의에 찌든 구시대적 제도와 관행, 만연한 부패와 비리, 열악하기 짝이 없는 처우, 인권침해적 직무 행태 등 개혁 과제를 집어내어 이슈를 제기하고 개선 방안을 고민해 왔다. 특히, 경위 근속 승진제의 모태가 된 직급 조정을 강력히 주장하여 현실화시킨 것과, 순직 공상 경찰관의 보상 체계를 획기적으로 향상시킨 국가배상법 개정을 이끌어낸 것은 온전히 폴네티앙의 업적이다.

폴네티앙은 경찰 조직의 민주화를 상징한다. 폴네티앙 이전에는 '민주적 조직 운영' 내지 '민주적 조직문화'라는 용어조차 제대로 존재하지 않았다. 경찰이 수행하는 임무의 특수성 때문에 계급적 질서를 기반으로 하는 권위적 조직 운영이 당연한 것으로 인식됐다. 지휘부의 결정에 이의를 제기하거나 이견을 제시하는 것은 용납이 되지 않았다.

이러한 비민주성에 끊임없이 이의를 제기하여 '민주성'을 하나의 가치 기준으로 정착시킨 것도 폴네티앙의 공적이다. 경찰관 노조가 없는 경찰 조직에서 현장 경찰관들의 의견과 이익을 대변하는 채널로서 폴네티앙이라는 사이버 공간을 확보한 과정은 용감하고 창조적이었다. 국민에게 더욱 질 높은 치안 서비스를 제공하기 위하여 경찰 조직원 모두의 힘을 모아 발전시켜 나가야 할 공간이다.

폴네티앙의 쇠퇴

폴네티앙은 2000년대 중후반에 전성기를 구가했다. 2005년 경찰 수사권 독립 추진을 선도하였고, 2006년 경찰 근무 여건에 관한 헌법소원 제기와 근무 여건 개선 T/F 활동을 거쳐 마침내 2007년 경찰관의 근로기준법이라고 할 〈경찰기관 상시근무 공무원 근무기준에 관한 규칙〉의 제정을 이끌어내며 경찰 개혁의 선봉에 섰다.

이 과정에서 경찰청이 폴네티앙을 대하는 태도에 변화가 생겼다. '불온한 집단'으로 규정하여 감시하고 탄압하던 폴네티앙을 일종의 '조력자'로 이용하기 시작한 것이다. 정책의 구상과 실행 과정에서 폴네티앙의 의견을 듣거나 협조를 구하는 공식적 혹은 비공식적인 접촉이 잦아졌다. 아예 몇몇 폴네티앙 회원들을 경찰청에 영입하기까지 했다.

경찰청의 이러한 태도 변화는 폴네티앙에게는 '양날의 칼'이었다. 경찰청이 폴네티앙과 공명하면서 폴네티앙이 추진하는 개혁 과제가 탄력을 받았다는 측면에서는 긍정적이었다. 반면에 폴네티앙이 이른바 '마이너(minor) 정신'을 잃고 경찰청의 홍위병으로 전락할 위험 또한 내포되어 있었다. 폴네티앙의 전성기였던 2000년대 중후반 내내 경찰청과의 협력을 우선하는 부류들과 경찰청에 대한 견제를 우선하는 부류들 간에 몇 차례 날선 대립이 있었고 그때마다 갈등의 골이 깊어져 갔다.

폴네티앙의 창립 멤버이자 초대 시삽을 지낸 이동환은 경찰청과의 협력 관계를 우선한 대표적인 인물이었다. 폴네티앙 내부 갈등의 중심에는 언제나 이동환이 있었다. 그는 특히 조현오 청장에 대하여 폴네티앙의 다른 회원들과 자주 대립하였는데, 이것이 결국 폴네티앙 쇠퇴의 원인으로 작용한다.

2009년 5월, 당시 경기경찰청장 조현오는 자신의 성과주의 정책을 비판하는 글을 썼다는 이유로 박윤근 경사를 파면했다. 감찰뿐 아니라 경기경찰청 광역수사대까지 동원해서 박윤근 경사가 예전에 썼던 글까지 찾아내고 근무지 CCTV를 샅샅이 훑어 근무 태도까지 문제 삼아 기어코 파면했다. 근무 태도에도 아무런 문제가 없었지만 표적이 된 이상 문제가 있다고 우기면 그만이었다. 뿐만 아니라, 2010년 서울경찰청장이 된 조현오는, 양천경찰서 고문 사건이 지나친 실적주의 때문이라며 자신의 사퇴를 요구한 채수창 서울강북경찰서장을 파면했다.

이와 같이 조직원들의 입에 재갈을 물리는 작태에 대해서는 강력하게 반발하는 것은 폴네티앙의 전통이었다. 소속 회원인 차재복 경사가 지휘부를 비판하는 글을 썼다가 두 번이나 파면 당했던 아픔을 겪었기 때문이다. 그러나 조현오에 대해서는 폴네티앙 내에서 의견이 갈렸다.

이동환이 앞장서서 조현오를 옹호하고 나섰기 때문이다. 조현오 전 청장과 함께 일하면서 이동환의 입장이 어느 정도 이해되기도 했다. '조파면 해파리'라고 불릴 정도로 자신의 권위에 도전하거나 비리와 연루된 직원들에게 가혹했지만 경찰 조직 발전을 위한 열정과 리더십만큼은 역대 어느 청장보다도 탁월했고, 김황식 총리와 당당히 맞설 정도로 경찰 조직 수장으로서의 자부심 또한 강했기 때문이다.

2010년 8월, 조현오는 경찰청장이 되면서 7대 개혁과제를 발표했다. 조현오가 제시한 7대 과제는 현장 경찰관들이 희망하는 경찰의 개혁 현안을 모두 포괄하고 있었다. 수사권 독립에 대해서도 허준영 청장 이후 가장 강한 의욕을 보였다. 이에 대해 폴네티앙은 기존의 악명에도 불구하고 조현오 청장의 개혁 작업에 별 거부감 없이 동참을 한다. 그러나 폴네티앙과 조현오 청장의 밀월 관계는 오래 지속되지 못했다. 2011년 6월 20일 청와대 회의에 참석한 조현오 청장이 바로 전날 거부한 형사소송법 개정안보다 오히려 후퇴한 법안에 합의를 해 버렸기 때문이다.

전국의 경찰관들이 격렬하게 반발했음은 물론이다. 청장 퇴진을 요구하는 목소리가 터져 나왔다. 이에 대해 이동환은 "수사권에 아무런 관심도 없던 자들이 청장을 흔들기 위해 퇴진을 요구하고 있다"는 말로 조현오의 눈과 귀를 가렸다. 나아가 "조현오 청장이 퇴진하면 개혁을 추진할 사람이 없다"는 이른바 '대안부재론'을 내세워 적극적으로 조현오 청장 퇴진불가론을 주창한다. 폴네티앙 내부는 퇴진론과 퇴진불가론으로 나뉘어 대립했고, 일부 회원들은 폴네티앙을 탈퇴하며 반발을 한다. 이후 폴네티앙은 지리멸렬하게 되고 현재까지 재기의 기미가 보이지 않고 있다.

폴네티앙이 쇠퇴하게 된 근본원인은 폴네티앙의 일부 회원들이 초심을 잃고 폴네티앙을 이용해서 사적 이익을 추구했기 때문이다. 전형적인 변절이 아닐 수 없다. 필자는 2011년 6월 20일, 조 청장의 퇴진을 촉구하는 글을 써 놓고서도 결국 어디에도 이를 올리지 못했다. 몇 가지 이유가 있었지만 조현오 청장이 필자를 총경으로 승진시켜준 데 대한 사적인 고마움이 작용하지 않았다고 말하기는 어렵다. 필자 역시 초심을 잃은 변절이었다.

수사권, 끝나지 않은 싸움

2007년 10월 19일 오전 10시

2007년 10월 19일 오전 10시, 서울고등법원에서는 필자에 대한 항소심 선고 공판이 열렸다. 검사의 수사 지휘를 거부했다며 검찰이 필자를 직무유기 등의 죄목으로 기소한 사건이다. 재판장 최성준은 "경찰의 수사권 독립에 대해 찬성의 의견이 있는 반면 비판적인 의견도 많고, 국민적 합의나 사회적 공감대도 아직 형성되지 않았다"고 전제하고, "피고인이 평소 개인적인 불만을 가지고 있다가 수사권 조정 문제가 사회적으로 부각되자 이에 맞춰 범행을 저지른 것이 아닌가 하는 생각이 든다"면서 직무유기죄에 대한 유죄를 인정한 다음, 징역 4월에 선고유예를 판결한다.

항소심 내내 최성준의 태도는 재판장인지 검사인지 헷갈릴 정도였기 때문에 판결 결과는 이미 예측하고 있었다. 이로써 2년여 간 계속된 사실심 재판이 끝났다. 대법원 상고심을 남겨 두고 있지만 번복될 가능성은 거의 없었다.

필자에 대한 항소심 선고와 동시에 선포된 경찰의 날 기념식 경찰 수사권 독립 포기선언

　같은 시간 세종문화회관에서는 〈제62주년 경찰의 날 기념식〉이 열리고 있었다. 이 자리에서 고 노무현 대통령은 대선 공약인 수사권 문제에 대해 "공약했던 수준보다 더 나아간 안을 마련해서 중재하려고 했으나, 여러분의 조직이 받아들이지 않았다"고 했다. 그리고 "경찰과 검찰이 머리를 맞대고 타협해서 합의를 이루는 것이 바람직하다"고 말했다. 대통령의 이러한 언급은 사실상 대선 공약인 '경찰 수사권 독립'에 대한 포기 선언이었다.

　이 선언으로 참여정부의 출범과 함께 뜨겁게 타올랐던 경찰의 수사권 독립 열망은 차갑게 식어 버린다. "공약했던 수준보다 더 나아간 안을 마련해서 중재하려고 했으나, 여러분의 조직이 받아들이지 않았다"라는 고 노무현 대통령의 말은 사실과 다르다. 당시까지 제시되었던 안은 2005년 6월 이인기 의원과 홍미영 의원이 각각 대표 발의한 형사소송법 개정안, 그리고 그해 12월에 열린우리당 수사권조정정책기획단이 발표했던 조정안뿐이다.

이들 조정안에 대해 경찰 조직은 쌍수를 들어 환영했었다. 당시 허준영 청장과 최광식 차장은 얼싸 안고 눈물을 흘리기까지 했다. 이외에 청와대나 정부가 어떠한 공식적인 조정안을 마련한 바가 없다. 2005년 12월 총리실이 "정부안을 마련하겠다"고 호언했다가, 이해찬 총리의 중도 퇴진으로 흐지부지되었던 기억이 있을 뿐이다. 혹시 비밀리에 모종의 안을 만들어서 은밀히 중재를 시도했는데 경찰이 이를 거부하여 성사되지 아니한 것인지는 모르겠다. 만약 그렇다고 하더라도 대통령이 공식 석상에서 언급할 것이 못 된다.

고 노무현 대통령은 2005년 4월에는, "수사권 조정이 이뤄지지 않으면 대통령이 참석하는 토론회 자리를 만들어 결론을 내도록 하겠다"며 강한 의지를 피력했었다. 그랬던 대통령이, 존재 자체가 모호하고 설령 존재했더라도 비공식적 사전 의사 타진에 불과한 소극적 중재 시도만으로 홀가분하게 공약 이행의 부담을 벗으면서 "경찰과 검찰이 타협해서 합의하라"고 해도 되는 건가. 더구나 2005년 7월 "수사권에 관한 논쟁을 중단하라"는 대통령 지시 이후 경찰은 침묵을 강요당하고 검찰은 경찰과 머리 맞대기를 한사코 거부하는 상황인데도 말이다.

고 노무현 대통령에 대한 실망을 금할 수 없었다. 2007년 10월 19일은 경찰의 역사에 길이 기록되어야 할 날이다. 이날에 이르러 대통령과 법원에 의해 수사권 문제는 정부와 정치권을 포함하여 온 국민이 힘과 지혜를 모아 시급히 해결해야 할 국가적 과제가 아닌 '경찰과 검찰이 타협해서 합의를 해야 할' 기관 간의 문제이거나, 심지어 개인적인 불만에 불과한 문제로 전락하고 말았다.

참여정부의 출범과 수사권 조정의 시작

2004년 9월 1일, 검찰과 경찰은 공동으로 〈수사권조정 협의체〉를 발족하고 경찰청 회의실에서 첫 회의를 갖는다. 노무현 대통령의 공약인 수사권 조정 논의가 공식적으로 시작된 것이다. 고 노무현 대통령은 취임 후, 경찰의 독자적 수사권 보장을 결정하고 형사소송법 개정을 추진하라는 메모 지시를 했다고 한다. 이에 위기감을 느낀 검사 출신 법무부 장관이 대통령에게 "경찰과 협의하여 결정하는 자율 개혁을 추진하겠다"고 건의했고, 대통령이 이를 받아들여 〈수사권 조정 협의체〉가 만들어지게 된 것이다. 그러나 법무장관의 자율 개혁이라는 말은 포장일 뿐 시간을 끌어 개혁을 무산시키려는 속셈이었다.

수사권 조정은 수사권과 검사 지휘권의 근거 규정인 형사소송법 제195조와 제196조의 개정에 관한 문제다. 그렇지만 검찰은 처음부터 이 두 조문을 손댈 생각이 전혀 없었다. 이미 사문화된 조항, 또는 법률 개정을 요하지 않는 극히 지엽적인 사항들을 의제로 내놓고 시간을 끌었다. 긴급체포 시 검사 지휘 배제, 압수물 처리에 대한 검사 지휘 배제, 관할 외 수사 시 보고 의무 폐지, 중요 범죄 발생 보고 범위 축소, 사건 이송 지휘 폐지, 체포·구속 피의자 건강 침해 염려 시 보고 의무 폐지, 신병 지휘 건의 제도 폐지와 같은 것들이다. 이런 것들은 기껏해야 '수사 과정에서의 경찰의 불편 해소' 차원에 문제에 지나지 않았다.

경찰과 검찰 양측의 줄다리기가 본격화된 가운데 2004년 10월 21일 경찰의 날 기념식에서 노 대통령은 수사권 조정 실현을 약속한다. 경찰의 기대감은 더욱 증폭되었으나 검찰과의 협상은 한 뼘의 진척도 없었다. 2005년 1월 19일 제12대 허준영 경찰청장이 취임을 했다. 그리고 수사권 조정팀을 재편하여 그 팀장으로 황운하 총경을, 주무 계장으로 민갑룡 경정을 임명했다. 필자는 '드디어 진짜가 왔다'고 생각했다.

경찰과 검찰의 대등한 만남, 역사적인 수사권 조정 공청회

2005년 4월 11일, 〈수사권 조정 협의체〉가 주최하는 공청회가 서울 세종문화회관에서 열렸다. 2005년의 역점 추진과제로 '수사권 조정'을 설정한 폴네티앙은 이 공청회에 적극 참여했다. 경찰관들의 자발적인 참석을 적극 독려하는 한편, 다양한 현장 홍보 전략을 세웠다. 공청회는 그 자체로 역사적인 사건이었다. 그간 검찰은 경찰을 대화의 상대로 인정조차 하지 않았었다. 경찰과 대등한 관계에서 공청회를 한다는 사실 자체가 큰 진전으로 인식됐다. 우리는 한껏 고무되어 공청회장을 찾았다.

공청회에서 양측 토론자들은 철저하게 자기편의 주장만을 고집했다. 예상대로였다. 폴네티앙은 공청회에서 의견 접근이 이뤄질 가능성은 희박하다고 봤다. 처음부터 수사권 조정 문제를 국민적 관심사로 부상시키는 계기로 공청회를 이용하기로 했었다. 그러자면 언론의 관심을 끌어야 했다. 언론의 관심을 끌기 위해서는 양측의 격렬한 충돌이 필요했다. 이 역할은 토론 질의자로 나선 필자가 맡았다. 공청회 말미에 필자에게 질의 차례가 돌아왔다.

수사권 조정 공청회 허준영 청장 인사말

필자는 먼저 지난 토요일 TV에 방송된 '김태촌과 검사의 커넥션'부터 시작해서, 살인을 교사하고도 처벌받지 않은 무소불위 범죄 집단이 검찰이라는 막말에 가까운 비난을 퍼부었다. 방청석에 소란이 일었다. 사회자가 필자 발언을 제지하려 했다. 필자는 이를 무시하고 발언 강도를 더욱 높였다. "경찰이 검찰을 지휘해야 할 때가 됐다"는 자극적인 발언도 했다. 장내가 더욱 소란해졌다. 다음 날, 각 언론에는 '검-경 전쟁', '수사권 향배 놓고 극한대립' 등 경찰과 검찰의 충돌에 관한 기사가 쏟아졌다. 전략이 적중했다. 경찰과 검찰의 충돌을 극대화시켜 서로 물러날 수 없도록 벼랑 끝으로 몰고 가야 한다는 작전은 성공적이었다.

〈공청회〉를 끝으로, 〈수사권 조정 협의체〉의 조정 논의는 흐지부지 결렬됐다. 애초부터 평행선을 달리는 양측이 '자율적으로' 개혁안을 내겠다는 구상은 실현 가능성 없는 허구였다. 그렇지만 〈공청회〉의 여파는 컸다. 지금까지 경찰의 수사권 독립 의지를 냉소적으로 바라보던 내부의 시각에 변화가 일었다. 예전과는 달리 수사권 독립에 대한 경찰 지휘부의 의지가 강력하다는 것을 피부로 실감한 경찰관들의 자발적인 참여가 넘쳐 났다. 인터넷 사이트와 언론사 게시판 등에는 경찰 수사권 독립의 당위성을 설파하는 글들이 줄을 이었다. 경찰의 대표 논객이라 할 '죽림누필'도 이때 혜성처럼 등장한다. 경찰의 수사권 독립과 검찰 개혁을 기치로 내 건 〈사법개혁시민연대〉가 결성된 것도 이 무렵이다.

2005년 6월 29일에는 국회 헌정기념관 2층 대회의실에서 〈시민의 신문〉과 〈인권실천시민연대〉가 주최하고 열린우리당 홍미영 의원이 주관하는 수사권 조정 토론회가 개최됐다. 폴네티앙의 적극적인 지원에 의해 성공적으로 치러진 공청회였다. "수사권 조정은 민주사회의 시대적 요청입니다"라는 문구가 새겨진 홍보물을 제작하여 방청객들에게 배부했고, 부산, 목포, 제주도 등지에서 휴가를 내고 숙박비용 등을 자비로 부담하면서까지 경찰관들이 대거 참석했다. 이 밖에도 폴네티앙은 수사권 독립 운동의 전면에서 활약했다.

폴네티앙이 만든 '독도는 우리땅'을 개사한 '수사권 송'은 국민적 관심을 끌어모았다. 허준영 청장을 '성웅 이순신'으로 패러디한 그림과 수사권 조정의 당위성을 알기 쉽게 설명한 도표 등 각종 자료를 제작하여 인터넷을 통해 확산시키는 등 전방위적 노력을 기울였다. 2005년 활화산처럼 타올랐던 경찰 수사권 독립 열기는 폴네티앙이 없었다면 불가능했을 것이다.

경찰의 파상 공세가 계속되는 가운데 2005년 6월 29일 법무부 장관에 천정배가 임명된다. 개혁적인 인물로 평가받는 실세 장관이기에 수사권 조정에 더욱 가속이 붙을 것으로 기대했다. 착각이었다. 천정배가 임명된 후 불과 1주일 만인 7월 5일 고 노무현 대통령은 수사권 조정 공개 논쟁 중단을 지시한다. 이후 천정배의 행적을 보면 검찰 개혁과는 거리가 먼 사람이었다.

경찰의 단합을 과시한 9.15 입법 공청회

초만원을 이룬 국회의원회관 입법 공청회

9월 15일, 한나라당 이인기 의원이 주최하는 '검·경 수사권 조정을 위한 입법공청회'가 예고됐다. 당시 한나라당 박근혜 대표가 인사말을 하기로 예정되어 있었다. 당 대표가 참석하는 만큼 많은 국회의원들이 찾아올 것이 분명했다. 이들에게 경찰의 수사권 독립 의지를 각인시킬 절호의 기회였다. 그러자면 경찰관들이 대거 참석해야 했다. 그러나 검찰이 신경을 곤두세우고 주시하는 상황이라 경찰청은 옴짝달싹할 수 없는 처지였다. 이런 상황에서 폴네티앙의 저력이 빛을 발했다.

폴네티앙 회원 500명 전원이 발 벗고 나섰다. 동료들의 자발적 참여를 이끌어내기 위해 전력을 기울였다. 함께 근무하는 동료에 대한 설득은 물론, 소속 경찰서 홈페이지에 경찰의 숙원을 해결하기 위해 모이자는 글을 올리고 메일을 보내는 등 노력을 아끼지 않았다. 또한 공청회장에서 사용할 피켓과 플래카드, 수사권 조정 서명부, 자료집, 생수, 음료수 등을 마련했다. 행사 도우미와 안내를 위해 회원 100명이 휴가를 냈다.

기대와 우려 속에 공청회 날이 밝았다. 전국에서 속속 도착하는 회원들과 함께 국회 앞 식당에서 점심 식사를 일찍 마친 후 12시부터 행사 준비와 안내를 시작했다. 공청회 시작 한 시간 전부터 경찰관들이 물밀 듯이 쏟아져 들어왔다. 참석 경찰관이 적을지도 모른다는 일부의 우려가 무색할 만큼 예상을 훌쩍 뛰어넘는 숫자였다. 지금까지 억눌리면서도 표현을 하지 못해 왔던 경찰의 수사권 독립 열망이 일거에 분출된 것이다. 언론은 5,000명으로 추산했지만 적게 잡아도 8,000명이 넘었다. 국회의원들도 이 사태를 긴장 속에서 지켜봤다. 국회 직원들은 국회가 생긴 이래 이렇게 많은 사람이 국회로 온 것은 처음 있는 일이라며 놀라움을 금치 못했다. 국회가 경찰관들에게 점령됐다는 말까지 나올 정도였다.

가장 큰 충격을 받은 곳은 검찰이었다. 검찰은 여론을 반전시키기 위해 경찰 내부의 갈등을 조장하는 치졸한 방법을 동원한다. 경찰대 동문회 홈페이지에 올라온 경찰대 총동문회 명의의 '총력행동주간(2주차) 행동방침'이란 문건을 기자들에게 공개한 것이다. 이 문건에 있는 "열린우리당의 절충안을 반드시 저지해야 한다", "각 기수와 출신 지역별로 국회의원들을 나눠 맡아 접촉하는 방식으로 의원들을 공략해야 한다"는 내용을 문제 삼았다.

검찰은 경찰대 출신들이 국회의원들을 상대로 조직적인 로비를 벌이고 있다고 비난했다. 또, "경찰대 출신들이 일제히 승진하고 하위직 경찰은 승진이 막히는 구조는 위헌"이라거나 "하위직 경찰관이 헌법소원을 낼 가능성도 있다"면서 경찰 내부의 입직 간 갈등을 부추겼다. 검찰이 공개한 자료는 경찰대학 동문회원만이 접근할 수 있는 비공개 사이트에 있는 글이었다. 정상적인 방법으로는 입수할 수 없는 자료였다. 검찰이 해킹 등 모종의 불법적인 방법을 사용하여 빼냈을 가능성이 컸다. 검찰이 느낀 위기감이 그만큼 컸다는 반증이다.

수사구조개혁 서명을 받는 폴네티앙 회원

9.15 공청회 이후 검찰 일각에서 경찰과 충돌을 계속하다가는 모든 것을 잃을 수도 있다며 경찰을 수사의 주체로 인정하고 타협해야 한다는 목소리가 나오기 시작했다. 폴네티앙과 사법 개혁 네티즌 연대는 여

세를 몰아 고삐를 더욱 바짝 잡아당겼다. 대세를 굳히기 위해 전국을 돌며 경찰관과 가족을 대상으로 경찰 수사권 독립 서명 운동을 전개했다. 20만 명이 넘는 분들이 경찰의 수사권 독립을 지지하는 서명을 해주었다. 이 서명부는 공청회 현장에서 참석자들의 즉석 서명을 받은 수사권 독립 플래카드 등과 함께 경찰 수사권 독립 운동의 상징물로 영구히 보존해야 할 소중한 사료다.

2005년 12월 5일, 집권 여당인 열린우리당은 경찰을 검찰과 대등한 수사의 주체로 인정하는 것을 주요 내용으로 하는 '검·경 수사권 조정 정책기획단 조정안'을 발표한다. 형사소송법 196조 1항을 개정해 검사의 수사 지휘를 삭제하고 검사와 사법경찰관의 관계를 협력 의무로 새롭게 정립하는 내용이었다. 이 조정안은 곧 열린우리당의 당론으로 채택될 예정이었다. 집권여당이 당론으로 채택한다면 야당인 한나라당도 굳이 반대할 입장이 아니었다. 역사적인 순간이었다. 경찰의 오랜 숙원이 곧 현실화될 것 같았다. 모두가 감격했다. 조선일보는 '힘세진 경찰의 수사권 독립 시대 맞을 준비'라는 사설을 게재했다. 다른 언론들의 논조도 대체로 경찰의 수사권 독립을 기정사실로 받아들이고 있었다.

그러나 역사는 경찰의 손을 들어 주지 않았다. 전혀 예상하지 못한 일이 발목을 잡았다. 11월 15일 여의도 농민 시위에서 부상을 당한 농민이 입원 9일 만인 11월 24일 사망했다. 부검 결과 두개골 파열로 인한 사망이었다. 진압경찰과의 충돌 과정에서 가격당했을 가능성이 컸다. 그로부터 24일이 지난 12월 18일 결정적인 사건이 발생한다. 농민 사망에 대한 항의가 계속되는 가운데 입원 치료를 받던 다른 농민 한 사람이 또 사망한 것이다.

사태는 불에 기름을 부은 것같이 악화됐다. 이에 부담을 느낀 참여정부는 허준영 청장을 경질해 버린다. 허준영 청장의 낙마와 함께 목전에 다가왔던 경찰 수사권 독립의 꿈도 물거품처럼 사라졌다. 허준영 청장이 비통한 심정으로 퇴임사를 읽어 내려가던 2005년 12월 30일 오전 10시, 춘천지검 강릉지청에서는 부장검사 이석환이 기자회견을 열고, 수사 지휘를 거부한 강릉경찰서 생활안전과장 장신중을 직권남용으로 형사 입건하겠다는 발표문을 낭독하고 있었다.

검찰 피의자 호송 지휘 거부와 3년 8개월의 법정투쟁

2005년 11월 15일, 강릉경찰서 생활안전과장으로 재직하던 필자는 상황실장으로 근무 중이었다. 상황실 직원이 강릉검찰지청에서 자기들이 수사 중인 피의자를 데려가서 유치장에게 입감하라는 연락이 왔다고 보고를 했다. 필자는 공문을 요구하라고 지시했다. 검찰청 직원의 요구에 대해 계속 공문을 요구하자 검사가 전화를 걸어 왔지만 무시해 버렸다. 12월 21일에는 강릉검찰지청의 요구에 의해 피의자를 데리러 가겠다는 유치장 근무자를 가지 못하도록 하고, 공문으로 요청하면 검토하겠다고 연락하도록 지시했다.

두 차례에 걸쳐 피의자 호송을 거부당한 검찰은 발끈했지만 마땅히 적용할 법조항이 없어 고민하고 있었다. 그러다가, 상황실장이 유치장 열쇠를 주머니에 넣고 다닌 것이 유치장 근무자의 권리를 침해한 것이라는 논리를 만들어냈다. 당시에 누군가 필자의 지시를 어기고 검찰청으로 피의자를 데리러 갈 것을 우려해서 유치장 열쇠를 주머니에 넣어 다닌 것을 문제 삼은 것이다.

수사 과정에서 검사는 이 문제가 핵심이라며 집중적으로 추궁했다. 필자는 검사가 그 사실을 어떻게 알게 되었는지 내내 의아하게 생각했다. 그 의문은 나중에 검찰의 수사 기록을 열람하면서 풀렸다. 수사검사가 작성한 '강릉경찰서 모 과장과의 전화 통화 내용 보고'라는 보고서가 첨부되어 있었다. 동료 과장이 검찰에 일러바쳤던 것이다. 차라리 안 봤으면, 몰랐으면 좋았을 일이었다.

필자의 검사 수사 지휘 거부 첫 공판에 참여한 폴네티앙 회원

2006년 2월 3일, 검찰은 춘천지법 강릉지원에 필자를 기소했다. 죄

목은 직권남용 권리행사방해와 직무유기 등이었다. 잘못을 인정하고 반성하면 불기소할 수 있음을 전해 왔지만 그럴 수는 없었다. 첫 공판은 3월 3일 열렸다. 전국에서 60여 명의 경찰관들이 찾아와 법정을 꽉 메운 광경에 검사는 놀라는 표정이었다. 이후 1심에서 13차례, 항소심에서 3차례 등 16차례의 공판 끝에 2009년 4월 8일 대법원에서 직무유기에 대한 유죄를 인정하여 징역 4월에 선고유예 판결이 확정된다.

재판과정은 굴곡의 연속이었다. 검찰이 법리 검토가 덜 됐다며 공판을 연기한 적도 있었다. 수사권 조정 국면을 무산시키기 위해 법리 검토도 제대로 하지 않고 기소했다는 자백이나 마찬가지였다. 검찰은 필자가 인터넷에 게재한 글들을 낱낱이 찾아내 증거로 제출했다. '검찰의 부당한 지시를 거부하자' 등 '거부'라는 표현이 들어간 글들이었다. 10월 18일 8차 공판에서 검찰은 공소장을 변경했고, 12월 22일 9차 공판에서 검찰은 징역 1년을 구형한다. 선고 공판을 앞두고 법원은 고민하는 기색이 역력했다.

강릉검찰지청장이 강릉법원장을 찾아가서 무죄가 선고되면 자신은 옷을 벗게 될지 모른다고 읍소했다는 말까지 들려왔다. 2007년 2월 8일 오전 10시로 예정되었던 선고 공판이 개정을 불과 16시간을 앞두고 돌연 2월 14일로 연기된다. 무슨 일이 있는 것이 분명했다. 공판 전날 퇴근 시간이 지난 시점에서 갑자기 법원이 전화로 공판 연기를 통보해 온 것이다. 한 차례 연기되어 2월 14일 예정이던 선고 공판은 또 다시 연기된다. 지금까지 재판을 담당해온 재판부를 갑자기 단독판사에서 합의부로 변경해 버린 것이다. 재판부 변경 후 3월 20일 한 차례 변론 재개 후 재판부는 4월 30일 선고 공판을 개최하고 직권남용 권리행사 방해에 대해서는 무죄, 직무유기에 대해서는 유죄로 징역 4월에 선고유예를 선고한다.

필자는 즉시 서울고등법원에 항소했다. 고등법원이라고 해도 검찰과 동업자나 다름없는 현재의 사법 구조 하에서 항소는 의미가 없다는 의견이 많았다. 법원장을 지낸 친구도 실질적인 무죄판결이라며 항소를 말렸다. 고등법원이든 대법원이든 현재의 구조를 허무는 판결을 할 수 없을 것이라고도 했다. 그러나 그만둘 수 없었다. 처참하게 망가져야 새로운 것이 만들어진다. 적당한 타협으로는 새로운 길을 열 수 없다. 변호를 맡은 김동국 변호사는 치밀하게 법리를 전개하면서, '이 사건은 경찰과 검찰의 수사권 조정 과정에서 우위를 점하기 위해 벌인 검찰의 무리수'라는 점을 집중 부각시켰지만 처음부터 결론이 정해진 것이나 다름없는 판결을 뒤집을 수는 없었다.

2007년 10월 19일 오전 10시, 예상대로 항소는 기각된다. 다시 상고를 제기했지만 대법원은 2009년 4월 8일 상고를 기각하고 징역 4월에 선고유예의 형을 확정한다. 이렇게 3년 8개월에 걸친 법정투쟁은 처절하게 좌절됐다. 패배로 점철된 경찰의 모습 바로 그것이었다. 필자는 지금도 우편으로 배송되어 온 대법원 판결문을 뜯지 않고 그대로 가지고 있다. 언제가 될지 기약은 없지만 경찰 수사권이 독립되는 그날 뜯을 것이다.

그로부터 7년 후인 2015년에 이르러, 경찰관의 자존심을 한 없이 허물던, 검찰 피의자의 경찰 호송 문제가 경찰과 검찰의 MOU 체결로 매듭지어졌다. 그러나 말끔한 해결이 아니다. 경찰 인력 280명과 바꾼 결과다. 더구나 벌금 미납자와 치료감호자 호송은 해결하지도 못해 검찰에 인원만 보태주는 꼴이 됐다. 필자는 이번 MOU를 보면서 어떤 사안에서든 원칙을 지키지 못한 채 미리 물러나고 양보해 버리는 경찰의 고질적 패배주의를 다시 확인했다.

이택순의 방관과 조현오의 실수

2006년 2월 10일, 허준영 청장의 후임으로 경찰청장이 된 이택순은 경찰 조직원이 기대하던 경찰청장의 재목이 아니었다. 당시 참여정부는 허준영과 달리 시키는 대로 말을 잘 들을 만한 가장 만만한 인물을 후임 청장으로 낙점했을 것이다. 이택순은 수사권 독립을 추진할 의지도 능력도 없었다. 그가 취임한 후 경찰 내부의 수사권 독립 열기는 찬물을 끼얹은 듯 차갑게 식고 만다. 폴네티앙은 수사권 조정 열기를 되살리기 위해 안간힘을 썼지만 역부족이었다. 게다가 이택순은 경찰청장으로서 절대로 해서는 안 될 짓을 저질렀다.

2007년을 뜨겁게 달구었던 한화그룹 회장의 보복 폭행 사건과 관련하여, 경찰과 한화그룹 간의 유착 의혹에 대해 검찰에 수사를 의뢰한 것이다. 경찰청이 고작 10일 남짓의 감찰 조사 후 검찰에 수사를 의뢰한 것은 청장 스스로 경찰의 수사 능력과 수사의 공정성을 믿지 못하겠다고 선언한 것과 다름없다. 경찰청은 언론에 배포한 보도 자료를 통해 검찰에 수사를 의뢰한 이유를 다음과 같이 밝혔다.

"지금까지의 조사 결과를 청와대에 보고한 바, 외압 부분에 관한 의혹을 완전히 불식시키기 위해서 검찰 수사가 더 적합하겠다는 의견을 제시하여, 경찰청에서는 수사 주체의 적격성에 대한 논란 해소와 객관적이고 신속 공정한 진상 규명의 필요성을 감안하여 검찰에 수사를 의뢰하기로 결정하였다."

한 마디로 청와대의 뜻에 따랐다는 것이다. 경찰에 대한 최소한의 애정을 가진 청장이라면 어떤 희생을 치르더라도 조직의 정체성과 자존심을 지켰어야 했다. 경찰은 수사기관이다. 진상을 밝혀도 경찰이 밝히고, 처벌을 해도 경찰이 하는 게 옳다. 모든 것을 걸더라도 지켜야 할 수사기관으로서 마지막 자존심을 경찰청장 스스로 뭉갰다. 경찰관들이 "조직을 팔아넘겼다"며 분개하는 이유도 여기에 있었다. 사이버경찰청 게시판 등에는 이택순 청장의 퇴진을 요구하는 글이 빗발쳤다. 이택순은 청장 퇴진을 요구했다는 이유로 황운하 총경을 본보기 삼아 징계한다. 경찰 조직은 극심한 내홍에 휩싸였고, 경찰 수사권 독립에 대한 희망은 한여름 밤의 꿈처럼 흔적도 없이 사라져 버렸다.

2011년에 이르러 경찰의 수사권 독립 의지는 다시 한 번 타오른다. 국회의 사법개혁 특위에서 검찰 개혁의 한 과제로서 '경찰 수사권 독립'을 논의 대상에 포함시킨 것이 직접적인 계기였다. 뜻밖의 호재에 조현오 청장도 강력하게 형사소송법 개정을 추진했다. 전국 지휘관 회의를 열어 "직을 걸고 수사권 독립을 추진하라"는 도발적인 지시까지 했다.

그러나 운명의 6월 20일, 조현오 청장은 치명적인 실수를 범하고 만다. 청와대 회의에서 경찰 수사권 독립을 무산시키는 형사소송법 개정안에 합의하고 서명을 한 것이다. 조 청장이 왜 그런 실수를 했는지 지금도 이해를 하지 못한다. 검찰총장이 형사소송법 196조는 절대 개정할 수 없다고 버티는 걸 보고 판단을 그르쳤을 수도 있고, 60년 넘게 고착된 형사소송법 제196조를 자신의 손으로 개정하고 싶다는 열망이 앞섰기 때문일 수도 있다. 어쨌든 치명적인 실수임은 분명했다. 바로 전날인 6월 19일 총리실 조정회의에서 박종준 차장이 거부하고 돌아온 개정안보다도 후퇴한 내용이었다.

특히 "모든 수사에 관하여 검사의 지휘를 받는다'고 규정한 부분은 '모든 수사'라는 표현으로 인해서 경찰수사의 독자성을 형해화시킬 위험성이 다분했다. 더욱 큰 문제는 검사의 수사 지휘에 관한 사항을 법무부령으로 정한다고 규정한 부분이었다. 만약 이대로 법 개정이 된다면 경찰에는 재앙이 될 게 분명했다. 수사 지휘에 관한 사항을 사실상 검찰 마음대로 정할 수 있게 되는 것이다. 조 청장은 경찰이 반대하면 법무부령을 제·개정할 수 없도록 합의를 했다고 주장했지만 어림없는 이야기다. 설령 그러한 합의를 했더라도 구두 합의에 어떠한 구속력이 있을 리 만무하다. 완벽한 노예 문서에 목줄까지 보태질 판이었다.

'6.20 합의'의 내용이 알려지자 경찰 조직이 발칵 뒤집어졌다. 합의안이 큰 성과라도 되는 것처럼 의미를 부여한 경찰청의 공식 논평은 사태를 더 악화시켰다. 사이버경찰청과 내부망 게시판은 합의안에 반발하는 글이 폭주해 하루 종일 접속자체가 어려웠다. 조현오 청장이 책임을 지고 퇴진해야 한다는 성토가 줄을 이었다. 이 와중에 청장 주변의 일부 측근들은 "수사권 독립에 아무런 관심도 없는 자들이 이번 일을 빌미로 청장을 끌어내리려 한다"는 허위 보고로 조 청장의 판단을 흐렸다. 필자도 청장이 퇴진해야만 형소법 개악을 막을 수 있다고 생각했다.

조현오 청장의 퇴진을 요구하는 글을 작성해 놓고 참 많이 망설였다. 지금 돌이켜 생각하면 필자가 비겁했었다. 필자 자신이 그렇게 경멸하던 '대안 부재론'으로 스스로의 비겁함을 정당화시켰고, 결국 글을 올리지 않았다. 평소 조언을 많이 해주는 모 과장이 "조직에 위기가 닥치면 대안을 모색해야지 공멸할 수는 없지 않으냐"며 필자를 설득한 논리에도 영향을 받았다.

현장의 경찰관들이 조직을 구하기 위하여 일제히 봉기했다. 집단행동도 불사했다. 수사 형사들은 수사 경과를 반납하고 일부는 근무를 거부하기까지 했다. 6월 24일 정오까지 2천 747명이었던 수사 경과 반납 경찰관은 25일까지 1만 5천명을 돌파했다. 전체 수사 경찰 중 3분의 2가 경과를 반납한 셈이다. 25일에는 충북 청원에 있는 체육공원에 전국에서 모인 수사 경찰관 150여 명이 긴급 토론회를 열고 '수갑 반납'을 결의한다.

형사소송법 개정 합의에 반발, 수갑을 반납하는 전국의 수사경찰관과 폴네티앙 회원

형사의 상징인 수갑을 반납한다는 것은 수사를 포기하겠다는 뜻이다. 이러한 경찰의 반발은 언론을 통해 대대적으로 보도되었고 결국 국회를 움직였다. 6월 30일 국회를 통과한 형사소송법 개정안은 정부안과는 달리 '법부부령'이 '대통령령'으로 바뀌어 있었다. 문제의 '모든'은 삭제되지 않았으니 절반의 성공, 혹은 절반의 실패였다.

경찰 조직이 위기에 처할 때마다 조직을 구해낸 것은 현장의 경찰관들이었다. 경찰 지휘부는 위기국면을 벗어나면 그 공을 가로챘을 뿐이다. 형사소송법 개정 파동에서도 마찬가지였다. 법무부령을 대통령령으로 고칠 수 있었던 것은 오롯이 현장 경찰관들의 헌신과 희생의 결과였다.

대 언론 모래알 소송

우리나라에서는 경찰과 언론의 관계가 갑과 을이라고 할 정도로 왜곡되어 있다. 경찰의 공권력 행사는 언론으로부터 끊임없이 감시를 받아야 한다. 공권력에 대한 감시와 비판은 언론의 본분이다. 그러나 우리나라의 언론은 '나사 풀린 경찰'과 같이 자극적인 제목을 다는 등 본질과 관계없는 비난을 하는 경우가 많다. 사실을 왜곡하거나 조작하는 사례도 흔하다. 경찰과 언론이 비정상적 관계가 된 원인은 경찰 지휘부의 無 소신, 無 철학, 無 개념이다. 경찰 지휘부는 보도가 확산되어 혹시라도 돌아올지 모를 자신에 대한 책임을 회피하기 위해 잘못된 보도일지라도 조기에 수습을 해 버리려는 경향이 강하다.

역대 경찰청장은 취임과 동시에 한눈을 판다. 다음 자리를 위해 정권의 눈치를 살피고 정치권을 기웃거리는 것이다. 이를 위해 경찰청장은 언론과 대립각을 세우려고 하지 않으며, 언론에 비굴하게 군다. 경찰청장과 관련된 내용만 아니면 경찰 조직의 명예를 훼손하는 내용이라도 묵인해 버린다. 웬만한 오보는 문제 삼을 생각조차 없이 덮어 버리고, 오히려 아무런 잘못이 없는 조직원을 제물로 바쳐 버린다. 경찰관이 언론을 상대로 중재를 신청하거나 소송을 제기하는 것을 경찰청이 나서서 못 하게 막기도 한다.

청장 한 사람의 안위를 위해 조직과 조직원을 희생시켜 온 잘못된 관행이 켜켜이 쌓여 지금은 당연히 그렇게 해야 하는 것으로 여길 정도가 됐다. 경찰과 언론의 관계를 '경찰의 정의 추구'와 '언론의 알권리 충족'으로 도식화하여 갈등관계로 해석하는 것은 현실과 거리가 멀다. 실체는 경찰청장은 일신의 안위를 위해, 언론은 돈벌이와 영향력 강화를 위해 추악한 공생 관계를 유지하고 있다.

미국을 방문했을 때 오래 전부터 교류를 해 온 미국 경찰로부터 다음과 같은 이야기를 들었다. 세계에서 가장 행동지향적인 미국 경찰에 대해 언론은 쉽게 비난 보도를 하지 못한다. 예전에는 미국 경찰 역시 언론의 가장 만만한 상대였다. 언론의 조작 보도와 왜곡 보도를 근절시킨 것은 언론을 상대로 한 적극적인 소송의 결과다. 특히 사실관계(Fact)가 잘못된 경우에는 언론사의 사활이 걸릴 정도로 고액의 소송을 제기해서 유사한 사례를 방지할 수 있었다고 한다. 잘못된 기사 또는 사안의 본질과 무관한 모욕적 표현에 대해서는 반드시 치명적인 불이익이 따른다는 것을 언론이 인식할 때까지 꾸준히 소송을 제기해야만 정상적인 관계가 정립될 수 있다.

MBC 시사매거진 2580: "마카오로 간 여인들"

2001년 3월 25일 MBC 〈시사매거진 2580〉은 '마카오로 간 여인들'이라는 제목의 고발 프로그램을 방영한다. 지역 언론 '충청리뷰'가 심층 취재를 통해 보도한 내용을 정면으로 뒤집는 내용이었다. '충청리뷰'는 1월 22일자 사회면에 조직폭력배를 긴 사채업자가 채무를 미끼로 윤락녀를 전주로 팔아넘긴 자신의 혐의를 또 다른 사채업자에게 덮어씌우기 위해 윤락녀들을 앞세워 사건을 뒤집으려 하고 있다고 보도했었다. MBC 측은 취재 과정에서 충북경찰청 기동수사대로부터 이같은 사실을 전해 들었음에도 불구하고 확인을 제대로 하지 않은 채 사실을 멋대로 추측하고 왜곡해서 방송을 한다. 해외로 윤락녀를 팔아먹는 사채업자와 폭력조직이 충북지방경찰청 기동수사대와 결탁되어 있어 힘없는 윤락녀들이 의지할 곳이 없어 자살을 기도하는 등 사회문제를 야기하고 있으며, 형사들이 피해자를 성추행하고 폭행하거나 사건을 조작한 혐의가 있다고 보도했다.

충북경찰청이 발칵 뒤집혔다. 시민들의 비난으로 갓 개설된 충북청 홈페이지 게시판은 마비되고, 빗발치는 항의 전화로 업무가 마비될 지경이었다. 즉시, 경찰청 감찰이 들이닥쳤다. 경사급에 대한 감찰 조사를 위해 경찰청 감찰이 직접 내려온 것은 대단히 이례적인 일이었다. 감찰 조사 얼마 후 기동수사대장 나재영 경감과 심기옥 경사 등 직원 6명은 모두 인사조치 된다. 'MBC 기자 남대문서 난동 사건'에서와 같이 아무런 잘못이 없는 경찰관들을 희생양으로 삼아 서둘러 수습하려는 의도였다. 당시 충북청장은 이용상, 경찰청장은 이무영이다. 경찰청 감찰이 직접 조사를 한 것에 비춰 직원들을 처벌하고 인사조치한 것은 이무영의 의중이라고 해석됐다.

모두 망연자실하고 있는 사이에 기동수사대 소속 이장표 경사가 나섰다. 그는 잘못된 보도를 바로잡겠다며 2001년 4월 24일 언론중재위에 제소를 한다. 이장표 경사는 폴네티앙에 갓 입회한 회원이었다. 현재 폴네티앙의 대표 시삽(sysop)이기도 하다. MBC가 중재를 받아들이지 않아 중재가 결렬되자, 이장표 경사는 소송을 제기하기로 한다. 그러나 거대 언론 MBC를 상대로 하는 손해배상소송을 맡아줄 변호사를 지방에서는 구하기 어려웠다. 이때 무료 변론을 자임하고 나선 변호사가 있었다. 정승규 변호사였다. 다른 변호사들은 3천만 원에도 수임을 하지 않겠다는 사건을 무료로 맡아 대법원 확정판결까지 이끌어 내준다. 정말 고마운 분이다.

2001년 6월 4일 당시 기동수사대장 나재형 등 20명이 원고가 되어 청주지법에 MBC와 담당 기자 오상우를 상대로 정정보도 및 손해배상금 2억 원을 청구하는 소송을 제기한다. 그로부터 2년 2개월이 경과된 2003년 8월 22일 청주지법은 "피고 MBC는 원고에게 손해배상금 6천5백만 원을 지급하고, 〈시사매거진 2580〉 프로그램 첫머리에 '정정보도문'임을 명시한 정정보도를 하라"고 판결한다. MBC는 이에 불복하여 대전고등법원에 항소를 제기했지만 2004년 6월 17일 항소가 기각되었고, 대법원에 상고했지만 2006년 5월 12일 대법원이 기각함으로써 원심 판결이 확정된다.

다음 날 MBC는 6,500만 원의 손해배상금을 원고 측에 지불했고, 〈시사매거진 2580〉 프로그램 첫머리 상단화면에 "마카오 등지의 부녀매매 사건을 수사한 충북지방경찰청 기동수사대에 관한 정정보도문"이라는 제목을 계속 표시하고, 당시의 제목과 같은 글자 크기로 그 아래 화면의 '정정보도문'을 진행자가 원 프로그램과 같은 속도로 낭독하는 정정보도가 이루어진다. 5년 2개월간의 법정투쟁 끝에 실추되었던 경찰의 명예는 조금이나마 회복됐다. 소를 취하하라고 압력을 가하는 경찰 지휘부의 눈총을 버텨내면서 쟁취한 현장 경찰관들의 쾌거였다.

MBC 뉴스데스크: "나사 풀린 경찰"

2004년 5월 4일 〈MBC 뉴스데스크〉는 엄기영 앵커의 진행으로 '나사 풀린 경찰'이란 자극적 제목의 뉴스를 보도한다. 범인을 놓쳤는데도 경찰관들은 표창을 받았다는 내용이었다. 사건의 전말은 이렇다. 2004년 5월 1일 서초경찰서는 지나가는 사람에게 행패를 부리는 범인 두 명에게 용감하게 맞선 시민에게 감사장을 수여했다. 112신고를 받고 신속하게 출동하여 흉기로 시민을 다치게 하고 도주하는 범인을 200미터를 추격하여 검거한 경찰관에 대해서도 표창을 수여했다. 다른 언론은 이 일을 '시민의 살신성인'을 칭찬하는 내용으로 보도했다. 그런데 MBC는 사건 내용을 정확하게 확인하지도 않은 채 "나사 풀린 경찰"이라는 자극적인 제목으로 아무런 근거도 없이 경찰을 비난하고 폄하하는 왜곡 보도를 한 것이다.

경찰청과 서울경찰청은 진상 조사를 통해 신고출동과 조치에 문제가 없음을 확인했지만 MBC에 대해서는 아무런 조치도 하지 않았다. 서초경찰서도 마찬가지였다. 보다 못해 폴네티앙이 나섰다. 언론중재 신청과 소송을 제기하기로 하고 기금을 모금하기 시작했다. 이것이 이른바 〈모래알 소송 기금 모금〉의 시초이다. 평소 언론의 횡포에 치를 떨던 경찰관들의 참여가 쇄도했다. 총 2,140명의 경찰관이 참여했다. 침묵의 바다와 같은 조직문화를 감안하면 폭발적인 반응이었다. 모금액은 총 42,588,020원이었다. 향후 이 기금은 서울 동작경찰서 사건, 서울청 카드깡 사건 등 언론의 왜곡 보도를 바로잡는 소송에 유용하게 사용할 자금이 된다.

2004년 6월 8일 오전 10시 30분, 언론중재위는 MBC의 "나사 풀린 경찰" 보도에 대해 반론 보도를 권고한다. 정정보도도 아닌 반론보도였고 손해배상금도 없었다. 소송을 제기해서 바로잡아야 했다. 그러나 당사자가 소송을 제기하는 데 동의를 하지 않았다. 상부의 압박에 부담이 큰 것 같았다. 소송에 대비하여 500만 원에 변호사를 선임하고 언론중재 과정에 참여를 시킨 노력이 수포로 돌아갔다. 2004년 6월 23일 MBC 뉴스데스크는 언론중재위원회의 조정에 따른 반론보도를 한다.

김주하 앵커가 단신종합 끝 부분에 관련 화면을 내보내면서 "지난 5월 4일 MBC 뉴스데스크에서 범인을 놓치고도 포상을 받은 경찰관에 대한 보도와 관련해 범인과 1명은 시민과 격투가 벌어지기 전에 이미 달아난 상태였고, 서초경찰서 북부지구대 경찰관들은 신고를 받고 출동한 뒤 흉기로 시민을 다치게 하고 달아나는 범인을 약 200미터를 추격해 신속히 검거하였기에 포상을 받은 것이라고 밝혀 와 바로잡습니다"라고 빠르게 원고를 읽어 내려간 것이 고작이었다. 사과도 반성도 없었다.

소송 기금 모금에 참여한 경찰관들은 실망했다. "나사 풀린 경찰"이라는 제목으로 전체 경찰관을 모욕하고 비하한 보도는 전국에 방송되었는데 반론보도는 수도권 뉴스에만 나왔다. 지방에 있는 경찰관들은 "반론보도조차 보지 못했다"고 항의했다. 언론을 상대로 하는 '모래알 소송'의 시초가 된 사건이지만, 당사자의 포기로 소송을 제기해보지 못하고 중도에 끝낼 수밖에 없었던 아쉬운 사례였다.

CBS 노컷뉴스: "경찰 늑장 대응으로 20대 여성 집단 성폭행 당해"

2007년 3월 19일자 CBS 〈노컷뉴스〉는 메인화면에 "경찰 늑장 대응 때문에 20대 여성 집단 성폭행"이라는 제목의 기사를 띄웠다. 서울동작경찰서 여성청소년계의 정인태 경사가 신고 접수를 지연하고 늑장 대응을 하는 바람에 20대 여성이 집단 성폭행을 당했다는 내용이었다. 다른 언론들도 이 기사를 인용해 보도했다. 경찰에 대한 비난 여론이 빗발쳤다. 경찰청과 서울경찰청이 발칵 뒤집혔다.

그러나 면밀한 진상 조사를 통해 보도 내용이 사실이 아닌 것으로 밝혀졌음에도 서울경찰청은 언론을 상대로 정정보도를 요청하는 등의 대응을 하지 않았다. 대응은 고사하고 홍영기 서울경찰청장은 언론에 사과부터 했다. 동작서장도 마찬가지였다. 보다 못한 당사자인 정인태 경사가 직접 법적 대응을 하겠다고 하자 서울경찰청은 이를 가로막고 나섰다. '언론 보도에 대해 변명하지 말고 자극하지 말라'는 공문을 서울청 산하 모든 경찰서에 하달하기까지 했다.

동작경찰서 과장들도 돌아가며 정인태 경사를 불러 소송 포기를 종용했다. 게다가 홍영기 청장의 지시를 받은 서울청 감찰은 정인태 경사를 징계위원회에 회부했다. 정인태 경사는 기각 계고로 처리됐다. 당일 현관 안내 근무자와 경무과장에게는 기자 통제를 못 했다는 이유로 계고 처분을 했다. 서장은 경고를 받았다. 기가 막힐 노릇이다. 잘못을 저지른 것은 조작 보도를 한 언론사인데, 조작 보도의 피해자인 경찰관들을 경찰 조직이 처벌한 것이다.

이 사건의 진상은 이렇다. 2007년 3월 14일 새벽 1시 47분경, 당직실에서 잠시 휴식을 취하고 있던 정인태 경사에게 전화가 걸려온다. 전화를 건 사람은 자신이 기자라면서 "사람이 납치가 되었는데 무엇을 하느냐"고 소리를 질러댔다. 어디냐고 묻자 문밖이라고 했다. 문밖에는 〈노컷뉴스〉 모 기자와 여기자 1명, 납치됐다는 최 모 양의 아버지와 언니,

친구 1명 등 5명이 서 있었다. 해당 기자는 술에 잔뜩 취한 상태였다.

이들을 사무실로 안내하여 신고 내용을 들었다. 최 모 양의 친구가 최 양과 술을 먹고 헤어진 후 그녀에게 전화를 했더니 모르는 남자가 받았고, 이후 전화 통화가 안 되어서 신고를 하러 왔다는 것이었다. 정인태 경사는 곧바로 이를 상황부실장에게 보고했다. 상황부실장은 관할 전 지구대에 실종 장소 부근에 대한 일제 수색을 지시하는 동시에 형사 강력팀에 통보했다. 이어서 119 상황실에 실종자 휴대폰 발신지 위치 추적을 의뢰했다.

또, 최 양의 아버지와 친구를 순찰차에 태우고 실종 장소 주변을 샅샅이 수색했다. 계속되는 수색 작업에도 최 양을 발견하지 못하던 중 아침 8시께, 최 양의 남자친구인 오 모 군과 전화 연결이 됐다. 최 양이 친구의 집에서 잠을 잤고, 아버지가 무서워 집에 못 들어갔다고 했다. 납치나 실종이 아니었다. 사건은 이렇게 해프닝으로 마무리됐다. 신고 접수에서부터 모든 처리 과정이 실종 신고 사건 처리의 교범이라고 할 수 있을 만큼 흠 잡을 곳이 없었다. 그런데도, 〈노컷뉴스〉는 경찰관이 담당 부서를 안내해준 것을 '사건 떠넘기기'로 왜곡하고, 영상을 교묘히 편집해서 마치 경찰이 신고 접수를 거부하는 것처럼 보이도록 조작했다.

폴네티앙은 이 사건에 대해 〈모래알 소송〉을 결정하고, 회원들이 십시일반 갹출하여 1,100만 원을 마련했다. 소송 당사자로는 동작경찰서 김미선 계장, 배형무, 장지은, 김영진 등 여성청소년계 직원 4명이 참가

했다. 소송 당사자들과 폴네티앙은 이후 2년 6개월 동안 두 적과 싸워야 했다. 하나는 조작 보도를 한 〈노컷뉴스〉이고, 다른 하나는 언론의 편에 서서 소송을 방해하는 서울지방경찰청이었다.

1심 재판부는 피고인 〈노컷뉴스〉에게 손해배상금 2,000만 원을 원고에게 지급하고, 원고가 요구하는 정정보도를 하라고 판결했다. 승소였다. 〈노컷뉴스〉는 항소했다. "서울경찰청이 감찰 조사를 거쳐서 정인태 경사의 잘못을 인정하고 징계했으니, 이것은 〈노컷뉴스〉의 보도에 문제가 없다는 반증이다"라는 것이 주된 항소 이유였다.

소송 당사자들은 조작 보도를 한 모 기자를 서울남부지검에 고소했다. 비참하게도 경찰이 경찰을 믿지 못해 "사건 당사자가 경찰과 언론이니 절대 경찰에 사건을 이첩하지 말고 검찰에서 직접 수사를 해 달라"고 요구해야 했다. 홍영기 청장이 개입하여 수사를 망칠 가능성이 컸기 때문이다. 또, 서울청 감찰을 경찰청에 진정했다. 아무런 잘못이 없는 직원을 징계했을 뿐 아니라, 징계처분 사실을 〈노컷뉴스〉에 알려 주어 〈노컷뉴스〉가 항소를 제기하게 되었으니 잘못된 징계 결정을 바로잡아 달라고 요구했다. 그러나 경찰청은 진정서를 진정의 상대방인 서울청으로 보냈고, 서울청 감찰은 소청 기간이 만료되어 어쩔 수 없다고 발뺌했다.

항소심 재판부는 서울청 감찰에게 정인태 경사를 조사한 감찰 서류를 제출하라고 명령을 한다. 그러나 서울청 감찰은 법원의 거듭된 제출 명령과 과태료 처분 경고에도 아랑곳하지 않고 버티다가 결국 검찰로부터 감사담당관실이 압수 수색을 당하는 치욕을 자초했다. 항소심에서는 손해배상금 2,000만 원에서 600만 원을 감액하여 1,400만 원으로 조정 판결하지만 양측 모두 불복하여 대법원에 상고를 제기한다.

그러나 상고심 진행 중에 〈노컷뉴스〉 측에서 돌연 소를 취하함으로써 판결이 확정된다. 검찰이 서울청 감사담당관실을 압수 수색하여 감찰 서류를 확인한 결과 정인태 경사가 아무런 잘못도 없었던 사실이 확인되었기 때문이다. 이렇게 2년 6개월에 걸친 법정투쟁은 완벽한 승리로 끝났다. 〈노컷뉴스〉는 원고의 요구대로 정정보도와 사과 보도를 했고, 보도 관계자가 직접 동작경찰서를 방문하여 사과했다. 손해배상금 2,000만 원도 물어냈다. 현장 경찰관들이 한마음으로 뭉쳐서 이뤄낸 값진 결과였다.

정정보도문

'경찰 늑장 대응 때문에 20대 여성 집단 성폭행 방치' 보도와 관련하여

본 CBS 노컷뉴스에서는 2007년 3월 19일자 메인 화면에 "경찰 늑장 대응 때문에 20대 여성 집단 성폭행", "경찰 늑장 대응 … 20대 여성 집단 성폭행 방치, 아버지 애타게 경찰서 문 두드렸지만 무시당해 … 검거도 차일피일 미뤄"라는 제목 하에 서울 동작경찰서 담당 부서의 늑장 대처로 20대 여성이 성폭행 당했다는 내용의 기사를 보도한 바 있습니다.

그러나 사실 확인 결과, 서울 동작경찰서 소속 경찰관들이 불성실한 태도로 실종 신고를 접수하지 않으려고 하거나 사건 처리 및 범인 검거를 지체한 사실이 없고, 위 경찰관들이 대응을 늦게 함으로써 예방 가능했던 성폭행 사건을 막지 못한 것은 아니었음이 드러나 이를 바로잡습니다. 본사는 위 보도로 동작경찰서 여성청소년계 소속 경찰관들의 명예를 훼손하였다는 이유로 서울지방법원으로부터 손해배상을 명하는 판결을 선고받았습니다.

노컷뉴스의 잘못된 보도로 서울동작경찰서 경찰관들에게 정신적 피해를 끼친 점에 대해 깊이 사과를 드리며, 바른 언론으로 거듭나는 계기를 삼도록 하겠습니다.

MBC 카메라 출동: "서울지방경찰청 카드깡 사건"

2005년 10월 23일 MBC 〈뉴스데스크〉의 〈카메라 출동〉은 "서울지방경찰청 연금 매장이 조직적으로 불법 카드깡을 해 온 사실이 취재 결과 확인됐다"고 보도했다. 그 보도에는 익명의 경찰 직원이라는 사람이 등장하여 "불법 카드깡으로 얻은 수익을 서울지방경찰청 경무과가 직접 관리해 왔다"고 증언했다. 그러나 이러한 보도는 조작된 거짓이었다. 이후 수사 과정에서 〈카메라 출동〉에 '익명의 경찰 직원'으로 등장한 사람은 경찰 직원이 아닌 것으로 밝혀진다.

국립과학수사연구소의 음성 분석에서 이 모 씨와 경찰 직원 목소리가 동일인의 것으로 확인되었고, 민간 전문 기관에 의뢰한 성문 분석 결과도 두 사람이 동일인이었다. 이에 KBS 〈미디어 포커스〉는 "서울경찰청이 카드깡을 조직적으로 해 왔다는 MBC 보도의 결정적 근거는 경찰 직원의 제보였는데 해당 제보자가 허위인 것으로 밝혀져 보도의 신뢰성이 실종되게 됐다"고 꼬집었다.

명백한 증거 앞에 더 이상 진실을 은폐한다는 것은 무리라고 생각을 했는지, 관련 내용을 보도한 김 모 기자는 제보자가 자신을 지금까지 경찰이라고 소개해서 그렇게 알고 있었다면서, 제보자 신원을 확인하지 않은 건 실수였다고 실토한다. 그러나 거대 언론사 MBC는 오만했다. 잘못을 인정하면서도 정정할 생각은 하지 않았다. 언론중재위원회에 MBC를 상대로 정정보도를 요구했으나 MBC가 거부했다. 서울경찰청 소속 경찰관들이 자발적으로 소송 기금을 모금했다. 정정보도를 요구하고 손해배상금 9억 원을 청구하기로 했다.

소송은 경무과 직원 18명의 명의로 하되, 배상금을 받으면 서울청 직원들의 장학 기금으로 사용하기로 의견을 모았다. 폴네티앙도 소송 기금을 내고 서울청 지휘부의 소송 방해 시도를 차단하는 등 적극적으로 지원했다. 마침내 2006년 11월 1일, 서울중앙지법 민사합의 25부는 피고 MBC에 대해 원고 측이 요구하는 정정보도와 함께 청구인 한 명당 5백만 원씩 총 9천만 원을 배상하라고 판결한다. 현장 경찰관들의 자발적 성금과 지원으로 거대 언론사 MBC와 싸워 이긴 것이다.

이 사실이 언론에 보도가 되고 MBC가 정정보도를 하자 사회적으로 큰 파장이 일었다. 특히 고 노무현 대통령은 전국의 공무원들에게 보낸 E-MAIL에서 "예전에는 보기 힘든 장면이었다. 잔잔한 감동이 밀려왔다", "경찰이 언론사를 상대로 재판까지 거쳐서 끝내 정정보도를 받아냈고, 직원들이 스스로 호주머니를 털어서 소송비용을 마련한 것은 참으로 놀라운 일"이라고 격려했다.

그러나 기쁨은 잠시였다. 서울경찰청장 한진호가 MBC와 거래를 한 것이다. 2006년 11월 11일 강기정 경무과장은 소송의 원고로 명시되어 있는 17명을 불러 손해배상금 중에서 변호사비용으로 지불할 2,900만 원만 받고 나머지 6,000만 원은 포기한다는 내용의 합의문에 서명 날인을 하도록 했다. 사실상 강요였다. 그리고 이들을 청장실로 데리고 들어가서 모두 동의했다고 보고했다.

이로써 결국 손해배상금 6,000만 원은 받지 못하게 된다. 정정보도의 내용마저도 MBC의 요구를 그대로 받아주어 빈껍데기로 만들었다. 정정보도의 핵심인 "MBC는 이러한 허위보도로 인하여 서울지방경찰청 경찰관들의 명예를 훼손하였다는 이유로 서울중앙지방법원으로부터 정정보도 판결을 선고받았습니다"라는 부분을 삭제하도록 해 버린 것이다.

소송을 주도한 경찰관들은 분노했다. 손해배상 소송의 원고 18명은 명의만 제공했을 뿐이다. 서울지방경찰청의 수많은 경찰관들이 자발적으로 1-5만 원씩 모금을 하여 제기한 소송이었다. 서울청장 한진호는 경찰의 명예회복을 위한 직원들의 소송을 지원해주기는커녕 오히려 소송 포기를 종용했고, 직원들이 힘을 합쳐 승소하자 직위를 이용하여 손해배상금 중 6,000만 원을 포기하도록 종용함으로써 언론의 편에

섰다. 이 같은 사실을 2007년 2월 11일 KBS 〈미디어 포커스〉가 아래와 같이 보도했다. 〈미디어 포커스〉는 "언론과 경찰의 조용한 합의"라고 썼으나, 사실 그것은 "언론과 경찰 지휘부의 더러운 야합"이라고 해야 맞다.

〈MBC-경찰청 허위 보도 배상 금액 축소 합의〉

노무현 대통령이 감동했다는 MBC의 '경찰 카드깡' 사건 정정보도와 관련해, 서울경찰청이 MBC와의 손해배상과 정정보도 청구 소송에서 이기고도, 배상금을 3분의 1로 줄이는 데 합의한 것으로 확인됐습니다.

노무현 대통령은 법원 선고 이후 MBC가 정정보도를 내보내자 전국의 공무원들에게 '예전에는 보기 힘든 장면이었다. 잔잔한 감동이 밀려왔다'는 내용의 이메일을 보냈습니다. 경찰이 언론사를 상대로 재판까지 거쳐서 끝내 정정보도를 받아냈고, 직원들이 스스로 호주머니를 털어서 소송비용을 마련한 것은 참으로 놀라운 일이라고 치켜세웠습니다.

MBC는 지난 2005년 10월 경찰이 조직적으로 카드깡 사업에 개입했다고 보도했으나, 서울경찰청은 소송을 제기했고, 미디어포커스 취재 결과 뉴스 속 인터뷰가 조작됐다는 사실도 밝혀졌습니다. 그러나 서울경찰청은 MBC를 상대로 한 재판에서 9천만 원의 손해배상 판결을 받고도, 대통령의 이메일 이전에 2천9백만 원만 받기로 MBC와 이미 합의했던 것으로 밝혀졌습니다.

일선 경찰관들을 상대로 소송비용을 모금하면서 승소할 경우 배상금을 받아 장학재단을 만들겠다던 서울경찰청의 약속은 흐지부지됐고, MBC로부터 받은 배상금 2천9백만 원은 전액 변호사 비용으로 사용됐습니다. 서울경찰청 관계자는 MBC 측에서 손해배상 금액 조정을 요청해왔다고 했고, MBC는 당사자들 간의 합의 내용을 공개할 수는 없다고 밝혔습니다. 언론 권력을 상대로 한 공무원 조직의 승리와 대통령의 감동 뒤에는 언론과 경찰의 조용한 합의가 있었습니다.

이와 별도로 MBC는, 경찰관이 아닌 사람을 현직 경찰인 것처럼 인터뷰하고, 한 사람의 인터뷰를 서로 다른 두 사람의 인터뷰처럼 나눠 방송한 잘못에 대해 책임자에게 감봉 2개월의 징계를 했다. 언론의 왜곡 보도에 대항하여 사실을 바로잡고 실추된 경찰의 명예를 훼손하는 데 앞장 선 것은 언제나 현장 경찰관들이었다. 경찰청장을 비롯한 경찰 지휘부는 언론의 편에 서서 현장 경찰관들의 발을 걸었고 심지어 등에 칼을 꽂기까지 했다.

잊지 못할 에피소드

검사 압수수색영장 불청구에 대한 준항고와 재항고

　서울동대문경찰서는 2006년 12월 12일과 12월 22일 두 차례에 걸쳐 서울중앙지검 부장검사 출신 변호사에 대한 공갈 등 혐의 수사를 위해 변호사 사무실 압수수색영장을 신청한다. 동대문서의 영장 신청을 받은 서울북부지검은 특별한 근거도 제시하지 않은 채 증거 불충분을 이유로 법원에 영장을 청구하지 않는다. 이에 대해 동대문경찰서는 서울북부지검의 영장 불청구에 불복하여 12월 29일 서울 북부지법에 준항고를 제기한다. 검사의 영장 불청구를 사법심사의 도마 위에 올린 것이다. 이 사건은 헌법에 규정된 검찰의 독점적 영장 청구권에 대한 도전으로 형사사법 역사에 있어 일대 사건으로 기록될 만한 일이었다. 당시 동대문경찰서 수사과장은 이동환 경정이었다.

　수사기관이 압수 수색이나 인신 구속을 위해서는 법관이 발부한 영장이 있어야 한다. 헌법 제12조 제3항이 규정하고 있는 '영장주의'이다. 영장주의는 인권 보호를 위해 수사기관의 자의적 강제수사의 남용을 독립적인 법원이 통제하도록 하기 위한 장치이다. 그러나 우리나라는 유신헌법이 오직 검사만이 영장을 청구할 수 있도록 만들어 놓았다. 검사 독점적 영장청구권은 유신독재 정권의 영구집권 음모의 산물인 것이다. 검사 독점적 영장청구 제도는 수많은 폐해를 낳았다. 아무리 흉악한 범죄자라도 검사가 영장을 청구해주지 않으면 경찰은 범인을 구속할 수 없었다. 압수 수색으로 증거를 찾아낼 수도 없었다. 검사의 영장 불청구는 법원의 통제조차 미치지 않는 사실상의 성역이었다.

당시 사건의 전말은 이렇다. 동대문경찰서에 고소 사건이 접수된다. 서울중앙지검 부장검사 출신 모 법무법인의 대표 변호사가 특정 프로그램의 저작권을 위임받은 후 아르바이트생을 동원해 컴퓨터 상인에게 불법복제 프로그램을 깔아주도록 유인하는 수법으로 저작권 위반 사건을 직접 만들어낸 뒤 브로커를 고용하여 컴퓨터 판매점을 함정 단속하고 구속을 당할 수도 있다는 협박으로 거액의 돈을 뜯어냈다는 내용이었다. 이에 대해 동대문경찰서는 모 변호사의 공갈 혐의를 잡고 변호사 사무실을 압수 수색하기 위해 영장을 신청한 것이었다.

검사의 영장 불청구에 대한 준항고가 제기되었다는 사실이 알려지자 전국의 수사 경찰관들은 환호했다. 당시에는 검사들이 검찰과 관련된 사건은 물론 검찰과 이해관계가 있는 단체나 개인의 범죄 혐의에 대해서도 노골적으로 영장 신청을 묵살했었기 때문이다. 동대문경찰서가 제기한 준항고가 법원에 의해 받아들여진다면 검사들이 독점적 영장청구권을 검찰 조직 보호와 경찰 길들이기에 악용해 온 폐단 시정이 가능하게 된다. 검찰이 독점하던 사회 고위층 인사에 대한 부정부패 수사가 가능하게 되고, 사실상의 수사권 분점으로 경찰과 검찰이 견제와 균형을 이루는 효과까지 기대할 수 있게 된다. 법원이 이를 받아들인다면 사법사상 초유의 사건으로 기록될 만한 일이었다.

경찰의 기대와는 달리 준항고 사건을 담당한 서울 북부지방법원 형사10부(부장판사 김용대)는 준항고가 제기된 지 19일 만인 2007년 1월 16일 준항고를 기각한다. "형사소송법 규정상 검사의 처분에 대해 취소 또는 변경할 수 있는 청구권자는 그 처분의 대상자인 국민이기 때문에 수사권을 행사하는 사법경찰관은 사건 준항고의 청구권자가 될 수 없다"는 이유였다. 동대문경찰서는 서울북부지방법원의 준항고 기각에 대해 대법원에 재항고를 제기하기로 결정한다. 그러나 시간이 촉박했다.

대법원에 대한 재항고는 3일 이내에 제기되어야 한다. 재항고장을 작성할 시간적 여유가 도저히 없었다. 이때 죽림누필이 재항고장을 작성하겠다고 나섰다. 그리고 17시간 만에 A4 용지 10장에 달하는 재항고이유서를 완성한다.[3] 필자는 죽림누필이 작성한 재항고 이유서를 잠시도 쉬지 않고 단숨에 읽었다. 지금까지 본 적이 없는 명문 중의 명문이었다. 그것도 불과 17시간 만에 이런 논리를 만들어낸 필력에 경탄을

---

3) 재항고이유서의 내용은 부록 참조.

금할 수 없었다.

그러나 재항고를 둘러싸고 경찰 조직 내부는 극심한 내홍에 휩싸인다. 동대문경찰서가 자체 논의 끝에 재항고를 포기하겠다는 의사를 밝혔기 때문이다. 이에 대해 일부에서 반박을 하고 나섰다. 동대문경찰서 수사과 자체 토론에 의한 결정이 아니라 외압에 의한 포기라는 주장이었다. 서울경찰청 수사부장 김학배 경무관이 "모든 십자가를 내가 질 테니 재항고를 포기하라"고 했다는 주장과 함께 청와대 민정수석 전해철이 재항고를 포기하도록 압력을 가했다는 말들이 떠돌았다.

경찰 내부의 고위직들은 '대법원이 재항고를 받아들일 가능성이 없다. 기각되면 조직에 안 좋은 영향을 미칠 것이며 여론이 등을 돌릴 것'이라는 등의 논리로 포기를 종용하고 나섰다. 재항고로 인한 자신들의 부담을 덜기 위한 물 타기 수법이었다. 경찰 조직은 재항고 사수파와 재항고 포기파로 분열되어 대립을 벌인다. 폴네티앙 내부도 사수파와 포기파로 분열되어 상대방을 비난하며 격론을 벌였다. 필자는 재항고 사수파였다. 지금도 사수파의 주장이 옳았다고 확신한다.

대법원이 재항고를 기각한다 해도 경찰 조직으로서는 손해가 없는 일이었다. 경찰 지휘부의 정치권과 검찰에 대한 눈치 보기일 뿐 검사의 자의적 영장 불청구를 견제할 수단이 없다는 사실이 널리 알려지게 되어 장기적으로 검사의 영장청구권 독점 조항 폐지 주장의 근거로 활용할 수 있는 기회였기 때문이다. 필자는 당시 여러 가지 주장이 있었지만 재항고 포기의 진원은 서울 경찰청장 Y라고 생각했다. 차기 경찰청장을 꿈꾸고 있던 Y에게 재항고 논란은 부담스러웠을 것이다. 또한 논란이 확대되자 청와대에서도 부담을 느끼고 민정수석이 Y에게 재항고 포기 의사를 전달했을 가능성이 크다고 판단했다.

Y 서울경찰청장에게 전화를 걸어 왜 재항고를 포기하도록 압력을 행사했느냐고 직설적으로 따졌다. Y는 재항고를 포기하라고 지시했다는 사실을 부인하지 않았다. 자신이 직접 명령을 했다고 시인하며 대법원 재항고 기각 시 미칠 영향과 여론이 등을 돌리게 된다는 예의 주장을 고장 난 축음기처럼 반복했다. Y 청장에 의해 재항고는 끝내 무산되고 만다. 죽림누필이 17시간 식음을 전폐해 가며 혼신을 다해 작성한 재항고 이유서는 휴지 조각으로 변하고 말았다. 재항고 포기는 서로 신뢰하고 존중하던 사람들 사이를 갈라놓았고 반목이 시작되었다. 경찰 조직은 긴 침체의 늪으로 빠져들어 갔고, 폴네티앙 또한 반목과 분열로 쇠퇴의 전조를 보이기 시작한다.

필자의 강원경찰청 발령을 반대했던 경찰청장

2009년 3월 22일, 강원경찰청을 제외한 모든 지방경찰청의 상반기 인사가 마무리된다. 강원경찰청은 다른 지방경찰청 인사가 종료되고 18일이 지난 4월 9일이 되어서야 비로소 마무리된다. 필자를 지방경찰청으로 발령하려는 송강호 청장에게 강원경찰청 간부들과 일선 경찰 서장들이 대거 반대를 하고 나섰기 때문이다. 강원청 총경들은 필자가 감찰 업무를 담당하게 되면 협력단체 위원들과의 술자리조차 문제 삼을 것이기 때문에 반대하기로 의견을 모았다고 했다.

오래 전부터 권위주의 경찰 문화 및 현장 경찰관 근무 개선, 경찰 수사권 독립 활동에 대해 못마땅해 해 왔었기 때문에 새로울 것 없는 반응이었다. 지방청 감사담당관은 노골적으로 포기를 종용했다. 감사담당관실의 몇몇 감찰 외근 요원은 필자가 발령이 나면 다른 부서로 가겠다는 의사를 표시했다는 말까지 들려왔다. 필자의 지방청 발령을 막기 위한 전방위적인 공세가 펼쳐진 것이다. 그러나 가장 큰 걸림돌은 경찰청장 D였다.

D 청장은 4조 2교대를 비롯한 각종 제도 개선과 차장 시절 그에 대한 경례 거부, 인권위 제소 취하 등 일련의 과정을 필자에게 받은 굴욕으로 생각했었던 것 같다. 경찰청장으로 임명되고 난 후 제도적으로는 파출소를 부활시키는 방법을 통해 4조 2교대를 해체시키기 시작했고 개인적으로는 다방면에서 필자를 압박하기 시작했다.

필자의 강원청 발령에 대해 간접적으로 반대 의사를 전달하던 D 청장은 2009년 3월 29일 홍천경찰서를 방문 중이던 송강호 강원청장에게 전화를 걸어 직접적인 반대 의사를 밝힌다. 필자를 지방청으로 발령하지 말라는 노골적인 압박이었다. 경찰청 감찰에서도 강력하게 반대하고 나섰다. 경찰 조직이 아닌 외부 기관에서도 반대한다는 말이 들려왔다. 일개 경정 계장 발령 문제를 두고 경찰 조직에 전례 없는 분란이 벌어진 것이다.

송강호 강원청장은 D 청장의 지시와 경찰청 감찰의 강력한 반대에 부딪쳐 깊은 고민에 빠진다. 보름여가 넘는 기간을 인사를 지연시키며 고민을 거듭하다가 결단을 내린다. 경찰청장의 지시를 거부하고 필자를 감찰 담당으로 발령한다. 그리고 연말경, 그토록 고대하던 치안정감 승진 인사에서 탈락한 채 경찰을 떠난다.

경찰관서 CCTV, 직원 근태 확인 목적 사용 금지

2011년 4월 26일 우여곡절 끝에 '경찰관서 CCTV, 직원 근태 확인 등 목적 사용 금지' 지시를 일선으로 시달했다. 현장 경찰관의 근무 상태를 CCTV로 감시하거나, 녹화된 영상물을 징계의 자료로 삼지 못하도록 하는 조치였다. 경찰서 형사과 등 각 사무실과 지구대, 파출소 등 지역 경찰관서에 설치된 CCTV는 인권 보호와 시설 보호라는 본래의 목적에서 벗어나, 현장 경찰관들을 감시하고 옥죄는 수단으로 변질되어 운용되고 있었다. 조직 내부 불합리에 대한 문제를 제기하거나 쓴소리를 하는 경찰관을 탄압하고 처벌하는 목적으로 악용되어 온 것이다. 대표적인 사례가 조현오 청장의 경기청장 재임 시절 성과주의를 비판한 박윤근 경사를 치안센터에 설치된 CCTV를 샅샅이 뒤져 파면한 사건이다.

CCTV로 특정인을 24시간 감시하면서 약점을 찾아내는 것은 식은 죽 먹기보다 쉽다. 감찰에게 있어 표적이 된 경찰관의 약점을 손쉽게 찾아낼 수 있는 가장 효과적인 무기인 것이다. '경찰관서 CCTV, 직원 근태 확인 등 목적 사용 금지'는 이러한 감찰의 무기를 무력화시키는 조치였다. 당연히 전국의 감찰 요원과 관리자들이 극렬하게 반발했다. 원경환 경찰청 감찰담당관을 비롯한 소속 계장 반장들이 집단으로 필자에게 항의를 하고 나섰다. 당시 감사관이었던 김일태 씨는 감사원 출신으로 개방직 공개채용에 의해 임명된 외부 인사였는데, 본인의 사무실에서 이 문제를 둘러싸고 감사관실 소속 부서가 서로 충돌하는 것을 굉장히 힘들어했다.

그러나 감찰이 집단 반발한다고 해서 물러설 수는 없었다. 감찰의 못된 행태를 고치기 위해서 시작한 일이었다. 오히려 더 강력하게 밀어붙였고 결국 국관회의 논의 과제로 상정되어 논의된다. 조현오 청장 주재 회의에서 CCTV 목적 외 사용 금지 문제에 대해 참석한 국장, 담당관 대부분은 직원 관리상의 필요 등을 이유로 대며 반대 의견을 표명했다. 여기서 밀리면 다시는 기회가 없었다. 최후의 수단으로 아래와 같이 역 제안을 했다.

"그렇다면 청장과 차장, 국장실에도 CCTV를 설치하고, 지방청장과 과장, 서장실에도 설치하자. 모니터는 현장 경찰관들이 근무하는 지구대와 파출소, 강력팀 등에 설치하도록 하자. 그리하여 공평하게 감찰과 지휘부는 현장 경찰관을 감시하고, 청·차장과 국장, 지방청장과 서장의 근무 상태는 현장 경찰관들이 감시하도록 하자." 필자가 발언을 마치고 난 후 아무도 말을 하는 사람 없이 일순간 정적이 감돌았다. 어색

한 정적이 잠시 흐른 후 조현오 청장이 주위를 둘러보며 결론을 내려 줬다. "이의가 없는 것 같으니 계획대로 시행하시오."

집단 퇴교 위기에 몰렸던 중앙경찰학교 교육생

2011년 4월 20일경 중앙경찰학교 교육생 130여 명에 대한 집단 퇴교 조치 문제가 불거진다. 중앙경찰학교 교육생 중 성범죄를 비롯한 전과자가 130여 명이나 포함되어 있다는 보고가 발단이었다. 보고를 받은 조현오 청장은 해당 교육생 전원을 퇴교시키라고 지시한다. 교육생들의 전과는 국가공무원법과 경찰공무원법상 결격사유에 해당되지 않는 사안이었다. 법치국가에서 법률로 인정한 자격을 무시하고 퇴교시킨다는 것은 무리였다.

차장 주재 국관회의에서도 이 문제를 논의했다. 회의 결과 8개월간의 교육을 모두 마치고 수료가 임박한 교육생 130명을 퇴교시킨다는 것은 공무담임권 침해 등 법적인 문제가 제기될 소지가 있어 무리이니 청장에게 지시의 철회를 건의하는 것으로 의견이 모아졌다. 그러나 정작 청장에게 교육생 퇴교 조치 지시 철회를 건의할 사람은 아무도 없었다.

2011년 4월 27일 오전 9시경 인권 교육이 예정되어 있는 정읍경찰서로 출발하려는데 박천화 경무국장에게서 전화가 걸려왔다. 청장에게 교육생 퇴교 조치의 문제점을 보고해서 철회될 수 있도록 해 달라는 내용이었다. 전날 경무국장실에서 관련 내용을 전해 듣고, 청장에게 보고하는 게 그렇게 부담스러우면 시간을 내서 필자가 건의하겠다고 약속을 했기 때문이다. 그러나 이미 출발한 상태라 차를 돌릴 수 없어 교육을 마치고 내일 건의를 하겠다고 대답한 후 정읍으로 향했다.

다음 날 아침 청장실로 찾아가 퇴교 조치의 부당함을 설명했다. 국가공무원법과 경찰공무원법이 정하는 자격을 갖추었고, 문제가 있다고 하더라도 합격을 결정한 것은 경찰이다. 잘못은 우리가 저질렀는데 항변할 능력이 없는 교육생에게 책임을 떠넘기는 것은 부당하다는 설명과 함께 이명박 대통령의 전과까지 언급했다. 조현오 청장은 필자의 건의를 듣고 몇 가지 물어 본 후 의견대로 하라고 선선히 승낙을 했다. 자칫 130여 명에 달하는 신임 순경 교육생들이 집단 퇴교될 위기에서 벗어나는 순간이었다.

경찰교육원 골프장과 바꾼 2인 1실 생활실

2003년 인천광역시 부평에 위치한 경찰종합학교 이전이 확정되었다. 충남 아산에 부지를 마련해 이전하기로 한 것이다. 중앙경찰학교도 함께 이전해 신임 경찰관 교육과 보수 교육을 함께하는 명실상부한 경찰 종합교육기관으로 재탄생하게 된 것이다. 교육기관 신축 이야기를 듣고 예전부터 교육 시설에 관심이 많았던 터라 경찰종합학교 내에 위치한 이전 건설단을 몇 차례에 걸쳐 방문했다. 조감도에 나와 있는 학교 전경과 시설 등이 지금과는 비교할 수 없을 정도로 좋아 보였다.

다만 한 가지 마음에 차지 않는 것은 생활실이었다. 8명에서 10명에 가까운 사람들이 한 침상에서 합숙을 하는 군 사병 내무반 방식으로 설계가 되어 있었다. 경찰종합학교에서 교육을 받은 경찰관들은 알 것이다. 5-6평 남짓한 좁은 방 철제 이층 침상에서 12명이 함께 생활했던 열악한 환경을. 다른 공무원 교육 시설의 숙소는 수십 년 전부터 2인 1실로 되어 있다. 그러나 경찰교육기관의 숙소는 예나 당시나 노숙인 숙소와 별반 다를 게 없었다. 신임 순경을 군 사병이나 다름없이 취급해 온 정부와 경찰 수뇌부의 인식이 반영된 결과였다.

경찰종합학교 이전 건설단이 생활실을 8-10인 1실로 계획하고 있다는 사실이 알려지자 많은 경찰관들이 문제를 제기하고 나섰다. 군 사병 막사 같은 생활실 환경을 개선해야 된다는 여론이 비등했다. 건설단에서는 신축 예정인 교육 시설 전체를 사이버청에 공개하고 비등하는 여론을 잠재우려 했으나 비난 여론은 더욱 높아져 갔다. 필자도 사이버경찰청을 통해 문제를 제기하고 건설단을 방문해서 생활실 문제를 따졌다. 다른 공무원 교육원은 30년 전부터 2인 1실이고, 최근에는 개인의 사생활을 존중하여 1인 1실로 건축하는 것이 대세이다. 우리 경찰도 사회 변화에 맞춰 1인 1실로 생활환경을 획기적으로 개선해야 한다고 주장을 했다.

관계자들은 예산이 부족하다는 핑계와 함께 전우애를 돈독하게 하려면 여러 사람이 함께 생활하는 것이 좋다는 어처구니없는 주장을 폈다. 그러나 예산이 없다는 주장은 거짓이었다. 신임순경 교육과 관련 없는 골프장까지 조성하면서 예산이 없다는 게 말이 되는가. 골프장을 없애고 그 돈을 생활실 개선에 사용해야 한다는 여론이 비등해졌고, 우여곡절 끝에 건설 추진단은 골프장 조성을 포기하고 2인 1실 개선을 결정한다. 그러나 완전한 2인 1실이 아니었다. 전체를 2인 1실로 하기에는 예산이 부족하다는 이유로 일부는 여전히 4인 1실이었다.

경찰교육원 생활실 전체가 2인 1실이 된 것은 김석기 전 경찰청장 내정자에 의해서이다. 2006년 당시 김석기 대구경찰청장은 전국 지방 경찰청장 회의석상에서 한화그룹 김승연 회장 수사 관계자를 검찰에 수사 의뢰한 이택순 청장의 퇴진을 요구한 후 경찰종합학교장으로 좌천되어 와서 경찰교육원 생활실을 모두 2인 1실로 전환시킨 것이다.

경찰관 교육의 중심인 경찰교육원 생활실이 군대 사병 막사 수준에서 벗어나 2인 1실을 갖출 수 있었던 데는 김석기 전 경찰청장 내정자가 결정적 역할을 했다. 이후 경찰청은 골프장 건설 예산 확보에 전력을 기울였고, 2015년 4월 골프장을 완공한다. 경찰 조직원 전체의 복지를 향상시키는 데 사용되는 예산에는 오불관언하던 경찰청이 전 현직 경찰 수뇌부 전용으로 사용될 게 확실한 골프장 조성 예산에 대해서는 전력을 다해, 불과 몇 년 만에 예산을 확보해냈다.

강릉경찰서장 재임 시절

2012년 12월 22일 강릉경찰서장으로 발령이 났다. 이삿짐이라고 해야 얼마 되지 않아 별도로 부칠 필요가 없어 차에다 싣고 출발을 했다. 강릉경찰서에 전화를 걸어 취임식과 업무 보고, 기자 접견은 하지 않을 것이니 준비하지 말라고 전했다. 내 손으로 찾아갈 것이니 지방청으로 데리러 오는 일이 없도록 당부를 했다. 강원청에 들러 인사 발령자들과 간단한 상견례를 마친 후 강릉으로 출발을 했다.

강릉서에 도착할 때까지 전화를 하지 말라고 했는데도 계속 전화가 걸려 왔다. 서울을 다녀와야 하기 때문에 도착 시간이 어떻게 될지 모르니 퇴근 시간이 되면 퇴근하라고 한 후 전화를 끊었다. 도착 시간을 알려주면 직원들을 도열시켜 놓을 게 분명하기 때문이었다. 오후 5시경 경찰서로 들어서는데 의경이 차를 세우고 어느 부서로 가느냐고 묻는다. 형사과에 볼일이 있어 왔다고 대답하고 정문을 통과했다. 형사과로 들어갔더니 반가운 얼굴들이 보였다. 예전에 함께 근무하던 동료들이다.

모두 진심으로 반겨주었다. 혼자서 각 과를 다니며 부임 인사를 했다. 마지막 사무실인 정보과에 들러 인사를 나누고 있는데 경무과장과 경무계장이 쫓아 올라왔다. 이게 필자의 취임식이었다. 12월 22일 발령이어서 해돋이 교통관리가 목전의 현안이었다. 교통관리 계획서가 오래되어 실효성이 없어 보여 다시 만들었다. 보고용 PPT도 직접 만들어 줬다. 이후에도 중요 추진 계획은 내 손으로 만들어 해당 부서에서 시행하도록 했고, 교육청·학교·연수원·노인대학 등 강의 자료와 PPT는 직접 작성했다.

각 과에서 필요한 자료 일부도 만들어서 줬다. 소집 직장 교육은 필요성을 느끼지 못해 몇 번밖에 하지 않았다. 비번자는 어떠한 경우에도 동원하지 못하도록 했다. 정년 퇴임식은 퇴임하는 선배들을 단상에 모시고 서장을 포함한 모든 직원이 단하에서 선배들에게 경례를 하도록 개선했다.

과장들과의 아침 회의는 1주일에 한 번만 하고 공휴일은 하지 않도록 했다. 티타임은 해야 하지 않느냐기에 차는 집에서 마시라고 했다. 아침 회의를 아예 없애 버리려 했으나 1주일에 한 번 얼굴은 봐야 하지 않느냐기에 양보했다. 상황실 당직은 2달에 한 번 하도록 바꿨고 치안 수요가 폭증한다는 피서철에도 별도 인원을 단 한 명도 동원하지 않았다. 무차별적인 인원 동원과 배치를 자제하고, 건강에 무리가 가지 않도록 근무시간을 적정하게 조정하니 초과근무 수당을 일한 시간만큼 지급하는데도 아무런 문제가 없었다.

경포해수욕장 음주 규제까지 시행했지만 특별한 문제는 발생하지 않았다. 부임 후 떠날 때까지 기자들과 식사는커녕 얼굴 한 번 보지 않았어도 오히려 시민들의 관심이 집중되었다. 경무과에는 경찰서장과 관련된 홍보 자료나 사진을 주지 말라고 했다. 지역 언론에 경찰서장 동정 기사 올리려고 직원들이 기자들에게 굽실거리거나 스트레스를 받게 할 이유가 없는 것이다. 떠날 때까지 식사는커녕 기자들 얼굴 한 번 보지 않았어도 치안 시책은 오히려 효율적으로 추진되었다.

경포 음주 규제 시책을 밀고 나갔더니 조선일보에서 〈강릉경찰서장 24시〉라는 제목으로 홍보 기사를 게재해주겠다는 제안까지 해 왔다. 홍보 기사가 게재되어 나쁠 것은 없지만 직무 수행의 순수성을 퇴색시킬 수 있다는 생각이 들어 거절했다. 경찰 본연의 직무 수행에만 충실하면 되지 홍보에 매달릴 이유가 없다. 서장실을 방문하는 분들에게 줄 기념품은 만들지 말라고 했다. 경찰서장, 지방청장, 경찰청장 찾아오는 사람에게 예산으로 기념품 만들어주는 관행은 국가 예산을 횡령하는 것이나 마찬가지이다. 고쳐져야 한다.

조폭 조직처럼 배치되어 있는 소파는 모조리 걷어 필요한 부서에 나눠주고 자그마한 원탁에 보통 의자로 바꿨다. 퇴근 시간 후에는 운전대원을 쉬게 하고 직접 차를 몰고 다녔다. 기관장들 저녁 모임에는 특별한 사정이 없는 한 관용차를 사용하지 않고 자가용을 운전해서 갔다. 서장 출근과 함께 전날 사항을 보고하기 위해 새벽부터 경찰서 현관에서 계장과 팀장이 대기하는 관행 또한 없앴다. 특별한 사건이 아니면 사무실로 찾아와 보고하지 않도록 조치하고 전자결재 쪽지 기능으로 보고를 대체했다. 불필요한 업무의 상징이라고 할 수 있는 일보도 없앴다.

점심은 구내식당에서 직원들과 함께 줄을 서서 배식을 받고 함께 어울려 식사를 했다. 공휴일은 지역 경찰 방문 등 관내를 다니는 일은 직접 운전을 하고 다녔다. 강릉에서 근무하는 1년 4개월 동안 저녁에 식사하러 나간 것은 10번이 채 안 된다. 친인척과 친구를 포함하여 외부 인사와의 식사는 최대한 자제했다. 협력단체 회의는 가급적 저녁 식사 시간을 피했고, 부득이한 경우 회의 참석자에 대한 식사 대접은 판공비로 했다.

교통 단속을 비롯한 직무는 직원 자율에 맡기고 일체 간섭하지 말라고 했다. 업무 보고에 단속 관련 사항은 모두 없애도록 했다. 음주단속을 비롯한 각종 단속은 질서유지를 위한 것이지 사고 발생과는 별 관계가 없다. 그해 단속 건수를 보면 강릉이 원주의 1/3밖에 안 됐다. 그러나 교통사망사고 발생률은 원주가 강릉의 두 배를 넘었다. 원주는 사고를 줄인다고 단속을 더 많이 했는데 사망 사고는 점점 더 늘어났다. 한참의 시간이 지나 지쳐서 포기할 때쯤 되자 자연스럽게 사고가 감소하기 시작했다. 단속이 교통사고와 별 관계가 없음은 경찰청의 통계가 이를 입증한다.

지역 경찰 야간 근무자들은 특별한 일이 없는 2시 이후 지구대 사무실과 순찰차에서 수면을 취할 수 있도록 보장했다. 과계장과 감찰의 지역경찰 현장방문도 금지시켰다. 감찰의 직무는 부패에 한정했고 근무에 대해서는 일체 관여하지 못하게 했다. 서장실 벽을 헐어 외부에서 볼 수 있도록 유리창으로 교체하고, 역대 경찰서장 사진은 모두 철거하려 했으나 경리계장이 서장이 교체되면 다시 만들라고 할 게 분명하다면서 1,000여만 원 가까운 예산만 낭비할 것이니 보류하자는 말이 타당성이 있어 실행하지 못했다. 서장실 출입문을 유리문으로 교체해서 집무실 내부를 외부에서 볼 수 있도록 한 것은 양구경찰서장으로 근무하면서이다.

경찰서장, 지방청장, 경찰청장 얼굴 게시용에 불과한 홍보 판은 철거해 버렸다. 그 자리에는 순직하신 선배 두 분의 동판을 제작해서 모셨다. 전국에서 홍보 판이 없는 경찰서는 강릉이 유일할 것이다. 다시는 설치하지 못하도록 장소를 아예 없애 버렸다. 형사과를 비롯해서 어떤 부서든 24시간 계속 근무는 하지 못하도록 개선했다. 상황실 근무도 4조 2교대로 바꾸었다.

서장 기념 사진첩 만들어준다고 경무계 직원이 서장 쫓아다니며 사진 찍는 일은 평일과 휴일을 막론하고 하지 못하도록 했다. 서장 수행이라는 것도 없앴다. 이임식도 물론 하지 않았다. 사무실을 다니며 인사만 했는데 이임식은 아니라도 간단한 인사는 하자고 해서 20여 명이 참석하는 간담회로 대체했다. 신임 순경 시절부터 퇴직할 때까지 함께 근무했던 소장, 계장, 과장, 서장, 지방청장, 경찰청장에게 밥은커녕 커피 한 잔 사준 적 없다. 만약 있다면 얼마 되지는 않지만 전 재산 모두 내놓는다.

경포해변 음주 규제

2012년 7월 12일 순경 시절부터 해야겠다고 마음먹었던 일을 시행에 옮겼다. 경포해수욕장 백사장에서의 음주를 규제하는 일이다. 필자가 경찰관이 된 후 첫 근무지가 경포파출소이다. 그 당시는 일몰과 함께 백사장 출입이 금지되어 특별한 문제가 없었다. 경포해변의 문제는 1993년 오후 6시부터 규제하던 백사장 출입을 밤 10시까지로 연장하면서 불거지기 시작했다. 이후 규제가 완전히 풀어지면서 경포해변은 난장판 해방구로 변질되고 만다.

경포해수욕장 백사장에서의 음주 규제를 발표한 다음 날 도하 언론이 대서특필하면서 우리 사회의 뜨거운 이슈로 부각된다. 경포번영회와 편의점 업주 등 일부 상인들은 극렬하게 반대했다. 7월 26일에는 경포해수욕장 상가가 일제히 철시하기까지 했다. 경찰청에서는 고향에 갔으면 조용히 있지 왜 시끄럽게 하느냐. 문제가 더 커지면 조치를 검토할 수도 있다는 우려를 전해 왔다.

7월 13일부터 시작한 음주 규제는 일단 성공적이었다. 그러나 문제는 피서가 최절정에 달하는 7월 28일부터였다. 토요일이고 중복이기도 했다. 오후 7시부터 경포해변으로 가서 대기를 했다. 해가 지자 저녁 식사를 마친 피서객들이 백사장으로 몰려들기 시작했다. 각 방송사에서 파견된 TV 중계차들은 피서객과 경찰이 충돌을 빚는 모습을 잡기 위해 부산히 움직였다. 그러나 의외였다. 대부분의 피서객들이 음주 규제에 선선히 응해주었다. 백사장에는 인파가 가득한데 술판도, 쓰레기도, 고성방가도, 싸움도 없었다.

기적 같은 일이었다. 온 백사장이 거대한 쓰레기장이요, 거대한 술상이던 모습은 간 곳이 없고 피서객들이 백사장을 여유롭게 산책하고, 이야기꽃을 피우며 피로를 풀고 있었다. 평소에는 경포로 발걸음을 하지 않던 강릉시민들도 호기심에 경포를 찾았다. 정말 잘했다고, 일부 장사꾼들의 탐욕 때문에 망가진 경포를 되살린 것이라며 파출소에 들러 우리를 격려했다.

다음 날 SBS는 난장판인 전년도 해변의 모습과 확 달라진 금년도 해변을 비교하는 현장 영상을 밤 12시 뉴스로 방영하면서 경포 음주 규제 시책은 성공을 예감하게 된다. 각지에서 격려가 쇄도했다. 부산광역시에서는 음주 조례를 제정하기로 했다는 보도가 잇달았다. 행정안전부 차관이 청와대와 장관의 격려를 대신 전한다며 전화를 걸어 왔다. 보건복지부에서 공공장소 음주 규제 법률 제정을 검토하겠다며 담당자들이 경포를 방문했다.

경포해변 음주 규제에 대해 비판적이던 한겨레신문에서 기자가 찾아왔다. 3일간 머물며 르포 기사를 쓸 것이라고 했다. 비판 기사 작성이 목적일 것이었다. 그러나 보도된 기사는 의외였다. 〈소주병과 빨간봉이 뒤엉키는 한여름 경포해변의 밤〉이라는 제목의 기사는 내용 면에서 홍보나 다름없었다. 한겨레신문에서 경포해변 음주 규제에 대한 사실상의 홍보 기사를 내보내자 이 문제를 가장 적극적으로 보도한 조선일보에서 제의를 해 왔다. 지면 전체를 할애해서 〈강릉경찰서장 24시〉라는 제목으로 홍보 기사를 내주겠다는 제의였다. 고마운 일이지만 거절했다. 음주 규제 시책의 순수성을 훼손할 수 있다는 우려 때문이었다.

경포해변에 대해 음주를 규제한 목적은 공공장소에서의 무분별한 음주 행태 개선은 물론, 우리 사회의 잘못된 음주 문화에 대한 개선의 계기를 마련하기 위해서였다. 난관이 있었지만 사회적 이슈를 제기하려던 시도는 성공을 거두었다. 공공장소에서의 음주를 규제하는 법안이 발의되는 등 정부 차원에서 해결을 모색하는 사회적 의제가 된 것이다.

현장 경험의 소중함을 재삼 깨닫게 한 살인 사건

2012년 8월 6일 밤, 경포해수욕장에서 음주 규제 근무를 하고 있던 중 강릉시 옥천동 소재 가구점에서 살인 사건이 발생했다는 보고를 받았다. 머릿속이 온통 하얘지는 느낌이 들었다. 바로 백사장을 내달려 현장으로 쫓아갔다. 현장에는 이미 지역 경찰과 형사들이 교통통제, 현장보존, 감식, 주변 수색 등 역할을 분담하여 체계적으로 사건 해결을 위해 노력하고 있었다.

그곳에서 지켜본 우리 형사들의 경험과 판단은 정말 값진 것이었다. 필자도 사건 해결에 필요할 것이라고 판단되는 여러 가지 의견을 제시하고 사건 지휘에 나섰지만 아무런 도움이 되지 않음을 절감했다. 오히려 사건 수사의 문외한인 서장의 지시로 인해 수사 진행에 걸림돌이 될 가능성이 컸다. 경험으로 무장한 형사들의 판단이 정확했던 것이다. 그 이후 일체의 간섭을 하지 않고 형사들의 수사 진행을 지켜보기로 했다.

형사들은 사건 발생 신고를 접수한 지 2시간 50분이 경과한 새벽 1시 30분경 피의자를 특정했고, 새벽 2시 25분경 피의자를 검거했다. 사건 해결을 지켜보면서 현장 경험의 소중함을 재삼 실감했다. 어떤 지식도 경험을 능가할 수는 없다는 상식의 재확인이었다. 관리자들이 특정한 사건에서 해야 할 일은 불요불급한 간섭과 신속한 보고 요구가 아니라, 현장 근무자들이 자율적으로 수사를 할 수 있도록 최대한의 지원과 격려로 그들의 사기를 높여주는 것임을 다시 한 번 깨닫게 되었다.

문제를 해결하기 위해서는 현장에 권한을 주고, 현장의 판단을 존중해야 한다. 그들을 믿어야 하며 결과를 문제 삼아 현장을 정치적 제물로 삼지 말고 지원해야 한다. 보고를 위한 보고로 현장을 닦달하지 않고 충분한 시간을 주어야 한다. 자율성을 최대한 발휘할 수 있도록 여건을 조성해주어야 한다. 그것이 사건 해결의 첩경이며, 경찰을 발전시키는 동력이다.

3부

국민의 경찰을
위한 제언

국민들이 원하는 경찰의 역할은 지극히 간단하다. 국민이 경찰을 필요로 할 때 신속하게 출동해서 문제를 해결해주는 것이다. 그러나 경찰은 현실적으로 국민의 안전을 지키는 치안 업무에 집중할 수 없다. 경찰청의 지시를 우선적으로 수행해야 하기 때문이다. 출세 지향적 경찰 수뇌부는 태생적으로 국민의 안전보다는 정치권력의 요구에 부응할 수밖에 없다.

현 정부 들어 경찰관이 대폭 증원됐다. 부족한 현장 경찰관 충원을 위해서이다. 그러나 오히려 현장 경찰관은 줄어들었다. 대통령이 관심을 표명한 4대악 이벤트를 위해 내근 부서를 대폭 확대하고 새로운 부서 신설 등으로 몸집만 불렸기 때문이다. 국민의 경찰이 아니라 정권의 입맛을 맞추는 경찰, 경찰 수뇌부를 위한 경찰인 것이다. 진정 국민의 안전에 집중하는 국민의 경찰을 원한다면 경찰 내부의 민주화와 독립적인 경찰위원회에 의해 통제되는 자치경찰제 도입 등 경찰 수뇌부를 견제할 수 있는 수단이 마련되어야 한다.

경찰관 노동자성 인정

국민을 위한 경찰이 되기 위해 필수적으로 갖추어야 할 최우선 조건은 경찰의 노동자성을 인정하는 것이다. 경찰관의 노동자성이 인정되면 공무원 중 가장 열악한 근무 환경에 놓여 있는 경찰의 고충 해소와 근무 여건이 개선된다. 직무 만족도가 상승되어 결과적으로 직무 수준과 대민 서비스의 질적 향상에 기여하게 될 것이다. 경찰 지휘부는 창설 이후 권력자를 제외한 누구로부터도 견제를 받아본 일이 없다. 켜켜이 쌓인 모순과 불합리에도 불구하고 내부 개혁을 할 생각조차 하지 않는다. 경찰 내부에 경찰청장의 독단을 견제할 세력이 없기 때문이다. 경찰청장의 독단을 내부적으로 견제할 유일한 방법은 경찰관의 노동자성을 인정하고 노조 설립을 허용하는 것이다.

경찰청장의 독단에 대한 견제는 경찰의 정치적 공정성 확보와 직결된다. 지휘관들은 정치적인 압력에 노출되기 쉬우나 협의체는 상대적으로 중립성 확보에 용이할 뿐 아니라 지휘관들이 정치적 압력으로부터 탈피할 수 있는 터전이 될 수 있다. 경찰 조직이 조직원들에게 다른 공무원들은 상상할 수 없는 과중한 징계처벌을 하는 것은 다른 이유가 아니다. 경찰 지휘부나 치안 시책을 비판할 경우 파면, 해임 등으로 공포 분위기를 조성하여 언로를 봉쇄하려는 것이다.

경찰을 정권의 경찰이 아닌 국민의 경찰로 만들기 위해서는 경찰 내부에서 경찰 지휘부를 견제할 수 있는 세력이 반드시 있어야 한다. 외부에서 경찰을 통제하거나 경찰 활동의 적절성 여부를 평가한다는 것은 불가능하다. 경찰 활동의 필요성과 적절성은 내부에서만 판단 가능한 영역이다. 경찰청장을 비롯한 경찰 수뇌부는 국민의 안전에는 관심이 없다. 중요한 것은 오직 권력자의 의중이다. 현 정부 들어 실질적 치안 활동은 팽개친 채 대통령이 언급한 4대악 이벤트에 전력을 경주하는 것 또한 같은 이유인 것이다.

경찰청은 단결권과 단체교섭권이 인정되는 노동조합은커녕 단결권만 인정되는 직장협의회조차 받아들이려고 하지 않는다. 상명하복에 의한 지휘 체계 혼란 우려와 일사불란한 지휘 체계가 필요하다는 것이 그 이유이다. 세계적으로 경찰관에게 노동조합을 인정하지 않는 국가는 거의 없다. 미국과 OECD 회원국은 물론 사회주의국가와 공산주의국가에서도 인정되는 것이 노동조합이다. 독일 같은 국가는 1800년대 말부터 노동조합을 인정했고, 1950년 9월 연방 차원의 노동조합이 함부르크에서 결성되었다. 유럽의 경찰은 모두 노동조합을 가지고 있다.

영국은 직급별 이익을 대변하는 협의회가 구성되어 있고, 유럽연합 26개 국가 경찰의 33개 노동조합 연맹인 유럽경찰연맹(EuroCOP)도 구성되어 있다. 유럽이 동서로 갈려 대립을 빚던 시기에도 경찰노동조합은 법적으로 인정되었다. 독일은 우리와 같이 분단 상황이었지만 동서독 모두 경찰노조를 인정했다. 경찰청이 직장협의회 구성 반대 이유로 내세운 지휘 체계 혼란이나 일사 분란한 지휘 체계 혼선 우려는 유럽 국가의 예에 비추어 비합리적인 억측일 뿐이다.

남북 분단 때문에 경찰노동조합을 인정할 수 없다는 주장도 비합리적이긴 마찬가지이다. 남북 분단 때문에 경찰노동조합을 인정할 수 없다면 지방자치를 받아들인 이유를 설명해야 한다. 자유당 시절부터 시행해 온 지방자치를 5.16 쿠데타 후 군사정권이 남북 분단을 이유로 폐지했었다. 유신헌법 부칙 제10조에 "이 헌법에 의한 지방의회는 조국통일이 이루어질 때까지 구성하지 아니한다"고 규정하기까지 했다.

공무원노동조합도 마찬가지 이유로 금지되었다. 남북 분단이 경찰노조를 허용할 수 없는 이유라면 정치적 영향력과 중요성을 감안할 때 지방자치와 공무원노조가 먼저 보류되어야 한다. 그러나 지방자치는 시행되었고 공무원노동조합은 합법적으로 구성할 수 있도록 제도 개선이 이루어졌다. 경찰노조를 허용하지 않을 이유나 명분은 존재하지 않는다. 단 하나, 경찰을 정치적으로 이용하고, 헐값으로 경찰력을 활용하기 위해서일 뿐이다.

공무원 직장협의회를 거쳐 공무원노동조합이 결성된 지 15년이 흘렀다. 공무원 사회의 노동조합 활동은 이미 정착기에 접어들었다. 공무원노동조합이 구성되면서 제기되었던 여러 가지 우려는 모두 기우였음이 증명된 것이다. 공직사회는 노동조합으로 인해 투명화되었고 행정기관의 나쁜 관행과 구습을 개선할 수 있었다. 특히 법원은 추진 사업이 직원들과 관련될 때에는 노동조합과 사전에 충분한 논의를 거치는 것이 관행으로 정착되어 있다. 무리한 정책 추진으로 인한 직원과의 갈등이 발생할 여지를 사전에 없앤 것이다.

이렇듯 노동조합은 소속 직원의 복지와 권리 보호를 위해 앞장을 서고 소속 기관의 내부적 불합리를 개선하는 한편 기관장의 전횡 방지를 위한 역할을 담당한다. 노동조합은 일반기업은 물론 행정기관, 법원, 직접 생명을 다루는 병원에도 인정되고 있다. 헌법 제11조 1항은 모든 국민은 법 앞에 평등하다고 규정하고 있다. 경찰관에게 노동조합을 허용하지 않는 것은 명백한 헌법 위반이며 차별이다. 노동조합을 허용하지 않는 대신 주어지는 보상도 없다. 오히려 노동조합이 없음으로 인해 노동조합이 있는 기관의 공무원보다 근무 여건과 후생 복지 면에서 차별과 홀대를 받을 수밖에 없다.

공무원노동조합 출범 이후 일정 부분 시행착오가 있었지만 이에도 불구하고 그 기능적 측면에서 매우 긍정적인 역할을 수행해 왔다는 평가가 일반적이다. 우리나라의 고질적인 권위주의적 행정 문화를 공무원노조가 견제하고 개혁해 왔기 때문이다. 관리자와의 대화와 협상을 통하여 상호 이해를 증진시키고 일방적인 의사결정을 통제하여 독단적인 결정이 제도적으로 불가능하게 된 것이다. 관리자들에 의해 일방적으로 결정되던 정책이 일선 공무원의 참여에 의한 쌍방적 결정으로 변화되었기 때문이다. 언론과의 관계에 있어서도 대단히 큰 변화가 일어났다.

공무원노동조합이 탄생하면서 일방적이었던 언론과의 관계가 재정립되었음은 경찰의 입장에서 주목할 만한 일이다. 이러한 변화는 노동조합의 존재가 권위주의에 경도되어 있는 경찰에 어떠한 역할을 하게 될 것인지 시사하는 바가 크다. 경찰에 노동조합이나 직장협의회가 구성된다면 근로조건 및 후생 복지, 권위주의 문화 혁파와 인사 제도 등 다양한 분야에서의 개혁이 이루어질 것이다.

경찰의 열악한 복지 수준 향상과 근무 여건 개선 노력이 병행될 것이고 지휘관의 자의적 인사 운영이 협의체를 통한 의견 수렴으로 바람직하게 변모하게 됨은 물론이다. 경찰의 정책 결정 과정에 있어서도 다수가 참여할 수 있는 법적, 제도적 장치가 마련되는 것이므로 결과적으로 합리성과 민주성을 확보하는 데 긍정적으로 작용하게 된다.

조직 내부에 권익 보장을 위한 단체가 있는 기관과 없는 기관의 근무 조건 및 복지 수준의 차이는 날이 갈수록 벌어질 수밖에 없다. 현실적으로 노동조합이 존재하는 기업과 노동조합이 존재하지 않는 기업의 근로조건과 보수 수준을 보면 쉽게 알 수 있다. 직장협의회는 노동조합과 달리 법적·제도적으로 많은 제약을 받는다.

그러나 노동조합 구성이 현실적으로 어려운 상황에서 직장협의회는 현실적으로 유일한 대안이다. 경찰공무원의 근무 여건은 다른 기관 공무원과 비교할 수 없을 정도로 열악하다. 전체 경찰의 80%에 가까운 인원이 교대 근무를 하거나 상시 근무 체제를 유지해야 하는 현업 대상자이다.

경찰 조직 내부의 권위주의 또한 비교할 기관이 없을 정도로 심화되어 있다. 노동자가 노동조건을 유지·개선하고 사회 경제적인 지위 향상을 도모할 수 있는 유일한 수단은 노동조합 결성을 통하여 사용자의 교섭력과 상대적으로 균형을 이루는 것이다. 오늘날에는 대부분의 국가가 사회 경제적 약자인 근로자 보호를 위해 헌법상의 기본권으로 인정을 하고 있다.

현실적으로 노동조합이 어렵다면 직장협의회가 대안이다. 노조와 같은 강력한 법적 뒷받침은 없다 할지라도 조직의 속성상 공무원 단체의 존재는 필연적으로 관리자와 대등한 지위 및 대립적 입장을 요구하게 될 것이다. 결과적으로 권위적 상하 계급 구조를 유지하려는 관리자들의 의식을 변화시켜, 수직 종속 관계인 지금의 구도를 수평 대등 관계로 전환시키는 동력으로 작용할 것이라는 점은 분명하다.

근무 체제 개선도 직장협의회와 같은 단체의 뒷받침이 없으면 형식에 그칠 수밖에 없다. 공직사회에서 가장 근무 체제가 열악한 기관은 물어볼 필요도 없이 경찰이다. 근무 여건이 비슷하다는 소방의 경우 격일제 근무 체제라 해도 근무시간이 경찰의 휴게보다도 오히려 자유롭다. 소방파출소의 근무 형태를 우리 경찰과 비교하면 하늘과 땅 차이라고 할 수 있다. 대부분의 근무가 사무실 대기이다. 밤 10시 이후에는 근무자 1명을 제외하고 전원 수면을 취하며 대기하는 것을 보장하고 있다.

이에 비해 경찰의 현실은 수면 보장은커녕 밤샘 근무 중 잠깐 졸았다는 이유로 징계처분을 받는 사례가 일상화되어 있을 정도로 가혹하다. 그러나 이 같은 근무 환경은 직장협의회가 구성되면 변화가 불가피하다. 개인이 아닌 단체의 이름으로 문제를 제기하고 책임을 물을 수 있게 되기 때문이다. 비합리적이고 자의적인 근무 지시에 대해서는 민

형사상의 소를 제기하고 책임을 물음으로써 합리적 근무 유도가 가능해진다. 경찰공무원 단체가 필요한 이유이다. 경찰공무원 직장협의회는 조직 내적으로는 권위주의 문화 개혁 및 구성원의 권익 신장을 도모하고 건수 경쟁 및 일회성 이벤트 행정을 지역 주민이 원하는 진정한 치안 서비스를 제공하기 위해 반드시 갖추어야 할 필수적인 조건이다.

국제노동기구인 ILO 이사회는 '06년 3월 제295차'와 '07년 6월 제346차' 두 차례에 걸쳐 우리 정부에 대해 공무원에 대한 결사의 자유를 보장하라는 권고문을 채택한 바 있다. 중앙집권적 국가경찰제를 유지하고 있는 국가들 대부분도 경찰관에게 제한 없이 단결권을 보장해 주는 것이 세계적인 추세이다. 직장협의회가 반드시 구성되어야 할 명분이요 이유이다.

자치경찰제 도입, 경찰관서장 선출직 전환

경찰의 가장 큰 문제점은 중앙집권형 독임제 경찰청장 체제라는 점이다. 민주적 통제가 결여되고 주민에 대해 책임을 질 필요가 없는 독임제 경찰청장은 지역 주민의 바람이나 의견에 관심을 보일 이유가 없다. 중앙정부에 대해서만 신경을 쓰면 되는 것이다. 군사독재 정권이 장기간 집권했던 우리나라의 환경에서는 이러한 경향성이 더욱 두드러진다. 임명권을 가지고 있는 중앙의 의사를 그대로 집행하는 정책집행기관으로서의 기능에만 충실하면 자리 보존에 문제가 없기 때문이다.

우리나라는 정치, 경제, 사회, 교육, 그리고 행정에 이르기까지 모든 분야가 지방자치화되어 가고 있다. 그러나 오직 경찰 조직만 예외의 경우로 남겨 두고 있다. 경찰청은 정부 조직 중에서 가장 규모가 크다. 경찰청장 한 사람이 감당할 수 없을 정도로 비대하다. 경찰청이 지금과 같은 비대한 조직에서 벗어나지 못한다면 그 피해는 고스란히 국민에게 돌아간다. 경찰청 차장을 3-4명으로 늘리고, 특정 지방청장을 치안정감으로 상향시키는 것은 조직의 효율적 운영과는 별 관계가 없다. 불필요한 자리 만들기에 불과하다.

국가경찰과 자치경찰은 경찰의 주체가 누구냐에 따른 구분이다. 경찰의 주체란 경찰의 유지 권한과 책임을 갖는 조직체를 말한다. 일반적으로 경찰유지의 권한과 책임이 중앙정부에 있으면 국가경찰, 지방자치단체에 있으면 자치경찰이라고 한다. 경찰 제도는 그 나라의 역사적 배경, 시민 의식, 정치제도, 치안 상태 등 여건에 따라 형태를 달리한다. 따라서 나라마다 운영방법도 서로 다르다. 민주적 경찰 제도를 채택하고 있는 국가의 경찰 제도는 크게 3가지 패턴(Pattern) 또는 패러다임(paradigm)으로 구분된다.

경찰 업무에 대한 책임이 지방정부에 맡겨져 있는 지방분권화 체제(Fragmented system), 경찰력을 중앙정부가 직접 통제하는 중앙집권화 체제(Centralized system), 그리고 중앙과 지방정부가 경찰 업무를 분담하는 통합형 체제(Integrated system)가 그것이다. 전통적으로 지방분권화형 자치경찰제도는 주민 보호에 중점을 두며, 중앙집권화형 국가경찰제도는 정부 보호에 중점을 둔다고 인식되어 왔다. 현재는 국가 목적과 주민보호의 필요성을 모두 충족시키기 위해 대부분의 국가들이 양 제도의 장점을 적절히 조화시키는 통합형 체제를 채택하는 방향으로 변화되고 있다.

자치경찰제 도입 논의는 하루 이틀 된 사안이 아니다. 군사독재가 막을 내리고 민주정부가 들어선 이후 역대 정권에서 충분한 논의가 이루어졌다. 국민의 정부 이후 수십 차례의 논의와 공청회를 거쳐 우리 실정에 맞는 자치경찰제 모형은 이미 검토되어 있다. 남북 분단, 중앙과 지방의 역할 분담, 경찰 수사권 독자성 보장을 통한 검찰 위주의 수사 구조 개혁 등이 모두 고려된 방안이다. 자치경찰제의 바람직한 모형이나 도입 방안을 재론한다는 것은 무의미하다. 문제는 정부와 경찰청이 권력을 놓지 않기 위해 자치경찰제를 시행할 의지가 없다는 것이다.

자치경찰의 문제점으로 거론되는 경찰력 약화와 광역 범죄 대응 미흡 같은 사안은 영국의 예에 비추어 설득력이 없다. 영국 경찰은 그동안 내무부장관, 지방경찰위원회, 지방경찰청장이 상호 협조하며 견제하는 시스템으로 운영되어 왔다. 영국 정부는 지방자치경찰의 예산 60% 이상을 지원해주고 예산으로 자치경찰을 통제했고 치안 목표까지도 요구함으로써 원래 영국의 자치경찰적 성격을 상실해 왔다고 비판받았다. 이 같은 비판에 대해 영국 정부는 2009년 5월부터 상실된 자치경찰적 기능을 회복하기 위해 기존의 3원 체제를 4원 체제로 개혁했다.

내무부장관, 지방경찰위원회, 지방경찰청장의 3원 체제를 2012년 주민들이 직접 지역치안위원장을 선출하여 지역치안위원장이 해당 지역의 치안 질서 유지를 총책임 지도록 하는 4원 체제로 개편한 것이다. 지역 치안의 대표자인 지역치안위원장은 지역치안평의회로부터 견제를 받도록 하고, 지역치안위원장 산하에는 기존의 지방경찰청장이 지역 경찰을 독자적으로 운영하도록 해서 지방정치로의 예속을 방지했다. 내무부장관은 국가적인 조직범죄가 발생할 경우 국립범죄청을 발족시키고 국립범죄청장에는 내무부 장관이 52명의 지방경찰청장 중 1명을 임명할 수 있도록 함으로써 국가적 범죄에 대처하도록 했다.

민주주의의 기초를 이루는 것은 풀뿌리 행정이다. 주민의 안전한 생활을 보장하는 치안 분야에도 풀뿌리 행정이 도입되어야 한다. 자치경찰제 시행은 민주주의의 기본인 진정한 주민자치 실현과 함께 경찰 서비스를 질적 양적으로 향상시키고, 경찰 권력을 분산시켜 공직사회의 권위주의 청산에 기여할 것이며, 민주적 경찰 작용이 이루어짐에 따라 부정부패 방지에 기여할 것이다.

경찰직무의 독자성 보장

경찰이 경찰관 직무집행법에 규정된 경찰의 임무를 정상적으로 수행하기 위해서는 경찰직무의 독자성 보장이 무엇보다 중요하다. 경찰직무를 독립적으로 판단하고 수행할 수 있어야 직무 수행 과정에서 발생할 국민에 대한 인권침해를 최소화할 수 있다. 가장 대표적인 것이 검찰의 수사 지휘 족쇄에서 경찰을 풀어주는 것이다.

경찰의 수사를 검찰이 지휘하도록 한 것은 일본 식민 통치의 잔재이다. 일본 제국주의자들이 효율적인 식민 통치를 위해 만든 형사 사법 구조를 지금까지 유지한다는 것은 부끄러운 일이다. 검사의 수사권 독점으로 인한 사회적 폐해는 이루 말할 수 없이 많다. 검사들의 부패는 아무도 손댈 수 없는 성역이 되었고, 국민들은 하나의 사건을 경찰과 검찰에서 두 번에 걸쳐 이중 조사를 받는 직접적 피해를 감수해야 한다.

경찰관은 타 기관에 종속되어 있다는 자괴감으로 인해 국민의 생명과 재산을 지키는 막중한 치안 업무에 자긍심을 갖지 못하고 피동적 수행에 그치게 된다. 검사는 책상 앞에 있지만 경찰관은 치열한 사건의 현장에 있다. 수사에 대한 결정권이 누구에게 있어야 국민을 보호할 수 있는지는 자명하다. 경찰직무의 독자성 보장을 위한 경찰의 수사권 독립은 검사 독점적 수사권이라는 잘못된 수사 구조를 바로 잡는 일이며 국민의 생명과 재산을 보호하기 위한 가장 효율적인 수단이다.

범죄 현장에서 국민의 안전을 직접 책임지는 경찰관의 사기는 국민의 안전을 담보하는 치안 인프라이다. 지배 복종 관계나 다름없는 환경에 놓인 경찰관들은 자존감과 긍지를 가질 수가 없다. 대등해야 할 국가기관 사이를 배타적 지배 복종 관계로 전락시켜 견제가 불가능하도록 하는 것은 민주주의 원리에 반한다. 경찰 수사의 독자성을 보장하여 경찰과 검찰의 관계를 수평 대등 관계로 변화시키는 것은 경찰을 위한 것이 아니다. 주권자인 국민의 안전을 위한 것이고 일제 식민 통치로부터 비롯된 구시대적 제도를 혁파하는 민주적 제도 개혁인 것이다.

2005년 8월 22일 허준영 당시 경찰청장은 수사권 조정이라는 명칭을 수사 구조 개혁으로 변경했다. 경찰의 수사권은 타협의 산물인 조정이 아니라 잘못된 것을 바로잡는 '개혁'이어야 한다는 뜻이었다. 지금까지 나에게 가장 인상 깊었던 경찰청장은 단연 허준영이다. 허준영은 좌고우면하며 눈치를 살피거나 알아서 기는 역대 경찰청장과는 달랐다. 수사 구조 개혁과 관련하여 분명하게 경찰의 입장을 밝혔다.

누구에게도 주눅 들지 않고 당당하게 경찰의 길을 걸어갔다. 현장 경찰관들이 허준영에게 열광을 했던 이유이고, 정권에 의해 강제로 쫓겨날 때 함께 비통해하며 "허준영, 우리는 당신을 보내지 않습니다" 라며 울부짖었던 이유이다. 필자는 감히 단언한다. 허준영과 같은 소신 있는 청장이 두 번만 연속 재임하면 경찰의 수사권은 어떤 어려움도 극복하고 반드시 독립될 것이라고.

경찰직무에 대한 외부 기관의 영향을 최소화하기 위해서는 차관급에 불과한 경찰청장의 직급을 장관급으로 격상시키는 방안도 적극 검토되어야 한다. 국민의 생명을 지키는 13만 경찰의 수장을 차관급으로 처우한다는 것은 경찰에 대한 모욕이나 마찬가지이다. 정부의 경찰 홀대를 상징하는 것이며 범죄로부터 국민을 지키는 기관의 수장이 국무회의에 참석조차 하지 못한다는 것은 국민에 대한 무시이다. 자치경찰

제 도입과 함께 적극 추진되어야 할 사안이다. 경찰청장의 장관급 격상과 함께 인재 풀 확대를 위해 민간인 중에서도 경찰청장을 임명할 수 있도록 제도를 개선하는 방안도 함께 검토될 필요가 있다.

마지막으로 경찰은 경찰의 직무를 수행하고 일반 행정 분야는 일반 행정 공무원이 수행하도록 조정되어야 한다. 인사, 홍보, 감찰, 경무, 경리, 정보 통신 분야가 그것이다. 경찰공무원은 국민의 안전과 직접 관련된 직무에 한정하고 국민 안전과 관련이 없는 분야는 일반 공무원이 수행하도록 하거나 아웃소싱(outsourcing) 할 필요가 있다. 불필요한 일을 양산해내는 경찰청과 지방청, 경찰서의 내근 인력과 기능을 대폭 축소하고 현장으로 재배치하는 일도 시급히 추진되어야 한다. 미국의 FBI는 수사관과 행정공무원이 50대 50의 비율로 구성되어 있으며 OECD 국가 대부분 경찰 행정과 직접 관련이 없는 일반 행정 분야는 일반 행정공무원이 수행하도록 하고 있음은 우리 경찰의 발전적 변화와 관련하여 시사하는 바가 적지 않다고 할 것이다.

에필로그

누구를 막론하고 자신과 가족의 안전에 문제가 있으면 경찰을 찾는다. 경찰은 국민들의 안전과 관련된 모든 것을 현장에서 지키는 유일한 기관이다. 그만큼 국민들의 일상생활에 있어 경찰의 존재와 역할은 소중하다. 평상시에는 사회 안정과 국민의 안전을 지켜야 하고, 전쟁이 발발하면 전투에 참여해야 한다. 이러한 직무 특성 때문에 헌법에 의해 기본권을 제한받는 민간 조직은 경찰뿐이다. 1945년 8.15 조국 광복 이후 대한민국을 지켜내고 발전시켜 온 국가조직은 경찰이라고 자부한다. 군대도 아니고 국정원도 아니다. 수많은 대한민국 국가기관 중에서 유독 경찰을 가리켜 호국경찰이라고 호칭하는 이유이다.

경찰공무원은 세계 어느 나라를 막론하고 보수 체계와 연금에 있어 특별한 처우를 받는다. 선진국은 물론, 대부분의 국가가 경찰직무의 특성을 인정하여 별도의 보수 체계와 연금 체계를 갖추고 있다. 경찰공무원이 유능하거나 예뻐서가 아니다. 직무의 특수성을 이성적으로 고려한 결과이다. 우리보다 일찍 고령화 사회가 된 미국 등 선진국에서는 경찰관으로 20년을 근무하면 평생 동안 생계를 유지할 수 있는 수준의 연금으로 조기 퇴직을 유도한다. 32년을 근무하면 최종 보수의 100%를 평생 동안 지급한다. 그동안의 헌신에 대한 보상으로 현직 근무 당시의 생활을 영위할 수 있도록 배려하는 것이다.

대한민국 정부는 현장 경찰에게 갚아야 할 빚이 있다. 현장 경찰의 역사는 대한민국의 발전과 도약을 위한 헌신과 희생의 역사이다. 현장 경찰은 대한민국의 발전 과정에서의 온갖 정책 집행과 사회적 갈등을 최일선에서 돌팔매질을 당해 가며 감당했다. 수당 한 푼 받지 못한 채 몇 날 며칠을 길바닥에서 먹고 잠을 잤다. 정부 정책 뒷받침을 위해 정권의 주구라는 비난을 감내해야 했다. 이러한 희생과 헌신의 역사에도 불구하고 우리 사회 일각의 경찰에 대한 시선은 싸늘하다.

친일 경찰의 잔재를 청산하지 못한 채 독재 정권을 위해 부역하고 부정선거에 앞장섰으며, 민주주의를 요구하는 시민과 학생들을 무자비하게 탄압하고 인권을 침해했던 역사 때문이다. 북한의 침략에 맞서 싸우고, 범죄로부터 사회의 안전을 수호할 때는 국민의 든든한 지킴이였지만 정치적 편향, 독재 권력에 대한 맹목적 복종, 기업의 이익을 위해 노동자를 탄압하는 도구로 이용되어 왔던 오욕의 역사가 경찰의 발목을 부여잡고 있는 것이다.

지난 2012년 12월 16일 마지막 대선후보 TV토론회 직후인 밤 11시 서울지방경찰청장 김용판은 수사팀에 "국정원 여직원 컴퓨터에서 댓글 흔적을 찾지 못했다"는 발표를 하도록 했다. 경찰이 혼신을 다해 쌓아 올린 정치적 공정성과 국민의 신뢰가 한 순간에 무너져 버리는 순간이었다. 경찰관은 정치적 편향 의혹을 불러일으킬 소지가 있는 행동을 해서는 안 된다. 심야에 이루어진 수사 내용 발표는 부적절했다. 현장 경찰관의 사소한 언행조차 정치적 문제로 비화되는 현실에서 경찰기관장의 정치적 공정성에 대한 처신이 어떠해야 하는가는 더 말할 나위가 없다.

경찰의 공정성을 상실한 행태에 대한 국민의 불신은 경찰을 절름발이로 만들어 버렸다. 경찰이 독자적인 직무 수행을 할 수 없도록 타 기관에 종속시켜 버린 것이다. 경찰의 기본 직무인 범죄수사는 검찰의 지휘를 받아야 하고, 요인 경호는 경호실의 통제를 받아야 한다. 정보와 대공은 국정원, 경찰관의 후생과 복지 제도, 행정 업무에 대해서는 해당 기관과 조율해야 한다. 무엇 하나 독자적 판단과 권한으로 결정할 수 있는 것이 없다. 국민의 안전과 정부 정책 집행 지원 업무 대부분을 담당하지만 정작 권한은 엉뚱한 기관이 가지고 있기 때문이다.

6.29 항쟁으로 우리 사회가 민주화된 후 경찰 수뇌부의 관심은 자리 보존을 위한 책임 회피에 집중되었다. 책임 문제가 발생할 수 있는 엄정한 법집행을 위한 제도 정비에는 관심을 두지 않았다. 타이어 교체, 공중전화 동전 바꾸어주기, 우산 대여 같은 경찰직무와는 관계없는 이벤트 행정에 집중했다. 독거노인 관리, 치매노인 돌보미, 정신질환자 보호 같은 타 기관의 업무마저 대신 나서서 하도록 현장을 다그쳤다.

정치권과 정부에 아부하고 언론의 관심을 끌기 위한 수단이었다. 현장을 향한 경찰 수뇌부의 요구는 오직 하나, 문제를 만들지 말라는 것이다. 상대방이 어떤 짓을 저지르든 무조건 친절하고, 무조건 숙일 것을 요구했다. 아무런 잘못이 없는 경찰관을 악성 민원인 무마를 위해 희생양으로 삼아 문제를 수습했다. 공권력이 무력화되고 치안의 상징인 파출소가 주취자와 범죄자에게 짓밟히게 된 원인이다.

권력과 언론에 대해 굴종적인 태도를 견지하고 있는 경찰 수뇌부는 법 집행 과정에서의 문제 제기마저 틀어막아 왔다. 얼마 전 올림픽도로에서 1차선을 주행하는 국정원 버스 운전자가 교통경찰관의 면허증 제시 요구에 불응한 배경에도 같은 문제가 존재한다. 경찰관은 국정원 직원의 몇 마디 말을 들은 후 그냥 돌아서야 했다. 단속 후 소속 상급자들에게 시달릴 일을 떠올렸을 것이다.

현장 경찰관에게는 일상생활을 함께하는 시민들의 믿음이 직무 수행의 가장 큰 힘이며 동력이다. 그 믿음은 결코 비 오는 날 우산을 나눠주고, 공짜로 펑크 난 타이어를 갈아주는 '직무와 관련 없는 친절'로는 만들어지지 않는다. 경찰관들이 춤추고 노래하는 동영상을 인터넷에 올리고 미담 기사를 뿌리는 언론플레이로도 만들어지지 않는다.

경찰 수뇌부가 권력과 언론의 부당한 지시와 요구, 압박에 굴하지 않고 엄정하고 중립적인 치안 유지와 법 집행의 원칙을 지켜냄으로써 만들어지는 것이다. 현장 경찰관 한 명 한 명이 자율적으로 권한을 행사할 때 조성된다. 제대로 된 교육과 훈련, 공정한 인사관리, 전문적이고 체계적인 업무 시스템을 확립할 때 비로소 찾아오는 것이다. 시민은

'공정하고 전문적인 경찰'을 원한다. 길거리에서 덩실거리며 춤을 추고, 모욕을 무조건 감내하며 친절과 웃음을 파는 '감정 노동자 경찰'을 원치 않는다. '치안 한류' 따위의 이벤트성 말장난으로는 바뀔 것이 없다.

진정 경찰 개혁에 대한 의지가 있다면 경찰직무에 있어 가장 기초적인 것부터 정상으로 되돌리라. 답은 간단하다. 권위주의적 경찰 문화를 개혁하고 현장에 자율성을 부여하라. 권한과 책임을 현장에 주고, 현장의 조치와 결과를 신뢰하며, 결과를 빌미로 현장 근무자에게 책임을 떠넘기고 처벌하는 행태를 근절하라. 문제가 발생할 때마다 현장이 중요하고, 현장에 답이 있으니 현장에 가라고 말하면서 실제로는 현장을 무시하는 행태가 문제의 원인인 것이다.

경찰은 동맥경화에 걸려 마비되어 있다. 조직 내부의 소통이란 존재하지 않는다. 의사결정은 주먹구구이고, 인사관리는 정실만 존재할 뿐 원칙이 없다. 정치적 외압에 의해 행정 처리는 불투명하다. 경찰 수뇌부는 대외적으로 비굴하며 굴욕적이고, 대내적으로는 권위적이고 무능하다. 한 마디로 총체적 난국으로 절망만 있는 황무지이다.

국민에게 있어 가장 소중한 국가조직인 경찰은 국민의 안전을 위하여 기존의 잘못된 관행을 과감히 벗어던지고 변화되어야 한다. 필자는 지난 31년 동안 제복을 입은 시민으로서 좋은 경찰을 만들기 위해 노력했다. 이제부터는 제복을 벗은 시민으로서 국민이 원하는 좋은 경찰을 만드는 데 여생을 바칠 것이다. 이것이 이 책을 쓴 이유이다.

헌법소원 심판청구서
국가배상법 개정 청원서
재항고 이유서

헌법소원 심판청구서

헌 법 소 원 심 판 청 구

피청구인 대한민국 대통령 노 무 현

서울시 종로구 세종로 1번지 청와대

청구인 : 부산사상서 최성국, 서울강동서 김학구, 전남 화순서 김재억, 대구 수성서 이준기

침해된 기본권

행복추구권(헌법 제10조), 평등권(헌법 제11조), 재산권(헌법 제 23조), 근로의 권리(헌법 제32조), 인간답게 살 권리(헌법 제34조)

헌법소원의 대상

국가공무원 복무규정 제12조(현업공무원 등의 근무시간과 근무일)

청 구 취 지

1. 피청구인이 2005. 7. 1. 시행한 국가공무원 복무규정 제12조는 헌법 제10조, 제11조, 제32조, 제34조에 위반된다.

2. 국가공무원복무규정 제12조는 헌법 제10조, 제11조, 제32조, 제34조에 위반되어 무효이다. 라는 결정을 구합니다.

청구이유

1. 사건의 개요

2005. 6. 30. 국가공무원복무규정 제12조(이하 '이 사건규정'이라고 함) 전문개정, 2005. 7. 1. 시행(대통령령 제18892호)

개정 전의 이 사건규정에는 그 대상이 노동조합이 인정되고 있는 현업기관과 책임운영기관의 설치·운영에 관한 법률에 의하여 설치된 책임운영기관 소속 공무원의 근무시간에 대해서만 그 기관의 장이 소속 중앙행정기관의 장의 승인을 얻어 따로 정할 수 있도록 되어 있었습니다. 그런데 근로기준법의 개정에 따라 주 40시간 근무제가 전면 실시되기 하루 전인 2005. 6. 30일 동 규정에 상시근무체제가 인정되는 기관이라는 막연한 문구가 포함되어 개정되고 2005. 7. 1일자로 시행토록 함으로써 경찰공무원의 기본권을 침해하는 근거법령으로 작용하고 있습니다.

2. 이 사건규정의 위헌성

(1) 헌법 제32조 제3항(이하 '이 사건 헌법조항'이라고 함)은 "근로조건의 기준은 인간의 존엄성을 보장하도록 법률로 정한다"고 규정하고 있습니다. 이는 근로조건이 인간의 존엄성을 보장할 수 있도록 그 최저기준을 법률로 정함으로써 근로자를 보호하기 위한 것입니다. 이 사건 헌법조항에 의하면 근로조건의 기준을 정함에 있어서 ① 그 형식은 법률이어야 하며 ② 그 내용은 인간의 존엄성을 보장하는 것이어야 합니다.

(2) 이 사건 규정은 현업기관 그 밖에 직무의 성질상 상시근무체제를 유지할 필요가 있거나 토요일 또는 공휴일에도 정상근무를 할 필요가 있는 기관과 「책임운영기관의 설치·운영에 관한 법률」에 의하여 설치된 책임운영기관 소속 공무원(이하 '현업기관 등 소속 공무원'이라고 함)의 근무시간과 근무일은 그 기관의 장이 소속중앙행정기관의 장의 승인을 얻어 따로 정할 수 있도록 규정하고 있습니다. 이러한 규정은 그 형식과 내용 양면에서 위헌을 면할 수 없습니다.

(3) 먼저 이 사건 규정의 형식면에서의 위헌성을 살펴보겠습니다. 근로조건의 기준은 법률로 정하여야 하는데 공무원의 근로조건의 기준인 근무시간을 규정하고 있는 국가공무원복무규정은 법률이 아닌 대통령령입니다. 법률로 정하여야 할 입법사항을 대통령령으로 정하려면 법률에서 구체적으로 범위를 정하여 위임했어야만 합니다. 그런데 국가공무원법 제67조는 "공무원의 복무에 관하여 필요한 사항은 이 법에 규정하는 것을 제외하고는 국회규칙·대법원규칙·헌법재판소규칙·중앙선거관리위원회규칙 또는 대통령령으로 정한다"고 하고 있을 뿐입니다. 헌법이 법률로 정하도록 규정한 사항을 법률이 그 범위를 구체적으로 명시함이 없이 다른 사항들과 함께 포괄하여 대통령령에 위임하는 것이 적법한 위임인지 의문입니다.

(4) 설령 국가공무원법 제67조에서 대통령령으로 위임하고 있는 사항 중에 공무원의 근로조건의 기준에 관한 사항이 포함되는 것이고 그러한 위임방법이 허용된다고 하더라도 여전히 문제는 남습니다. 대통

령령이 법률에서 위임받은 사항을 하위명령에 재 위임하려면 위임받은 사항에 관한 대강을 정하여 위임하여야 합니다. 그런데 이 사건 규정은 현업기관 등 소속 공무원의 근로조건의 기준인 근무시간에 관한 일체의 제정권을 포괄적·일반적으로 하위명령에 위임하고 있습니다. 이것은 허용될 수 없는 백지위임으로서 명백한 위헌입니다.

(5) 다음으로 이 사건 규정의 내용면에서의 위헌성을 살펴보겠습니다. 근로조건의 기준은 인간의 존엄성을 보장하는 것이어야 합니다. 그러자면 근로자가 인간다운 생활을 유지하면서 무리 없이 감당할 수 있는 최저의 기준을 제시하여야 합니다. 이를테면 근로기준법 제49조 각 항의 경우와 같이 "1주간의 근로시간은 ~ 시간을 초과할 수 없다"는 식이어야 하는 것입니다.

(6) 그런데 이 사건 규정이 현업기관 등 소속 공무원의 근로조건의 기준인 근무시간에 관하여 소속 기관장이 (소속 중앙행정기관장의 승인을 얻어) 정하도록 위임하고, 그나마 최소한의 기준이나 원칙마저도 제시하지 아니한 결과로, 현업기관 등 소속 공무원들은 소속 기관장이 자의적으로 정한 무원칙한 근무시간 때문에 신음하고 있습니다.

(7) 실적과 성과를 중시할 수밖에 없는 소속기관장에게 소속 공무원의 인간으로서의 존엄성을 보장하기를 기대할 수는 없는 노릇입니다. 그런데도 이 사건 규정이 현업기관 등 소속 공무원의 근무시간을 소속 기관장으로 하여금 정하도록 위임함으로써, 근로자가 인간다운 생활을 유지하면서 무리 없이 감당할 수 있는 최저의 기준을 정하여

사용자의 횡포로부터 근로자를 보호하고 인간의 존엄성을 보장한다는 이 사건 헌법조항의 정신은 완전히 실종되기에 이르렀습니다.

(8) 실제로 경찰공무원의 경우를 보면 전체 경찰관의 약 80%가 주당 평균 최저 54시간, 최고 80시간의 비인간적인 근무시간에 허덕이고 있으며, 특히 지구대 근무 경찰관들은 전체 근무시간 중 절반가량을 19:00부터 다음날 09:00까지 야간시간대에 14시간 동안 단 1시간의 실질적인 휴식시간도 보장받지 못한 채 밤샘 근무를 하고 있으며, 밤샘 근무 후에도 각종 근무 동원을 강요받고 있는 실정입니다.

(9) 지금까지 살펴본 바와 같이 이 사건 규정은 형식적으로 또 내용적으로 이 사건 헌법조항을 정면으로 위배하고 있는 위헌적 규정이라 아니할 수 없습니다.

3. 이 사건규정으로 인한 기본권 침해

(1) 헌법 제 10조 행복추구권

본 청구인이 근무하는 지구대는 물론 현재 대부분의 지구대는 위 복무규정에 근거한 경찰청 근무지침에 따라 9일단위로 주간근무 3일과 야간근무, 비번, 야간근무, 비번이 순환되는 근무체제로 운영되고 있습니다. 주간근무는 09:00부터 19:00까지 10시간 근무로서 1시간의 휴게가 있으나 이는 근무지침 상 30분씩 교대하여 점심식사를 하는 시간을 말하며, 점심시간에도 신고가 들어오면 출동해야 하기 때문에 실질적으로는 잠시 틈을 내어 끼니를 때우고 곧바로 업무에 복귀해야 하는 근무시간의 연속이라고 보아야 할 것입니다.

야간근무는 19:00부터 익일 09:00까지의 14시간 연속 밤샘근무 체제로써, 뜬눈으로 11시간을 계속해서 도보순찰을 하거나 112순찰차를 운행해야 하는 보통사람의 건강으로는 감당하기 힘든 무리한 근무에 시달리고 있습니다. 결국 이는 자신의 신체와 건강에 이상이 발생하지 않도록 적정한 휴식을 취해야 할 권리를 침해함으로써 건강을 해치게 하는 등 인간으로써 누려야 할 기본적 권리인 행복추구권과 건강권을 근본적으로 제한하도록 하는 위헌적 규정입니다.

(2) 헌법 제11조 평등권

헌법 제11조는 모든 국민은 법 앞에 평등하며, 모든 영역에 있어서 차별을 받지 않도록 규정하고 있습니다. 따라서 헌법정신에 근거한 근로기준법은 경찰공무원에게도 차별 없이 적용하거나, 상시근무체제를 유지해야 하는 경찰업무의 특수성을 인정한다 하더라도 그 제한은 최소한도에 그쳐야 하고 그 기준은 법률에 의해 정해져야 합니다. 일반 공무원에 비해 상시근무체제 유지가 필요한 부서의 근무조건이 열악함은 공지의 사실입니다. 그렇다면 상시근무체제 유지가 필요한 부서의 공무원의 근로조건이 일반 공무원에 비해 완화되어야 하는 것은 당연한 논리적 귀결이라고 할 것입니다. 그러나 이 사건규정은 일반 공무원은 주40시간 근무 등 근로기준법상의 근로조건을 대부분 인정해 주고 있으면서도, 상대적으로 열악한 교대부서 공무원의 근무조건에 대해서는 소속 기관장이 법률적으로 어떠한 제한도 없이 임의적으로 정할 수 있도록 재량에 맡긴 것은 명백히 차별 받지 않을 권리를 침해한 것입니다.

(3) 이 사건 헌법조항 근로의 권리

이 사건 헌법조항은 각각 근로의 의무의 내용과 조건은 민주주의 원칙에 따라 법률로 정하며, 근로조건의 기준은 인간의 존엄성을 보장하도록 법률로 정한다고 규정함으로써 근로조건 법률주의를 취하고 있습니다. 그러나 국가공무원의 근로조건과 관련된 법률은 제정되지 않은 채 대통령령인 이 사건규정에서 상시근무체제 유지가 필요한 부서 공무원에 대한 근무조건을 소속 기관장이 소속 중앙행정기관장의 승인을 받아 따로 정할 수 있도록 위임함으로써, 법률이 아닌 일방적 지시로 근무조건을 결정할 수 있도록 하고 있습니다. 이로 인해 경찰공무원의 80%에 해당하는 8만여명의 상시근무체제 공무원들의 근무조건은 법률은 물론 법령이나 규칙으로도 그 근거가 정해져 있지 않으며, 아무런 기준 없이 소속 기관장인 경찰서장, 지방청장이 임의로 정하여 경찰청장의 승인을 받거나 경찰청장이 일방적으로 정하여 시행하고 있는 실정으로 근로조건 법률주의에 정면으로 위배됩니다.

(4) 헌법 제34조 인간답게 살 권리

헌법 제34조 1항, 2항은 모든 국민은 인간다운 생활을 할 권리를 가지며, 국가는 사회보장, 사회복지의 증진에 노력할 의무를 진다고 규정하고 있습니다. 그러나 이 사건규정의 포괄적 위임으로 인해 경찰기관의 장은, 어떠한 법률적 제한도 없이 치안수요 증가를 이유로 근무시간을 연장하는 지시를 임의적으로 할 수 있으며, 비번이나 휴무일을 박탈 할 수도 있습니다. 이렇게 경찰기관 장의 자의적인 근무조건 결정이 가능하기 때문에 밤샘근무를 마친 근무자를 다시 훈련 명목으로 동원하는 사례도 비일비재하고 이에 따른 과로로 생명을 잃는 일마저 발생하고 있습니다.

그 대표적인 것이 '06. 4월 초순 지역경찰 근무체제를 개선하라는 경찰청 지침에 따른 근무의 과중함을 호소하던 서울 관악경찰서 신림지구대 소속 김해운 경장이 동년 4월 28일 과로로 쓰러져 뇌사상태에 빠졌다가 동년 5월 15일 사망을 한 바 있으며, 경기 안산경찰서 고잔지구대 소속 OOO 경사는 5월 7일 과로로 쓰러져 현재 입원 가료 중인 사례라고 할 수 있습니다. 경찰통계상으로도 1999년에서 2004년 10월까지의 사망자 196명 중 과로로 인한 사망자가 128명에 이르고 있습니다. 과중한 근무로 인해 이렇게 많은 사망자가 발생했다면 그 기관을 책임지고 있는 기관장은 관련 근무여건을 검토하여 과로사가 발생하지 않도록 개선해야 합니다. 그러나 현실적으로 성과와 실적부담을 안고 있는 기관장에게 근무여건 개선을 기대한다는 것은 불가능한 일로써, 모든 외근 경찰관들이 기관장의 일방적 지시에 따라 야간 14시간을 뜬눈으로 근무하는 비인간적 근무체제에 의해 인간답게 살 권리를 침해당하고 있습니다.

4. 청구인 적격

(1) 자기관련성

청구인은 부산지방경찰청에 소속된 정년퇴직을 3년 6개월 남겨두고 있는 현직 경찰관으로서, 2003년 8월부터 부산사상 경찰서 남부지구대 및 엄궁 치안센터 등에서 민원담당관으로 주 40시간 근무에 준하는 근무를 해 오던 중 2006년 4월 7일 지구대 순찰팀에서 교대근무를 하도록 발령됨으로써 이 사건규정으로 인한 기본권을 침해받게 되었습니다.

(2) 직접성

2003년 8월부터 약 3년간 주간근무를 하다가 야간 14시간 철야근무를 하게되니 머리가 멍하며 어지럽고, 소화마저 안 되는 등 몸에 이상이 발생하기 시작하였습니다. 도저히 견디지 못할 것 같아 이틀 간 휴가를 내고 쉬면서 여러 가지를 생각하게 되었는데, 그 때 안타깝게도 서울 관악서의 김해운 경장이 지구대 근무체제 개편에 따른 과로로 쓰러져 뇌사상태에 빠졌고 안산경찰서의 OOO 경사가 쓰러졌다는 사실을 전해 듣게 되었습니다. 저런 젊은 직원들도 쓰러지는데 본 청구인의 적지 않은 나이를 감안할 때 3일 간격으로 순환되는 격일제 야간 14시간 계속 근무를 어떻게 감당할 수 있을까 하는 생각이 들었고, 야간근무 후 하루 종일 잠을 자도 피로가 풀리지 않는 현실 등을 감안할 때 이런 근무를 계속하는 것은 스스로 생명을 버리는 것과 같다는 사실을 깨우치게 되었습니다. 공무원으로서 가장 영광이라고 할 수 있는 정년퇴직이 불과 3년 6개월 밖에 남지 않았지만 그 영광 때문에 제 목숨을 걸 수는 없어서 눈물을 머금고 30년을 봉직해 온 직장을 그만 둘 결심을 하고 명예퇴직을 신청하게 된 경찰관으로서 이 사건규정의 직접 피해자입니다.

(3) 현재성

청구인이 명예퇴직을 결심하면서 경찰관의 근무체계를 무슨 법적 근거에 의해서 청장이 일방적으로 결정할 수 있는지를 국가공무원의 복무를 담당하는 행정자치부에 질의하였던 바, 2006년 5월 3일 행정자치부로부터 경찰공무원은 이 사건규정에 의하여 소속중앙행정기관장인 경찰청장의 승인을 받아 별도로 정할 수 있다는 회신을 받아 보게 됨으로써 이 사건규정에 의해 청구인의 헌법상 기본권이 침해되고 있다는 사실을 알게 되었습니다. 경찰 기관장은 현재는 물론 앞으로도 계속 반복하여 이 규정에 따라 근무조건의 기준을 임의로 정하게 되어 있으므로 현재성의 요건은 충족되었다고 하겠습니다.

5. 심판청구의 이익

대통령령인 이 사건규정은 다른 수단으로는 그 효력을 다툴 방법이 없으므로, 이에 대한 유일한 구제수단인 헌법재판소의 판단을 구하게 되었습니다.

6. 피청구인, 제소기간 등

이 사건규정은 대통령령으로써 법령 제정권자인 대통령이 피청구인 적격자이며, 가사 피청구인의 잘못된 표시는 헌법소원심판청구의 각하 사유가 될 수 없습니다. 헌법재판소가 직권으로 책임져야 할 처분청(피청구인)을 지정하여 정정할 수 있기 때문입니다(1993. 5. 13. 헌재 91헌마190 등). 이 사건규정은 2005년 6월 30일 전문 개정되어 2005년 7월 1일자로 시행되고 있으므로 제소기간 내에 제소하였음이 분명합니다.

국가배상법 개정 청원서

청   원   서

피청원인 : 대한민국 국회의장

제   목 : 공무 중 사망·부상 경찰공무원의 손해배상 청구권 회복
을 위한 청원

I. 청원의 취지

국가배상법 제2조를 아래와 같이 개정하여 주시기 바랍니다.

II. 청원의 이유

가. 국가배상법 제2조의 근거법률인 헌법 제29조 ②항은 기본권을
제한하는 반 헌법적 위헌규정입니다.

헌법 제 29조 ②항은 군인·군무원·경찰공무원 기타 법률이 정하는
자가 전투·훈련 등 직무집행과 관련하여 받은 손해에 대하여는 법률
이 정하는 보상 외에 국가 또는 공공단체에 공무원의 직무상 불법행
위로 인한 배상은 청구할 수 없다고 규정하고 있습니다.

이러한 헌법적 근거에 따라, 국가배상법 제2조①은 국가 또는 지방

자치단체는 공무원이 그 직무를 집행함에 당하여 고의 또는 과실로 법령에 위반하여 타인에게 손해를 가하거나, 자동차손해배상보장법의 규정에 의하여 손해배상의 책임이 있는 때에는 이 법에 의하여 그 손해를 배상하여야 한다.

다만, 군인·군무원·경찰공무원 또는 향토예비군 대원이 전투·훈련 기타 직무집행과 관련하거나 국방 또는 치안유지의 목적상 사용하는 시설 및 자동차·함선·항공기 기타 운반기구 안에서 전사·순직 또는 공상을 입은 경우에 본인 또는 그 유족이 다른 법령의 규정에 의하여 재해보상금·유족연금·상이연금 등의 보상을 지급받을 수 있을 때에는 이 법 및 민법의 규정에 의한 손해배상을 청구할 수 없다고 규정하여 경찰공무원의 국가에 대한 손해배상 청구권을 국가의 고의 또는 과실과 위법 등을 불문하고 일체 인정하지 않고 있습니다.

또한 동법 규정을 근거로 대한손해보험협회에서는 경찰공무원이 피보험차량 탑승 중 전사·순직 또는 공상을 입은 경우 보상하지 않는다는 관용자동차에 관한 특별약관을 1986년 9월 8일 재무부의 인가를 받아 시행함으로써, 경찰관이 순찰차량에 탑승 근무 중 교통사고 발생으로 사망하거나 부상한 경우 자동차보험 배상을 받을 권리까지 박탈하여 버렸습니다.

동 조항은 직무 중 항상 사고의 위험성을 감수해야 하는 경찰관이 사고발생 시 공무원 연금법상의 보상이외에 아무런 보상대책이 없어 직무의욕을 위축시킬 뿐만 아니라 그 가족들에 대한 최소한의 생계대

책마저 보장하지 않는 반인간적 규정입니다.

나. 헌법 제 29조 ②, 국가배상법 제2조는 권위주의 정권이 남긴 유신헌법의 잔재입니다.

국민의 기본권 보장과 평등권을 최고의 가치로 삼는 헌법에 대법원의 위헌판결을 받은 법조문을 그대로 헌법에 옮겨 놓은 헌법 제29조와 국가배상법 제2조는 유신정권이 국민적 동의 없이 계엄치하에서 제정한 것이므로 이제는 청산되어야 할 유신의 잔재입니다.

대한민국 정부수립 직후인 1951년 9월8일 제정된 최초의 국가배상법은 현재와 달리 군인과 군속만이 대상이었고 이중배상 금지규정도 두지 않았습니다. 또한 당시의 판례(대법원 1967.3.28. 선고, 67다17판결)는 군사원호보상법 등에 의한 재해보상과 국가배상법상의 손해배상은 서로 목적과 범위를 달리하는 것이므로 양자는 각각 따로 청구할 수 있다는 태도를 취하고 있었습니다.

그러나 1950년대 한국전쟁 이후 대두된 전쟁피해의 보상 문제와 1960년대에 이르러 월남전에서 대량의 전사상자가 발생하면서 국가배상 소송의 폭주를 초래하기에 이릅니다. 1966년에는 1959년에 비하여 10배가 넘게 소송건수가 증가하였고, 국가배상 금으로 국고 금이 10억원을 초과하게 됩니다. 이에 정부는 과중한 재정적 부담을 해소하기 위해 1967년 3월 3일 국가배상법(법률 제 1899호) 제2조 제1항 단서를 신설, 군인·군속에 대한 국가배상청구권을 제한하는 개정안을 제정합니다.

하지만 이 조항은 국가보상은 사회보장적인 것으로 손해배상과는 그 성질이 다른 것이어서 이중배상이라는 개념이 성립할 여지가 없다는 비판을 바탕으로 끊임없이 위헌이라는 지적이 제기되던 중 1971. 6. 22. 대법원에 의해 군인과 군속에 대한 손해배상 청구권을 제한하는 구 국가배상법 제2조 1항이 헌법상 평등원칙과 인간의 존엄 및 가치와 기본권의 본질적 내용을 침해함을 이유로 다수의견 9, 소수의견 7로 위헌판결이 내려집니다.

대법원의 위헌판결에 불만을 품은 당시의 권위주의 정부는 사법부를 길들이기 위한 공작을 벌입니다. 1971. 7. 28. 서울지검 공안부 검사로 하여금 사건담당 변호사로부터 10만원 상당의 향응을 제공받았음을 문제 삼아 서울형사지법 항소3부의 부장판사, 판사, 서기관 등 3명에 대하여 구속영장을 청구하도록 하는 조치를 취했고, 이에 대해 151명의 판사들이 사표로 저항하는 소위 사법파동이 바로 그것입니다.

또한 6,25전쟁 및 베트남 참전군인 사상자들의 집단적인 손해배상 청구에 따른 재정부담과 장래의 위헌시비를 원천적으로 차단할 목적으로 위헌판결이 선고된 반 헌법적 독소 조항을 1972. 12. 22. 최초에는 없었던 경찰공무원까지 포함시켜 유신헌법 제 29조②항으로 제정하는 폭거를 자행합니다.

아울러 국가배상법 위헌 판결에서 다수의견을 낸 대법원 판사 9명은 1973년 판사 재임용에서 전원 탈락되어 법원을 떠납니다. 이와 같이 국가배상법 제2조 제1항 단서조항은 권위주의 정권에 의하여 유린되어온 우리 헌정사를 대변하는 시대착오적 규정입니다.

다. 국가배상법 제2조는 위헌적인 헌법규정까지도 초과한 과잉입법입니다.

헌법 제 29조 2항은 군인·군무원·경찰공무원 기타 법률이 정하는 자가 전투·훈련 등 직무집행과 관련하여 받은 손해에 대하여는 법률이 정하는 보상 외에 국가 또는 공공단체에 공무원의 직무상 불법행위로 인한 배상은 청구할 수 없다고 규정하고 있습니다.

이에 비하여 국가배상법 제 2조 단서조항은 손해배상 청구권의 제한 대상을 헌법상의 전투·훈련 등 직무집행에 한정시키지 않고, 다만, 군인·군무원·경찰공무원 또는 향토예비군 대원이 전투·훈련·기타 직무집행과 관련하거나라는, 개념이 모호한 기타라는 용어를 사용하여 구체성과 명확성이라는 법률의 일반원칙을 무시하고 있으며, 실무적으로 모든 직무에 적용시키는 확대 해석의 근거로 악용되고 있습니다.

또한, 국방 또는 치안유지의 목적 상 사용하는 시설 및 자동차·함선·항공기 기타 운반기구 안에서 전사·순직 또는 공상을 입은 경우라고 규정하여, 전상자로 인한 과도한 국가의 재정 부담을 완화시켜 보자는 헌법의 취지를 초과함은 물론, 헌법규정에 없는 치안유지의 목적이라는 조항을 임의로 추가함으로써, 전투 훈련과 관계가 없는 경찰공무원의 모든 업무수행에 대한 손해배상 청구권을 박탈하였습니다.

예비군 대원이 경찰관과 함께 112순찰차로 범인을 추적하다가 교통사고로 사망한 경우 당해 예비군마저도 국가배상법 또는 민법상의 손해배상 청구권을 인정하지 않도록 되어 있는 것입니다. 이렇게 과도하게 기본권을 제한하는 것은 헌법 제37조 ②항의 과잉입법 금지의 원칙을 정면으로 위반하고 있는 것이어서 법조계와 학계로부터 실질적인 위헌조항이라는 실질적 위헌 지적을 지속적으로 받고 있고,

국가안전보장 등을 위해 법률로 국민의 기본권을 제한해야할 부득이한 경우라고 할지라도, 기본권의 본질적 내용을 침해할 수 없도록 필요 최소한의 침해에 그칠 것을 국가에 의무지우고 있는 헌법정신에 반하는 규정입니다.

라. 헌법에도 규정되지 않은 국가배상법 제2조의 경찰공무원의 손해배상 청구권 배제조항은 더 이상 존재할 명분이 없습니다.

1993년 국가배상법 제2조 제1항 단서규정에 대한 위헌소원이 제기되자 동 규정에 대한 위헌여부를 심의한 헌법재판소 전원 재판부가 청구인과 이해 관계기관의 의견을 청취하는 과정에서 당해 법률의 주무장관인 법무부 장관은 헌법재판소에 동법에 경찰공무원을 포함시키게된 이유를 다음과 같이 설명하고 있습니다.

군인 등이 전사한 경우보다 후방에서 안전사고로 사망한 경우 더 많은 배상을 받게 되는 모순을 방지하기 위하여 구 국가배상법 제2조 제

1항 단서를 제정하였지만 대법원에 의하여 위헌으로 선고되자 이 법 제2조 1항 단서에 대한 헌법적 근거를 마련하기 위하여 헌법 제29조 제2항을 제정하였다는 것을 시인하고 그 입법 목적은 군인·경찰관 등에 대하여 이중배상을 금지하지 아니하면,

첫째, 군인·경찰관 등이 국가배상 청구소송과 관련하여 법정에 출석·증언할 경우 군사기밀 내지 수사기밀이 누설될 위험이 있어서 군인·경찰관 등의 고유 업무에 지장을 초래할 우려가 있고,

둘째, 전우·동료끼리 원·피고가 되어 소송을 하거나, 업무수행 중 사상한 경우 손해배상 청구권이 인정되는 자와 그렇지 아니한 자가 있게 되어 군인·경찰관 등의 사기와 단합에 나쁜 영향을 미칠 우려가 있으며,

셋째, 지휘관은 업무 중 손해배상 책임의 발생여부를 항상 염두에 두게 되어 업무수행의 부담을 가중시키므로, 이와 같은 부작용을 방지하여 원활한 업무수행을 도모하기 위한 것이라고 설명하고 있습니다.

이와 같은 법무부 장관의 입법목적 주장에 대하여 헌법재판소는,

첫째, 법무부 장관은 헌법 제29조 제2항의 입법목적은 소송절차상 군사기밀 내지 수사기밀이 누설되어 고유 업무에 지장을 초래할 우려가 있으므로 이를 방지하기 위한 것이라고 주장한다. 그러나 소송절차상 군사기밀 내지 수사기밀이 누설될 위험이 있으면 재판을 비공개로 진행하여 이를 방지할 수 있을 것이고, 나아가 피해자인 군인이 가해자

인 국민을 상대로 손해배상 청구소송을 할 경우에도 군사기밀 내지 수사기밀이 누설될 위험은 있는 것인데도 이를 금지하지 아니하고 있다.

둘째, 법무부 장관은 전우·동료끼리 원·피고가 되어 소송을 하거나 업무수행 중 사상한 경우 손해배상 청구권이 인정되는 자와 그러하지 아니한 자가 있게 되면 군인·경찰관 등의 사기와 단합에 나쁜 영향을 줄 수 있으므로 이를 방지하기 위한 것도 헌법 제29조 제2항의 입법목적의 하나라고 주장한다.

그러나 국가가 가해자인 군인 등에게 구상권을 행사하는 경우에도 전우·동료끼리 원·피고가 되어 소송을 하는 것과 유사한 결과가 발생하고, 손해배상 청구권이 인정되는 자와 그러하지 아니한 자가 있다고 하더라도 이는 사고발생의 경위가 다르기 때문에 발생하는 것이지 동일한 사안에서 그와 같은 차별이 발생하는 것은 아니다.

셋째, 그 외 법무부 장관은 지휘관의 업무 중 손해배상 책임의 발생 여부를 항상 염두에 두게 되어 업무수행의 부담을 가중시키므로 이를 방지하기 위한 것도 헌법 제29조 제2항의 입법목적의 하나라고 주장한다. 그러나 지휘관은 항상 업무수행 중 사상자가 발생하지 않도록 주의할 의무가 있는 것이다.

헌법재판소는 이상과 같이 법무부장관이 주장하는 헌법 제29조 제2항의 입법목적은 그 정당성이 미약하고, 비록 그 정당성을 인정한다 하더라도 이는 어디까지나 부차적인 입법목적이 될 수 있을 뿐이다. 또한 이와 같은 입법목적을 달성하기 위한 헌법 제29조 제2항의 적용범위는 입법수단의 정당성을 인정할 수 있는 범위 내로 제한적으로 해석되어야 한다고 법무부 장관의 주장을 반박하고 있습니다.

법무부 장관의 의견과 같이 수사기밀 유출방지가 경찰공무원의 손해배상 청구권 배제의 근거라고 한다면, 이는 대부분의 국가기관이 특별사법경찰관리를 두고 수사업무를 취급하고 있는 현실에 비추어 전혀 타당성이 없으며, 만약 수사기밀 유출방지가 목적이라면 수사업무를 담당하고 있는 국가기관 모두를 그 대상으로 하여야 할 것이고, 특히 경찰에 대한 수사지휘권을 가지고 있으며 직무상 중요한 수사기밀을 경찰보다 많이 보유하고 있는 검사와 검찰공무원들의 손해배상 청구권을 제한하는 것이 보다 타당하다고 할 수 있을 것입니다.

따라서 경찰공무원의 손해배상 청구를 제한하는 국가배상법 제2조는 헌법의 입법목적이나 취지에 비추어 타당성이 결여된 위헌적 행정편의 적 규정임이 분명함으로 어떠한 이유로도 더 이상 존속할 명분이 없습니다.

마. 일반 사회의 통념에 반하는 역차별 적 보상체계

특정 기관이나 회사에 함께 근무하는 사람일지라도 그 업무의 성격상 위험한 사무에 종사하는 사람은 다른 직종의 안전한 근무환경에서 근무하는 사람에 비해 처우가 좋아야 하고, 보상체계가 잘 갖추어져 있어야 한다는 것은 법 이전의 상식적인 문제입니다. 일반사회인들 또한 모두 그러하여야 한다는데 동의하는 사회적 합의라고 할 수 있습니다.

그러나 지금까지도 업무 성격상 위험성이 없는 직종에 종사하는 공무원 등에 대해서는 국가에 대한 손해배상 청구권을 보장해주고 있으며, 군인·군속은 경찰공무원에 비해 월등한 보수체계 및 면세품 혜택, 군인보험법에 의한 보험가입과 함께 일선 근무자에 대한 관사 제공 등 우월한 복지혜택이 주어지고 있는 것은 군이 형평의 원칙을 거론하지 않더라도 경찰공무원에 대한 지나친 역 차별입니다.

경찰관은 상시적으로 위험에 노출되어 근무하고 있음에도 불구하고 최소한의 배상을 받을 권리마저 박탈하는 것은 헌법이 보장하고 있는 평등권을 정면으로 위배하는 것이며 경찰공무원의 행복추구권과 인간답게 살 권리를 무시하는 인권유린 적 규정입니다.

만약 위험한 업무를 취급하는 기업이 종사하는 직원들에 대한 손해배상을 제한하는 규정을 두고 있다거나, 영업용 자동차 회사가 운전자들로 하여금 보험혜택을 받을 수 없도록 하는 악덕 기업이 있다면, 국가는 당연히 이러한 악덕기업을 처벌하여야 합니다. 그런데 악덕기업을 처벌해야할 의무를 지니고 있는 국가가 구성원들의 손해배상 책임마저 기피하는 악덕기업 적 규정을 그냥 방치한다는 것은 국가의 존립근거에 회의마저 갖도록 하기에 충분합니다.

바. 법원에 의한 구제를 기대할 수 없는 상태에서 유일한 방법은 국가배상법 제2조의 개정뿐입니다.

이와 같은 잘못된 법과 제도가 개선되지 않고 지금까지 지속되고 있는 근본원인은 헌법재판소의 판례조차 헌법 제11조의 평등권과 헌법 제29조 사이에 이론적 논리적 우열은 인정된다 하더라도 효력 상의 우월은 인정할 수 없다는 논거로써, 동 규정이 헌법 정신에 위반되는 잘못된 규정임을 인정하면서도 헌법에 규정되어 있는 이상 어쩔 수 없다는 입장입니다.

또한 동법에 대한 법원의 판례는 국가의 재정 부담을 이유로 기본권을 제한하는 것을 당연시하는 내용으로, 기본권 보장을 위한 마지막 보루로서의 사법부라는 존재의미를 의심할 정도로 구태의연한 태도로 일관하고 있어, 법원에 의한 경찰공무원의 기본권 회복은 기대할 수 없는 상태가 되어 버렸으며, 이러한 현상이 더욱 심화되면 경찰관의 자기 보신을 위한 소극적인 직무수행을 넘어 직무 포기 사태마저 발생하게 될 가능성이 큽니다.

사. 공무원 연금법상 보상금이 비현실적으로 순직경찰관의 유족들의 경제난 해소와 적극적인 직무수행을 위해 반드시 법 개정이 필요합니다.

위헌판결을 받은 국가배상법 조항을 헌법에 규정하던 1972년은 수출 100억불 달성이 국가목표일 정도로 경제규모가 취약하였으며, 총예산 7천억여원, 1인당 GNP가 500불에도 미치지 못하는 현실에서 국가 재정 부담을 최소화하기 위해 기본권을 제한해야 할 당위성 또는 최소한의 명분이라도 강변할 수 있었지만, 2003년 현재 1인당 국민소득 1만불, 총예산 183조원, 세계 15위의 경제력으로 인권을 최고의 가치로 삼는 인권국가를 지향하는 현실에서 재정 부담을 이유로 헌법에 보장된 국민의 기본권을 침해한다는 것은 있을 수 없는 일입니다.

 이러한 반 헌법적인 국가배상법의 손해배상 청구권 배제규정으로 인해 1985년에서 2003년 9월까지 사회의 안녕질서를 위해 범죄자에게 피격, 사망 등 공무 중 순직한 872명의 유가족들이 관련 법률인 공무원 연금법이 정하고 있는 기본급의 36개월에 불과한 비현실적인 유족 보상금 이외 아무런 보상을 받지 못하였고, 지금까지도 극심한 경제적 어려움으로 고통을 받고 있습니다. 더구나 부상을 당한 14,062명의 경찰관에게는 치료비 외에 단 한 푼의 보상금도 지급되지 않는 현실에서 누가 자신의 몸을 돌보지 않고 사회 안전을 위한 직무수행을 적극적으로 수행할 수 있겠습니까. 이것은 정상적인 국가의 보상체계라고는 도저히 볼 수 없으며 우리나라에 이러한 인권유린 적 규정이 존재한다는 사실이 부끄러울 따름입니다. 결론적으로 모든 경찰공무원들과 공사상을 당한 유족 등은 유신헌법이 남긴 잔재로서 헌법상 평등의 원칙과 과잉입법 금지의 원칙에 정면으로 배치되는 국가배상법을 개정하여 경찰공무원과 그 가족이 인간답게 살 권리를 보장받을 수 있도록 이를 개정해 줄 것을 아래와 같이 청원하는 바입니다.

III. 청원의 내용

1. 국가배상법 제2조 개정

가. 개정 내용

現　行	改　正　案
제2조(배상책임)①國家 또는 地方自治團體는 公務員이 그 職務를 執行함에 당하여 故意 또는 過失로 法令에 違反하여 他人에게 損害를 加하거나, 自動車損害賠償保障法의 規定에 의하여 損害賠償의 責任이 있는 때에는 이 法에 의하여 그 損害를 賠償하여야 한다. 다만, 軍人·軍務員·警察公務員 또는 鄕土豫備軍隊員이 戰鬪·訓練·기타 職務執行과 관련하거나 國防 또는 治安維持의 目的上 사용하는 施設 및 自動車·艦船·航空機·기타 運搬機具안에서 戰死·殉職 또는 公傷을 입은 경우에 本人 또는 그 遺族이 다른 法令의 規定에 의하여 災害補償金·遺族年金·傷痍年金등의 補償을 支給받을 수 있을 때에는 이 法 및 民法의 規定에 의한 損害賠償을 請求할 수 없다.	제2조(배상책임)①國家 또는 地方自治團體는 公務員이 그 職務를 執行함에 당하여 故意 또는 過失로 法令에 違反하여 他人에게 損害를 加하거나, 自動車損害賠償保障法의 規定에 의하여 損害賠償의 責任이 있는 때에는 이 法에 의하여 그 損害를 賠償하여야 한다. 다만, 軍人·軍務員·警察公務員 또는 鄕土豫備軍隊員이 戰鬪·군사훈련과 관련한 직무수행 또는 國防 目的上 사용하는 施設 및 自動車·艦船·航空機·기타 運搬機具안에서 戰死·殉職 또는 公傷을 입은 경우에 本人 또는 그 遺族이 다른 法令의 規定에 의하여 災害補償金·遺族年金·傷痍年金등의 補償을 支給받을 수 있을 때에는 이 法 및 民法의 規定에 의한 損害賠償을 請求할 수 없다.

나. 개정 취지

국가에 대한 손해배상 청구권은 모든 국민에게 보편적으로 적용되는 법적인 권리로서 국가와 고용계약을 맺고 있는 경찰공무원이라고 해서 차별하는 것은 헌법상 평등의 원칙에 어긋나는 것이므로 즉시 시정되어야 하며,

국가안전보장 등을 위해 손해배상 청구권을 법률로 제한하는 경우라도 헌법에 규정된 전투·훈련으로 인한 직무상 공사상에 한정시키는 것이 최소 침해의 원칙 및 과잉입법 금지의 원칙에 부합되는 것임에도, 국가배상법이 손해배상 청구권의 제한 범위를 경찰공무원의 모든 직무로 확대시킨 것은 과잉입법이며, 태생적으로 반 헌법적 위헌이며, 행정편의 적 규정입니다.

따라서 헌법 제29조가 제정되게 된 시대적 배경과 입법취지 및 목적을 분명히 밝혀 위헌판결을 받은 법 규정을 그대로 헌법에 규정하는 등으로 권위주의 정권에 의해 유린되어온 우리의 헌정사를 바로잡는 동시에, 21세기 복지국가를 지향하는 국가이념과 헌법정신에 맞도록 국가배상법은 개정되어야 하며,

경찰공무원도 대한민국 국민으로서 정당한 배상을 받을 권리를 보장함으로써, 사회공공의 안녕과 질서유지라는 자신의 직무를 적극적으로 수행할 수 있도록 동기를 부여 하고, 그 유족이 인간답게 살 수 있도록 조치하는 것은 국가의 의무라 할 것입니다.

국가배상법 제2조 단서 조항은 더 이상 존속의 명분이 없는 시대착오적 규정으로, 권위주의 정권에 의해 일그러진 헌정사를 바로잡는 차

원에서도 반드시 개정되어야 함을 다시 한 번 상기하며 이 법의 개정을 청원합니다.

〈첨부서류〉

아래는 2001년부터 2003년 9월 현재 공무 중 순직하거나 전신마비 등의 중상을 입고 퇴직한 경찰관 7명에게 공무원 연금법 규정에 의한 유족연금 등 지급 현황입니다. 28살 청년 경찰이 사회의 안전을 지키다 바친 목숨 값이 3,300만원에 불과한 싸구려 죽음 그 자체입니다.

직무수행 중 사상자 보상금 현황

■ 경북 경주서 순경 김영민
  - 1973년생 1998. 1. 24. 경찰투신
    2001. 8. 13. 13:30경 가정폭력 피의자의 총격으로 순직
    ※공무원 연금관리공단 유족보상금 3,377만원
■ 강원 원주서 경사 안 상 목
  - 1967년생 1990. 5. 12. 경찰투신
    2002. 1. 31. 01:20경 사건현장 출동하다 교통사고로 순직
    ※공무원 연금관리공단 유족보상금 5,824만원
■ 전주 북부서 경사 백 선 기
  - 1948년생 1974. 4. 3. 경찰투신
    2002. 9. 20. 00:15∼00:50 소내근무 중 흉기에 찔려 순직
    ※공무원 연금관리공단 유족보상금 7,789만원

■ 충남 공주경찰서 순경 손 석 주

  - 1971년생 1997. 2. 28. 경찰 투신

    2002.11.4. 01:07경 피의자 인수하러 가던 중 교통사고로 순직

    ※공무원 연금관리공단 유족보상금 4,280만원

■ 인천 계양서 경장 황 인 형

  - 1966년생 1995. 2. 25. 경찰투신

    2003. 1. 7. 02:20경 도주차량을 추격하다가 교통사고로 순직

    ※공무원 연금관리공단 유족보상금 5,106만원

■ 경남 함안서 경장 문 정 민

  - 1969년생 1994. 1. 29. 경찰 투신

    2003.5.7.13:32경 교통사고 조사 중 음주운전자 차에 치어 순직

    ※공무원 연금관리공단 유족보상금 5,508만원

■ 강원 속초서 경장 김 원 수

  - 1973년생 1997. 7. 9. 경찰 투신

    2000. 7. 9. 05:30경 전경대 3층 건물에서 추락, 전신마비

    ※공무원 연금관리공단 공상 보상금 4,170만원

재항고 이유서

1. 형사소송법 제417조상 준항고의 주체

가. 준항고의 행정소송 절차적 성질과 준항고의 주체

(1) 원심은, 형사소송법 제417조가 규정하고 있는 준항고 제도는 공권력의 행사인 신체의 구금, 압수·수색 등 수사기관의 형사상 처분에 대한 권리구제를 일반적인 행정소송절차에 의하도록 하는 것이 신속한 권리구제의 필요성 등에서 매우 부적당하다는 판단 하에 우리 법이 특별한 사법적 구제절차로서 허용하는 제도이어서 행정소송 절차적 성질을 지니고 있다고 전제한 다음, 이러한 형사소송법 제417조의 행정소송 절차적 성질상 검사 또는 사법경찰관의 처분에 대하여 그 취소 또는 변경을 구할 수 있는 청구권자의 범위는 '그 처분의 대상자인 국민'으로 제한된다고 판단하고 있습니다.

(2) 살피건대, 형사소송법 제417조는 준항고의 주체에 대하여 아무런 제한을 규정하고 있지 아니합니다. 따라서, 서울북부지방법원 2006보1 결정은 형사소송법 제417조의 문언에 반합니다.

(3) 한편, 형사소송법 제417조의 문언상 아무런 제한이 없음에도 불

구하고 해석상 어떠한 제한이 있다고 보기 위해서는 그 해석이 타당한 근거에 바탕을 둔 합리적이고 합목적적인 성찰의 결과이어야 할 것입니다. 이러한 관점에서 보더라도 원심의 판단은 다음과 같은 이유로 수긍하기 어렵습니다.

(가) 먼저 형사소송법 제417조상 준항고의 주체가 '처분의 대상자'로 제한되는지 보겠습니다. 여기에 대해 원심은 "형사소송법 제417조의 행정소송 절차적 성질상 당연하다"고 단언하고 있습니다. 하지만 원심이 기대고 있는 행정소송의 법리를 살펴보건대, 행정소송법 제12조는 "취소소송은 처분등의 취소를 구할 법률상 이익이 있는 자가 제기할 수 있다"고 규정하고 있고, 여기서 말하는 '처분 등의 취소를 구할 법률상 이익이 있는 자'의 의미에 대하여 대법원은 "처분에 의하여 직접 권리를 침해당한 처분의 상대방에 한하지 않고 제3자라 하더라도 법에 의하여 보호되는 이익을 침해당한 자는 이에 포함되는 것"이라는 견해를 확립(대법원 2006. 7. 28. 선고 2004두6716 판결, 대법원 2004. 5. 14. 선고 2002두12465 판결, 대법원 2002. 10. 25. 선고 2001두4450 판결, 대법원 1988. 6. 14. 선고 87누873 판결 등 참조)하고 있습니다.

한편, 원심의 견해에 의하면, 예컨대 검사가 무혐의 불기소결정을 함에 있어 압수물을 (그 제출인이 아닌) 고소인에게 환부한 경우 그 압수물의 제출인은 검사의 환부처분의 대상자가 아니므로 준항고를 청구할 수 없다는 결론에 이르게 되는데, 이것은 형사소송법 제417조의 준항고 제도를 설정한 취지에 비추어 도저히 납득할 수 없을 뿐 아니라 이와 동일한 사안에 대해 압수물의 제출인이 형사소송법 제417조의 준항고를 청구할 수 있음을 긍정하는 취지의 대법원 판례(대법원 1969. 5. 27. 선고 68다824 판결 참조)에도 반합니다.

따라서 형사소송법 제417조의 행정소송 절차적 성질상 준항고 청구권자의 범위가 그 처분의 대상자로 제한된다는 원심의 해석은, 그를 뒷받침하는 타당한 근거가 없는 가운데 형사소송법 제417조의 문언에 반하는 잘못된 것임이 분명합니다.

(나) 다음으로, 형사소송법 제417조상 준항고의 주체가 '국민'으로 제한되는지 보겠습니다. 여기에 대해서도 원심은 "형사소송법 제417조의 행정소송 절차적 성질"을 그 유일한 근거로 삼고 있습니다. 하지만 형사소송법 제417조에 규정된 준항고를 행정소송과 동일시 할 수는 없으며 그 해석에 있어서 어디까지나 이 제도가 전체 형사절차에 비추어 마땅히 담당해야 하는 고유의 역할에 부합하도록 해야 할 것이지 오로지 행정소송 절차적 성질이 있다는 이유만으로 전적으로 행정소송절차의 규정과 해석에 의존해서는 아니 될 것입니다.

이러한 관점에서 형사소송법 제417조상 준항고의 주체에 대해 살펴보면, 우선 무엇보다 이를 제한하는 문언이 없는 이상 '수사권을 행사하는 사법경찰관'이라고 하여 준항고의 청구권자에서 배제할 근거가 없습니다. 또한 입법자가 형사소송법 제417조상 준항고를 둔 취지는 검사 또는 사법경찰관의 구금, 압수 또는 압수물의 환부에 관한 처분에 대한 불복방법을 마련하는데 있고, 더욱이 이것은 검사 또는 사법경찰관의 구금, 압수 또는 압수물의 환부에 관한 처분에 대한 유일한 불복방법이라 할 것인데, 사법경찰관의 영장신청에 대한 검사의 영장 불청구 처분으로 인해 법에 의하여 보호되는 이익을 침해당한 일반 국민으로서는 수사의 밀행성 원칙으로 인하여 현행법상 그러한 처분이 행해진 사실을 알 수 있는 방법이 없기 때문에 여기에 불복하여 준항고 청구를 하는 것을 기대할 수 없습니다. 그러므로 검사 또는 사법경찰관의 구금, 압수 또는 압수물의 환부에 관한 처분에 대한 유일한 불복방법으로서 마련된 형사소송법 제417조 준항고 제도의 취지와 역할에 비추어 볼 때 검사의 영장 불청구처분에 불복하는 사법경찰관도 준항고를 청구할 수 있다고 해석해야 타당합니다.

결국 형사소송법 제417조상 준항고에 행정소송 절차적 성질이 있다는 이유만으로 그 청구권자가 국민으로 제한되고 사법경찰관은 배제된다는 원심의 해석은 형사소송법 제417조 준항고 제도의 취지와 역할을 도외시한 채 원심 스스로 청구권자임이 명백하다고 인정하고 있는 국민의 법에 의하여 보호되는 이익을 침해하는 결과를 초래하는 위법, 부당한 것임이 명백합니다.

나. 재판청구권과 준항고의 주체

(1) 원심은, 재판청구권은 법률이 정하는 바에 의하여 인정된다고 할 것이고, 사법경찰관에게 범죄 수사와 관련하여 검사의 직무상 명령인 지휘에 대하여 불복을 허용하는 재판청구권을 보장할 것인가, 아닌가, 보장한다면 어느 범위 내에서 보장할 것인가 하는 점은 입법정책에

달린 문제에 불과하다고 판단하면서, 현행법은 이와 관련하여 불복을 할 수 있는 어떤 규정도 마련하여 두고 있지 않다고 단정합니다.

그러나 원심의 이러한 태도는 치명적인 논리적 오류입니다. 청구인은 형사사법절차에서 사법경찰관에게 검사의 불청구 처분에 대하여 불복을 허용하는 재판청구권이 보장되어 있으며, 다름 아닌 형사소송법 제417조가 그 규정이라고 주장하면서 준항고를 청구한 것입니다. 여기에 대해 그 당부를 판단해야 하는 원심으로서는 형사소송법 제417조가 사법경찰관에게 재판청구권을 보장하는 규정이 아니라는 점을 다른 근거를 들어 논증하여야 함에도 불구하고 거꾸로 현행법상 사법경찰관에게는 검사의 지휘에 불복을 허용하는 규정이 없다고 단정하며 이를 기각결정의 논거로 삼고 있습니다. 이것은 전형적인 순환오류(vicious circle)로서 사법경찰관이 준항고의 청구권자가 아니라는 합당한 근거가 될 수 없습니다.

(2) 또한 원심은, 권력행사기관으로서 헌법과 법률에 규정된 '권한'을 행사하는 지위에 있음에 불과한 사법경찰관은 그 권한 행사와 관련하여 헌법상 재판청구권 등을 향유하는 기본권 주체가 될 수도 없다고 단정합니다.

그러나 원심의 이러한 태도는 바로 위에서 "사법경찰관에게 재판청구권을 보장할 것인가, 아닌가, 보장한다면 어느 범위 내에서 보장할 것인가 하는 점은 입법정책에 달린 문제"라던 원심의 스스로의 주장에도 정면으로 반합니다. 원심 주장대로 사법경찰관이 헌법상 재판청구권 등을 향유하는 기본권 주체가 될 수 없다면 사법경찰관에게 재판청구권을 보장할지의 여부는 입법정책에 달린 문제가 아닌 것입니다. 반대로 사법경찰관에게 재판청구권을 보장할지의 여부가 입법정책에 달린 문제라면 사법경찰관이 헌법상 재판청구권 등을 향유할 기본권 주체가 될 수 없을 리가 없습니다.

게다가 원심이 참조하고 있는 대법원 2006. 12. 18. 고지 2006모646결정은 "검사에게 어떤 재판에 대하여 어떤 절차를 통하여 어떤 범위 내에서 불복방법을 허용할 것인가 하는 점은 입법정책에 달린 문제"라고 하면서, 검사의 체포영장 또는 구속영장 청구에 대한 지방법원 판사의 재판은 형사소송법 제402조의 규정에 의하여 항고의 대상이 되는 '법원의 결정'에 해당되지 아니하고, 제416조 제1항의 규정에 의하여 준항고의 대상이 되는 '재판장 또는 수명법관의 구금 등에 관한 재판'에도 해당되지 아니함이 분명하다는 이유로 피의자에 대한 구속영장 기각의 재판에 대하여는 항고나 준항고가 허용되지 아니한다는 견해를 밝히고 있습니다. 이를 반대해석하면 검사는 제402조의 규정에 의한 항고, 제416조 제1항의 규정에 의한 준항고를 청구할 수 있다는 의미가 됩니다. 다만, 형사소송법 제402조 또는 제416조 제1항이 입법에 의하여 변경되어 검사의 체포영장 또는 구속영장 청구에 대한 지방법원 판사의 재판이 위 항고 또는 준항고의 대상으로 추가되어야 한다는 조건이 충족될 것을 요구할 뿐입니다. 이와 같이 검사가 헌법상 재판청구권 등을 향유할 수 있는 주체라면, 사법경찰관도 마찬가지로 헌법상 재판청구권 등을 향유할 수 있는 주체라고 보는 것이 타당합니다. 권력행사기관으로서 헌법과 법률에 규정된 '권한'을 행사하는 지위에 있다는 점에 있어서 검사와 사법경찰관이 다르지 않기 때문입니다.

결국, 사법경찰관이 권력행사기관으로서 헌법과 법률에 규정된 '권한'을 행사하는 지위에 있음에 불과하다는 이유로 헌법상 재판청구권 등을 향유하는 기본권 주체가 될 수도 없다고 본 원심의 판단은 아무런 합리적 근거가 없는 위법, 부당한 것임에 분명합니다1).

2. 형사소송법 제417조상 준항고의 대상

가. 처분성 여부

(1) 원심은 결정문에서, 청구인이 검사의 '영장신청을 기각하는 지휘'에 대하여 준항고로 다툴 수 있다는 취지의 주장을 하였다고 전제한 다음, '사법경찰관의 영장신청을 기각한 검사의 지휘'는 행정조직 내부의 행위에 불과할 뿐이고, 수사의 대상이 되는 피의자나 피고인의 구체적인 권리의무에 직접적 변동을 초래하는 행위에는 해당하지 않는다며 처분성을 부정하고 있습니다. 하지만 청구인은 법원에 제출한 준항고장과 준항고 이유서, 의견서에 이르기까지 준항고의 대상을 '영장신청을 기각한 검사의 지휘'라고 주장한 바가 전혀 없으며 어디까지나 '검사의 영장 불청구 처분'에 대하여 준항고로 다투었습니다. 다시

말해서, 청구인의 준항고는 사법경찰관에 대한 '검사의 지휘'가 아닌, 사법경찰관이 신청한 영장에 대한 '검사의 불청구 처분' 자체를 대상으로 한 것입니다.

생각건대, '검사의 지휘'는 사법경찰관을 수명자로 하는 수사기관간의 내부적 의사표시임에 반해서, '검사의 불청구 처분'은 행정청인 검사가 행하는 구체적 사실의 법집행으로서의 행정작용이라는 점에서 양자는 그 법적 성질과 효과를 전혀 달리하는 별개의 것입니다.

결국, 청구인이 '검사의 지휘'에 대해 준항고로 다투었음을 전제로 '검사의 지휘'에 대한 처분성을 부정하고, 이를 준항고 기각의 이유로 삼은 원심의 결정은 그 판단의 대상을 착각한 매우 잘못된 것임이 명백합니다.

(2) 원심은, 형사소송법이 처분의 개념과 관련하여 아무런 규정을 두고 있지 아니하고 형사소송법 제417조가 행정소송적 성질을 지니고 있으므로 행정소송법의 관련 규정 및 해석을 원용하여야 할 것이라고 전제하면서, 행정소송법의 규정과 이에 대한 대법원의 판결 등을 토대로, "형사소송법 제417조상의 불복의 대상이 되는 처분은 행정청의 공법상의 행위로서 특정사항에 대하여 법규에 의한 권리의 설정 또는 의무의 부담을 명하거나 기타 법률상 효과를 발생하게 하는 등 국민의 구체적인 권리의무에 직접적 변동을 초래하는 행위여야 한다"고 단정합니다.

그러나 형사소송법 제417조 준항고가 행정소송적 성질을 지니고 있다고 하더라도 그 본질은 일반 행정절차가 아닌 형사사법절차 가운데 행하여지는 검사 또는 사법경찰관의 구금, 압수 또는 압수물의 환부에 관한 처분에 대한 불복방법이라는 점에 비추어 형사소송법 제417조에 규정된 '처분'의 개념에 대하여 행정소송법의 규정과 해석을 그대로 원용하는 것이 타당한지는 의문이 아닐 수 없습니다.

행정소송법은 제3조에서 항고소송에 대해 "행정청의 처분등에 대하여 제기하는 소송"으로, 제4조에서 항고소송의 한 유형인 취소소송에 대해 "행정청의 위법한 처분등을 취소 또는 변경하는 소송"으로 각 규정하고 있는바, 이와 같이 행정소송법은 항고소송의 대상을 한정해서 명시하지 아니한 관계로 그 한계를 명확히 하고 남소를 방지하기 위하여는 '처분'의 개념을 엄격하게 규정하고 해석할 필요가 있는데 반해, 형사소송법 제417조 준항고는 그 대상을 "검사 또는 사법경찰관의 구금, 압수 또는 압수물의 환부에 관한 처분"으로 한정하여 명시하고 있어 굳이 '처분'의 개념에 관한 행정소송법의 규정과 해석을 원용할 필요가 없습니다. 이 사건과 관련해서 볼 때 김재구 검사의 2006. 12. 27.자 압수수색영장 불청구 처분은 형사소송법 제417조에서 정한 '검사의 압수에 관한 처분'에 문언상 명백히 해당됩니다.

뿐만 아니라, 검사 또는 사법경찰관의 구금, 압수 또는 압수물의 환부에 관한 처분에 대한 유일한 불복방법으로 마련된 형사소송법 제417조 준항고의 취지에 비추어 보면 '처분'의 개념을 독자적으로 보다 넓게 파악할 필요가 있습니다.

대법원도 형사소송법 제417조상의 불복의 대상이 되는 '처분'의 개념에 관하여 행정소송법의 규정이나 해석을 원용해야 한다는 견해를 밝힌 적이 전혀 없습니다. 오히려 변호인의 피의자 등에 대한 접견이 그 신청일로부터 상당 기간 내에 허용되지 않은 사안에 대해 "수사기관의 구금 등에 관한 처분에 대하여 불복이 있는 경우 행정소송절차와는 다른 특별한 절차로서 준항고 절차를 마련하고 있는 형사소송법의 취지에 비추어" 접견불허처분이 있는 것과 동일시된다고 봄이 상당하다며 준항고의 대상이 된다는 견해를 밝혔는가 하면(대법원 1990. 2. 13. 자 89모37 결정 참조), "형사소송법 제417조는 검사 또는 사법경찰관의 구금에 관한 처분에 불복이 있으면 법원에 그 처분의 취소 또는 변경을 청구할 수 있다고 규정하고 있는바, 이는 피의자의 구금 또는 구금 중에 행하여지는 검사 또는 사법경찰관의 처분에 대한 유일한 불복방법인 점에 비추어 볼 때", 영장에 의하지 아니한 구금이나 변호인 또는 변호인이 되려는 자와의 접견교통권을 제한하는 처분뿐만 아니라 구금된 피의자에 대한 신문에 변호인의 참여를 불허하는 처분 역시 구금에 관한 처분에 해당하는 것으로 보아야 한다는 견해를 밝히고 있습니다(대법원 2003. 11. 11. 자 2003모402 결정 참조). 이것은 대법원이 형사소송법 제417조의 법적 성질 내지 형사소송법 제417조상의 불복의 대상이 되는 '처분'의 개념에 관하여 행정소송법의 규정이나 해석을 원용하지 아니하고 형사소송법 독자적인 법리를 구성해 나가려는 의지의 표명임이 명백합니다.

결국 형사소송법이 '처분'의 개념을 규정하고 있지 않다는 이유로 선불리 행정소송법의 규정과 해석을 그대로 원용하여 이 사건 준항고 청구를 기각하는 논거로 삼은 원심의 태도는 위법, 부당함이 명백합니다.

(3) 한편, 원심이 의존하고 있는 행정소송법의 관련 법리에 의해서도 형사소송법 제417조상의 불복의 대상이 되는 '처분'의 개념이 "행정청의 공법상의 행위로서 특정사항에 대하여 법규에 의한 권리의 설정 또는 의무의 부담을 명하거나 기타 법률상 효과를 발생하게 하는 등 국민의 구체적인 권리의무에 직접적 변동을 초래하는 행위"이어야 한다고 단정하기는 어렵습니다.

처분의 개념을 위와 같이 파악하는 것은 행정소송법상의 '처분'을 실체법상의 행정행위와 동일한 것으로 파악하는 입장으로서 이러한 입장에 입각한 학설을 강학상 '실체법상 개념설'이라고 부릅니다. 이에 대하여 항고소송의 대상인 '처분'은 행정행위에 한정되지 아니하고, 그 외에도 실질적으로 국민에게 계속적으로 사실상의 지배력을 미치는 행정작용에 대하여도 일정 한도에서 그 처분성을 인정할 수 있다는 견해가 있습니다. 이것을 강학상 '쟁송법상 개념설'이라고 부르며 현재 학계의 다수설입니다2). 행정소송법도 제2조 제1항 제1호에서 '처분'의 개념을 "행정청이 행하는 구체적 사실에 관한 법집행으로서의 공권력의 행사 또는 그 거부와 그밖에 이에 준하는 행정작용"이라고 넓게 정의함으로써 '쟁송법상 개념설'에 입각해 있습니다.

물론 원심이 주장하는 '처분'의 개념은 원심이 결정문에서 설시하고 있는 바와 같이 몇몇 대법원 판례에서 볼 수 있습니다. 하지만 이와는 달리 처분개념을 광의로 파악하는 대법원 판례도 있습니다. 대법원 1984. 2. 14. 선고 82누370 판결은 "어떤 행정청의 행위가 행정소송의 대상이 되는 행정처분에 해당하는가는 그 행위의 성질, 효과 외에 행정소송제도의 목적 또는 사법권에 의한 국민의 권리보호의 기능도 충분히 고려하여 합목적적으로 판단되어야 할 것이다"라고 하였고, 대법원 1993. 12. 10. 선고 93누12619 판결은 "행정청의 어떤 행위를 행정처분으로 볼 것이냐의 문제는 추상적·일반적으로 결정할 수 없고, 구체적 사실에 관한 법집행으로서 국민의 권리의무에 직접 영향을 미치는 행위라는 점을 고려하여 행정처분이 그 주체, 내용, 형식에 있어서 어느 정도 성립 내지 효력요건을 충족하느냐에 따라 개별적으로 결정하여야 하며, 행정청의 어떤 행위가 법적 근거도 없이 객관적으로 국민에게 불이익을 주는 행정처분과 같은 외형을 갖추고 있고, 그 행위의 상대방이 이를 행정처분으로 인식할 정도라면 그로 인하여 파생되는 국민의 불이익 내지 불안감을 제거시켜 주기 위한 구제수단이 필요한 점에 비추어 볼 때 행정청의 행위로 인하여 그 상대방이 입는 불이익 내지 불안감이 있는지 여부도 그 당시에 있어서의 법치행정의 정도와 국민의 권리의식 수준은 물론 행위에 관련한 당해 행정청의 태도 등도 고려하여 판단하여야 할 것"이라고 하였습니다. 한편, 대법원 1989. 12. 26. 선고 87누308 전원합의체 판결에서는 전국서화작가협회가 사회단체등록신청을 하였으나 문화공보부장관이 정당한 이유없이 그 등록을 거부한 사건에 관하여, "원고는 피고의 이건 등록거부처분으로 인하여 아무런 권리침해를 받은 바 없어 이건 소송은 소의 이익이 없다"라는 이유로 원고의 소를 각하한 원심판결을 파기하면서 "원심은 원고가 등록을 받지 못하더라도 실제로 사회활동을 하는 데는 지장이 없다는 이유로 소의 이익을 부정하였으나 국가기관이 공식으로 등록을 하여준 단체와 국가기관으로부터 등록을 받지 못한 단체 사이에는 유형, 무형의 차이가 있음을 부인할 수 없으며 특히 선등록한 단체와 경쟁관계에 서게 되는 경우 등록을 받지 못한 단체가 열세에 놓이게 되는 것은 피할 수 없으므로 피고가 원고의 이건 등록신청을 반려한 것은 원고의 자유로운 단체활동을 저해한다는 점에서 헌법이 보장한 결사의 자유에 역행하는 것이며 선등록한 단체의 등록은 수리하고 원고의 등록신청을 반려했다는 점에서는 헌법이 규정한 평등의 원칙에도 위반된다 할 것이다. 행정소송에서 소의 이익이란 개념은 국가의 행정재판제도를 국민이 이용할 수 있는 한계를 구획하기 위하여 생겨난 것으로서 원고가 필요하다고 생각하여 제소하였더라도 객관적으로 보아 그것이 불필요하다고 인정되는 경우에는 그 소를 각하하는 것이 합리적이지만 그 인정을 인색하게 하면 실질적으로는 재판의 거부와 같은 부작용을 낳게 될 것이며 이 사건의 경우는 소의 이익이 있다고 보아야 할 것이다"라고 하기도 했습니다. 이렇게 보면 행정소송에 관한 대법원의 판례 역시 처분관념을 광의로 파악하여 항고소송에 의한 권리구제를 확대하는 추세임이 분명합니다.

결국 행정소송법의 규정과 관련 해석을 원용하더라도 형사소송법 제417조의 규정상 불복의 대상이 되는 '처분'의 개념을 원심의 주장과 같이 단정하기는 어렵다 하겠습니다.

(4) 한편, 설령 원심의 주장과 같이 행정소송법의 규정과 관련 해석을 원용하면 형사소송법 제417조상의 불복의 대상이 되는 '처분'의 개념을 "행정청의 공법상의 행위로서 특정사항에 대하여 법규에 의한 권리의 설정 또는 의무의 부담을 명하거나 기타 법률상 효과를 발생하게 하는 등 국민의 구체적인 권리의무에 직접적 변동을 초래하는 행위"라고 파악할 수 있다고 하더라도 검사의 압수수색영장 불청구 처분을 형사소송법 제417조상의 처분에 해당하지 않는다고 할 수 없습니다.

우선 수사의 대상이 되는 피의자나 피고인의 입장에서도 압수수색의 대상 물건이 자신에게 유리한 증거로서 자신과 이해관계를 달리하는 자의 수중에 있는 경우에는 검사의 압수수색영장 불청구 처분으로 인해 직접적으로 이익에 침해를 입습니다. 수사의 대상의 되는 사건의 피해자의 입장에서도 압수수색을 통하여 장차 범인이 밝혀지거나 유죄의 증거 혹은 피해 장물이 확보됨으로써 피해를 구제받을 수 있는 이익이 검사의 압수수색영장 불청구 처분으로 인하여 침해됩니다. 나아가 검사의 영장 불청구 처분이 유사한 다른 사안에 비해 현저하게 공정을 잃은 것이라면 헌법이 규정한 기본권인 평등권의 침해를 초래하는 것입니다.

결국 원심이 사법경찰관의 압수·수색 영장 신청에 대한 검사의 불청구 처분(원심은 임의적으로 이를 '검사의 지휘'로 고쳐 판단의 대상으로 삼았는데 이는 위에서 살펴보았듯이 부당합니다)이 행정조직 내부의 행위에 불과할 뿐이고 수사의 대상이 되는 피의자나 피고인의 구체적인 권리의무에 직접적 변동을 초래하는 행위에는 해당하지 않는다며 그 처분성을 부정한 것은 아무런 합리적인 근거가 없는 위법, 부당한 판단임이 분명합니다.

나. 검사와 사법경찰관의 직무관계

(1) 원심은 결정문에서 다음과 같은 취지로 주장하고 있습니다.

"정부조직법, 검찰청법, 형사소송법 등의 규정을 종합하면, 우리의 입법자는 범죄수사와 관련한 검사와 사법경찰관 사이의 권한 분장에 대하여 검사를 수사의 주체로, 사법경찰관리를 수사의 보조자로 정하고 있고, 그 결과 사법경찰관은 독립하여 범죄를 수사할 수 없고, 검사의 지휘 즉 직무상 발한 명령에 복종하는 범위 내에서만 수사를 할 수 있다. 따라서 사법경찰관으로부터 압수·수색영장의 신청을 받은 검사는 그 신청에 기속되지 않고 그때까지 이루어진 수사 내용 등 여러 사정을 참작하여 법원에 영장을 청구할 것인지, 그 신청한 영장에 요건 등의 불비가 있다며 법원에 영장을 청구하지 않고 보완을 명하거나 기각하는 지휘인 직무상 명령을 발한 것인지를 판단할 수 있다고 할 것이며, 사법경찰관은 그 직무상의 명령인 지휘에 복종하여야 할 의무가 있을 따름이고, 이를 다툴 수는 없다 할 것이다."

원심의 이러한 견해를 요약하자면 "검사와 사법경찰관의 관계는 지휘·복종 관계이므로 검사의 영장불청구 처분에 대하여 사법경찰관은 이를 다툴 수 없다"는 것인데, 이에 대하여는 다음과 같은 이유로 도저히 수긍할 수 없습니다.

(2) 원심이 설시하고 있는 바와 같이, 정부조직법은 "검찰에 관한 사무를 관장하기 위하여 법무부장관 소속하에 검찰청을 둔다", "치안에 관한 사무를 관장하기 위하여 행정자치부장관 소속하에 경찰청을 둔다"라고 규정하고 있고, 검찰청법에서는 검사의 사무로 '범죄수사'를, 경찰청법에서는 경찰의 직무로 '범죄의 수사'를 각 규정하고 있습니다.

이와 같은 현행법의 규정 취지를 국가의 범죄수사 사무에 관하여 이를 법무부와 검찰에 일원화한 것이라고 해석할 수는 없습니다. 오히려 현행법은 국가의 범죄수사 사무를 법무부·검찰과 행정자치부·경찰로 중첩적·이원적으로 분장한 것이며 이는 '신뢰성'과 '공정성'이 특히 중요한 수사사무를 이원화하여 이중감시 내지 교차감시케 함으로써 현대행정이 추구하는 '가외성(redundancy)의 원리'에 충실하려는 것입니다. 이것은 국가의 범죄수사 사무를 분장하는 독립 기관 간의 관계에 대한 것입니다. 따라서 소속 기관을 달리하는 검사와 사법경찰관의 관계가 형사소송법 제195조와 제196조 및 검찰청법 제53조 등의 규정에 의하여 검사가 수사의 주체이고 사법경찰관은 수사의 보조자로서 검사의 직무상 명령에 복종하여야 한다는 소위 지휘·복종 관계라고 하더라도 그러한 지휘·복종 관계는 어디까지나 각 기관의 독립성을 해치지 아니하는 한도 내에서 설정되어야 하는 것은 당연합니다. 그렇지 않다면 검찰청을 법무부장관 소속하에, 경찰청을 행정자치부장관 소속하에 각 별개의 독립된 관청으로 둔 정부조직법에 반하게 되고, 검찰사무에 관한 근거법으로 검찰청법을, 경찰사무에 관한 근거법으로 경찰청법을 두고 있는 우리 법체계를 왜곡시키는 결과가 됩니다.

한편, 국가공무원법 제57조는 "공무원은 소속 상관의 직무상의 명령에 복종하여야 한다"고 규정하고 있습니다. 하지만 그 직무상의 명령이 명백히 위법한 때에는 그에 복종할 의무가 없으며(대법원 1988. 2. 23. 선고 87도2358 판결, 대법원 1999. 4. 23. 선고 99도636 판결 등 참조), 위법한 상사의 명령에 복종한 행위는 책임을 면할 수도 없습니다(대법원 1997. 4. 17. 선고 96도3376 판결 참조). 검사는 사법경찰관의 '소속 상관'이 아니므로 사법경찰관이 검사의 직무명령인 수사지휘에 대해 복종하여야 할 의무는 국가공무원법이 아닌 형사소송법과 검찰청법의 규정에 의해 발생하는 의무로서, 검사와 사법경찰관의 관계는 같은 기관 소속의 상하관계에 비해 한층 독립성이 강한 것이라 하겠습니다. 이렇게 보면 소속 상관의 직무상 명령에 대하여도 그것이 위법한 때에는 복종의 의무가 없으며 오히려 거절해야 하는 것이므로, 소속 상관도 아닌 타 기관 소속 검사의 직무상 명령인 수사지휘에 대하여 그것이 위법한 때에는 사법경찰관은 복종의 의무가 없으며 오히려 거절해야 하는 것이 당연합니다. 그런데 사법경찰관의 압수·수색영장 신청에 대한 검사의 불청구 처분이 위법한 경우 사법경찰관이 단순히 이를 소극적으로 거부하는 것만으로는 검사의 위법한 처분으로 인한 위법상태와 국민의 권리침해가 중단되거나 해소되지 아니하므로 사법경찰관으로서는 마땅히 적극적으로 검사의 위법한 처분에 대해 다툴 수 있다고 해야 할 것입니다.

결국 검사와 사법경찰관의 관계가 형사소송법과 검찰청법 등의 규정에 의하여 지휘·복종 관계라는 이유만으로 사법경찰관은 검사의 직무상 명령인 지휘에 복종하여야 할 의무가 있을 따름이고, 이를 다툴 수 없다는 원심의 논지는, 검찰청과 경찰청이 각 독립된 기관들인 점, 검사와 사법경찰관은 각 별개의 독립된 기관 소속으로서 동일 기관 내의 상관과 부하가 아닌 점, 소속 상관의 직무상의 명령이더라도 위법할 경우 복종의무가 없고 거절해야 하므로 소속상관도 아닌 검사의 위법한 명령 내지 지휘에 대하여는 복종하여야 할 의무가 없고 오히려 거절하여야 하는 점 등을 명백히 간과한 위법, 부당한 판단입니다. 나아가 이 사건 검사의 영장 불청구 처분이 과연 위법하였는지 여부에 대한 아무런 판단도 없이 준항고를 기각한 원심의 결정은 명백한 위법, 부당한 결정입니다.

3. 영장주의와 형사소송법 제417조상 준항고

(1) 지금까지 청구인은 형사소송법 제417조상 준항고의 주체와 대상에 관하여 행정소송법의 규정과 해석에만 연연한 원심의 판단에 조

목조목 이의를 제기하면서 형사소송법 제417조상 준항고의 주체와 대상에 관하여는 우선 문언에 충실하여야 하고, 형사소송법에 준항고 제도를 둔 취지와 준항고가 담당하여야 할 역할 등을 충분히 고려하여 합목적적으로 해석해야 함을 논증하였습니다.

(2) 살피건대, 우리의 입법자가 형사소송법 제417조상 준항고를 규정한 취지는 검사 또는 사법경찰관의 구금, 압수 또는 압수물의 환부에 관한 처분에 대한 불복의 길을 열어두려는 것임이 분명합니다. 이 불복의 길은 바로 사법권에 의한 국민의 권리보호의 기능, 다시 말해서 검사 또는 사법경찰관의 구금, 압수 또는 압수물의 환부에 관한 처분에 대한 사법심사를 의미합니다. 이때 검사 또는 사법경찰관의 구금, 압수에 관한 처분이 법관의 영장을 요하는 강제처분인 때에는 사법심사란 곧 수사상 강제처분에 대한 사법심사입니다. 따라서 검사의 영장 불청구 처분에 불복하여 청구인이 청구한 준항고의 주체와 대상을 판단함에 있어서는 어디까지나 수사상 강제처분에 대한 사법심사를 규율하는 헌법상 이념인 영장주의의 취지에 부합하도록 하지 않으면 아니 될 것입니다.

(3) 헌법 제12조 제3항이 천명하고 있는 '영장주의'는 수사기관의 강제처분에 대하여 독립된 법관으로 하여금 심사하도록 하려는 것입니다. 즉 수사기관이 강제수사를 남용하거나 자의적으로 행하지 못하도록 통제하는 권한과 책임은 오로지 법관에게 있습니다. 따라서 비록 현행 헌법이 검사의 영장청구권 독점을 인정하고 있다고 하더라도 그

의미와 한계는 어디까지나 '영장주의'의 취지에 부합하도록 해석해야만 합니다.

행정부에 속한 수사기관인 검사의 지위는 영장주의에 있어서 어디까지나 사법통제의 대상일 뿐 주체가 될 수 없습니다. 따라서 검사에게 사법경찰관의 영장신청에 관한 종국적인 심사권한이 있는 것은 아니며, 검사는 사법경찰관의 영장신청에 중대한 절차적·형식적 결함이 없는 이상 원칙적으로 법관에게 영장을 청구하여 사법심사를 받도록 해야 옳습니다3). 그렇지 아니하고 검사가 사법경찰관의 영장신청에 대하여 그 내용까지 심사하여 청구 여부를 결정하는 것은(또 이로써 법관에 의한 사법심사의 기회를 원천적으로 차단하는 것은) 수사기관인 검사가 영장심사권을 행사하는 것으로서 영장주의에 위배됩니다.

(4) 설령 검사가 사법경찰관의 영장신청에 대하여 그 내용까지 심사하여 청구 여부를 결정할 수 있다고 하더라도, 그것은 어디까지나 합리적이고 합목적적으로 예측 가능하게 행사되어야 하는 기속행위라고 할 것이지 검사의 자유재량이 아님은 명백합니다. 그러므로, 검사의 영장 불청구 처분의 합리성과 타당성에 대하여 의문과 다툼이 있는 경우 법원이 그 당부에 대한 심사권을 행사할 수 있다는 것은 '영장주의'의 취지에 따른 너무도 당연한 귀결입니다.

(5) 한편, 헌법과 법률이 정한 법관에 의하여 법률에 의한 신속한 재판을 받을 권리를 국민의 기본권의 하나로 보장하고 있는 헌법 제27조의 규정과 대법원을 최고법원으로 규정한 헌법 제101조 제2항, 명령·

규칙 또는 처분에 대한 대법원의 최종심사권을 규정한 헌법 제107조 제2항의 규정 등에 비추어, 대법원 이외의 각급 법원에서 잘못된 재판을 하였을 경우에는 상급심으로 하여금 이를 바로 잡게 하는 것이 국민의 재판청구권을 실질적으로 보장하는 방법이 된다는 의미에서 심급제도는 재판청구권을 보장하기 위한 하나의 수단이 되는 것입니다. 이와 같이 하물며 법원의 재판에 대하여도 불복제도를 보장하고 있는 헌법과 형사소송법이 사법통제의 대상인 수사기관에 불과한 검사의 영장 불청구 처분에 대하여 아무런 불복제도를 마련하고 있지 아니할 이유가 없습니다. 따라서 법 제417조의 준항고야말로 검사가 잘못된 처분을 하였을 경우 법원으로 하여금 이를 바로 잡게 함으로써 재판청구권을 실질적으로 보장하고 영장주의를 예외 없이 관철하기 위한 불복제도라고 할 것입니다.

(6) 또한, 법원은 형사소송절차의 주재자로서 수사기관의 잘못된 처분을 시정하고 법률의 적정한 적용을 도모하며 나아가 형사소송의 이념인 실체적 진실 발견을 위하여 공판 전 수사절차에 대하여도 개입할 수 있어야 한다는 점 등까지 고려하면 검사의 위법·부당한 영장 불청구 처분은 분명히 준항고의 대상이라고 생각합니다.

(7) 검사의 영장청구권 독점으로 인해 '전관예우', '경찰 길들이기', '제식구 감싸기' 등의 시비가 끊이지 않고 있으며 이러한 자의적인 영장청구권 행사 및 불행사는 검·경간 상호 불신과 마찰을 만연케 하여 수사의 효율성과 신뢰성을 저하시킬 뿐 아니라, 형사소송법의 이념인 실체

적 진실발견이 저해되어 사법정의는 실현불가능해 질 것입니다. 검사의 영장청구권 독점으로 인한 폐해와 갈등을 시정하기 위해서도 검사의 영장 불청구 처분은 사법심사의 대상으로 포섭되어야만 합니다.

(8) 청구인은 원심 법원에 제출한 준항고장, 준항고 이유서 및 의견서에 이르기까지 일관되게 영장주의에 비추어 검사의 영장 불청구 처분이 형사소송법 제417조에 규정된 준항고의 대상임을 주장하였습니다. 그럼에도 불구하고 원심법원이 이 점에 대한 판단을 외면한 채 오로지 행정소송절차에 관계된 규정과 그 해석만을 들어 준항고를 기각한 것은 명백한 잘못이라 하겠습니다.

4. 결론

이상에서 살펴본 바와 같이 서울북부지방법원 2006보1 결정은 재판에 영향을 미친 헌법·법률 위반이 명백하므로 마땅히 취소되어야 합니다. 그리고 서울북부지방검찰청 검사 김재구의 2006. 12. 27.자 압수수색영장 불청구 처분은 위법, 부당하므로 취소되어야 합니다.